广东国际战略研究院智库丛书

创新
广东

INNOVATION OF GUANGDONG

李 青 曾楚宏 董俊武

编著

社会科学文献出版社
SOCIAL SCIENCES ACADEMIC PRESS (CHINA)

前　言

　　党的十九大报告提出："加快建设创新型国家。创新是引领发展的第一动力，是建设现代化经济体系的战略支撑。"

　　广东是我国改革开放的先行者和排头兵，是全国经济发展与技术创新的重要区域和领跑者。2017年4月，习近平总书记对广东工作做出重要批示，希望广东"为全国推进供给侧结构性改革、实施创新驱动发展战略、构建开放型经济新体制提供支撑"。2018年10月，习近平总书记再次来到广东，在视察珠海时，进一步指示："制造业的核心就是创新，就是掌握关键核心技术，必须靠自力更生奋斗，靠自主创新争取，希望所有企业都朝着这个方向去奋斗。我们要有自主创新的骨气和志气，加快增强自主创新能力和实力。"习近平总书记在珠海视察了横琴新区粤澳合作中医药科技产业园以及格力电器公司，而在本书对广东上市公司创新50强的研究中，我们正好发现，以制药为主业的珠海丽珠集团创新势力高居广东省第一位，创新效率居广东省第二位；格力电器公司创新规模居广东省第四位。2019年2月，中共中央、国务院印发《粤港澳大湾区发展规划纲要》，明确提出要把大湾区建设成为具有全球影响力的国际科技创新中心。

　　党的十九大精神及习近平总书记对广东下一步工作的殷切希望，为广东省进入新时代后加快形成以创新为主要引领和支撑的经济体系和发展模式提出了更高要求、注入了更强动力。广东省近年来加快推进创新驱动发展，在研发投入、技术转移以及创新载体培育方面狠下功夫，创新投入和产出能力引领全国。通过聚焦国家科技产业创新中心、粤港澳大湾区国际科技创新中心和科技创新强省建设，广东出台系列支持改革创新的政策文件，在科技成果转化、知识产权保护、科技金融融合等领域形成了支持、激励创新的制度架构和政策体系，一批创新型企业、新兴研发机构开始崛起，在无人机等领域走在全球科技及产业的前列。科技创新能力和创新发展水平快速提升，"粤创粤新"成为广东转型升级的新名片。2017年，广东省区域创新综合能力排名首次跃居全国第一，研究与试验发展经费支出超过2350亿元，规模保持全国第一，占地区生产总值比重达2.65%，技术自给率达72.5%，科技进步贡献率达58%，基本达到创新型国家和地区水平。2018年，广东区域综合创新能力继续高居全国第一，企业研发经费内部支出额、企业有效发明专利数、企业研发经费外部支出额、新产品销售收入、高技术产业主营业务收入以及高技术产品出口额等多项核心基础创新指标排名均列全国第一。

然而，随着世界范围内"第三次工业革命"不断扩展、全球投资贸易秩序加速重构，以及中国经济发展进入新常态的大背景下，广东的创新驱动发展也面临着国内外双重挑战，区域综合创新能力与以色列、韩国、日本、美国和德国等创新强国相比仍有一定的差距。此外，虽然制造业规模不断扩大，效益不断提升，但同时也暴露出了许多问题，例如长期处于全球价值链的中低端，关键核心技术缺乏，产业结构不合理，等等。种种迹象表明，广东已经先发突破从要素驱动向创新驱动转型的关键拐点，进入创新驱动发展深入推进阶段。作为改革创新的排头兵和试金石，广东如何进一步深入开展创新驱动发展战略以建设现代化经济体系，形成全面开放新格局？这方面的积极探索和成功经验对于探索区域转型发展路径具有重要意义，将为新常态下中国突破经济发展瓶颈提供有益的示范和借鉴。

一个国家或地区的创新活动和创新能力是产业结构有序成长的核心动因，科技创新是推动产业价值链向技术含量高、附加值高领域延伸和产品技术的换代升级以及新兴产业发展的源动力。因此，走由要素驱动、投资驱动向创新驱动转变的经济增长和产业发展道路，是当前广东省经济发展方式调整的重要内容。同时，企业作为创新的主体，进入了创新驱动经济发展的阶段，就要进一步强化企业的创新主体地位，发挥大型企业创新骨干作用，激发中小企业创新活力，支持广东企业提高创新能力。为此，本书在结构安排上，从区域、产业、企业三个层面，较系统地研究了"创新广东"的现状、经验与对策等相关问题。全书共分为13章，第一章全面研究了广东实施创新驱动发展战略取得的成效、问题与不足，通过借鉴日本创新驱动发展的经验，提出了从政府、企业、高校等科研机构三个参与主体着手的政策建议。第二章和第三章从核心创新指标和综合创新能力两方面对广东省的区域创新能力进行了国际比较、省内比较，找出差距，并提出创新驱动发展的相关建议。第四章至第七章分别揭示了通信设备产业、LED产业、互联网产业、汽车产业这四大代表性创新优势产业的发展经验、创新动力与创新机制。第八章和第九章通过建立创新企业的评价指标体系，以上市公司为样本，全面分析了广东企业的创新规模、创新效率与整体创新实力的发展情况，并从企业角度对深圳和杭州这两大创新明星城市进行了比较分析。第十章至第十三章则再次利用通信设备产业、LED产业、互联网产业、汽车产业这四大代表性创新优势产业中的案例，对广东创新优势企业的创新战略、创新模式、关键因素等进行了研究。

本书由广东国际战略研究院组织与策划，是广东外语外贸大学企业国际化创新研究中心集体智慧的结晶。其中，李青教授、曾楚宏教授和董俊武教授负责全书的研究思路、框架设计，以及内容的组织和最后的统稿。第一章由曾楚宏教授撰写，第二章和第三章由钟祖昌教授撰写，第四章和第十章由袁静博士撰写，第五章和第十一章由胡仁杰博士撰写，第六章和第十二章由赖磊教授撰写，第七章和第十三章由陈琛博士撰写，第八章由董俊武教授和李演琪撰写，第九章由陈震红教授、庞春菊和董俊武教授撰写。本书同时由国家自然科学基金项目（项目号：7157031528、项目号：71673064）、教育部人文社会科学研究一般项目（项目号：18YJC630101、项目号：19YJA630014）、广东省自然科学基金项目（项目号：2015A030313577、项目号：2018A030313227）、广东省哲学社会科学"十三五"规划一般项目（项目号：GD17CGL07）、广东省教育厅创新团队项目（项目号：2017WCXTD003）、广东省教育厅优秀青年项目（项目号：2014WTSCX040）、广东省教育厅育苗工程项目（项目号：2012WYM_0055）资助。其中，第八章和第九章还得到了广东外语外贸大学特色创新项目（项目号：17SS10）以及大学生创新创业训练计划项目（项目号：S201911846018）的支持。

　　当然，受研究时间和研究能力限制，本书错漏之处在所难免，欢迎广大读者批评指正。广东外语外贸大学企业国际化创新研究中心研究团队将继续跟踪研究"创新广东"相关问题，以期为新时代广东创新驱动型经济发展提供更有价值的研究成果，为广东顺利实施创新驱动发展战略尽绵薄之力。

目　录

第一章　广东进一步实施创新驱动发展战略的问题与对策

　　党的十九大报告提出："加快建设创新型国家。创新是引领发展的第一动力，是建设现代化经济体系的战略支撑。"2017年4月习近平总书记在对广东工作的重要批示中要求："广东要为全国实施创新驱动发展战略提供支撑"。在十三届全国人大一次会议广东代表团参加审议时，习近平总书记再一次充分肯定广东工作，并赋予广东新时代新使命——"在构建推动经济高质量发展体制机制、建设现代化经济体系、形成全面开放新格局、营造共建共治共享社会治理格局上走在全国前列"。党的十九大精神及习近平总书记对广东下一步工作的殷切希望，为广东省进入新时代后加快形成以创新为主要引领和支撑的经济体系和发展模式提出了更高要求，注入了更强动力。

　　广东是中国改革开放的前沿，其发展领先全国。40年的改革开放，广东敢为天下先，创造了举世瞩目的发展奇迹，在中国发展史上写下了一个又一个的"第一"。同时，必须清醒地看到，广东省经济规模很大，但依然大而不强，经济增速很快，但依然快而不优。主要依靠资源等要素投入推动经济增长和规模扩张的粗放型发展方式是不可持续的。老路走不通，新路在哪里？就在加快从要素驱动、投资规模驱动发展为主向以创新驱动发展为主的转变上。没有这样的转变，广东经济发展就没有持续长久发展的动力。创新驱动发展战略是广东自2014年开始实施的战略，其重点包括强化对科技创新的政策支持，推动深化产学研合作。在该战略的实施过程中，广东一批创新型企业、新兴研发机构开始崛起，在无人机等领域走在全球科技及产业的前列。科技创新能力和创新发展水平快速提升，"粤创粤新"成为广东转型升级的新名片。

种种迹象表明，广东已经先发突破从要素驱动向创新驱动转型的关键拐点，进入创新驱动发展深入推进阶段。作为改革创新的排头兵和试金石，广东如何进一步深入开展创新驱动发展战略以建设现代化经济体系、形成全面开放新格局？这方面的积极探索和成功经验对于探索区域转型发展路径具有重要意义，必将为新常态下中国突破经济发展瓶颈提供有益的示范和借鉴。

一　广东实施创新驱动发展战略取得的成效

近5年来，广东聚焦国家科技产业创新中心、粤港澳大湾区国际科技创新中心和科技创新强省建设，出台系列支持改革创新的政策文件，在科技成果转化、知识产权保护、科技金融融合等领域形成了一批改革成果，支持、激励创新的制度架构和政策体系日益完善，改革红利持续释放，为建设现代化经济体系提供了强大动能。2017年，广东省区域创新综合能力排名首次跃居全国第一，研究与试验发展经费支出为2350亿元，规模保持全国第一，占地区生产总值的2.65%，技术自给率为72.5%，科技进步贡献率为58%，基本达到创新型国家和地区水平。

1. 开放型区域创新体系建设迈上新台阶

（1）深化粤港澳创新合作机制。2017年7月1日，习近平总书记见证了粤港澳大湾区合作框架协议的签署。广东省抓住粤港澳大湾区建设上升为国家战略的重大机遇，着力破解制约粤港澳创新发展的体制机制难题，携手港澳共同打造开放型区域创新体系，努力把粤港澳大湾区建设成为代表国家参与全球竞争的创新发展高地。充分发挥珠三角国家自主创新示范区作为开放创新重点区域的作用，制定《自创区发展规划纲要》《自创区空间发展规划》《广深科技创新走廊规划》，实施"深港创新圈" 3年行动计划，以深圳、广州为龙头，珠三角7个国家级高新区为支撑的"1+1+7"创新格局进一步优化。充分发挥港澳在集聚全球高端创新资源方面的独特优势，在推动人才、技术、信息、资金等要素自由流动方面主动对接港澳，不断完善创新领域开放合作的体制机制，推动粤港澳职业资格互认试点取得重要突破；优化完善粤港澳联合资助创新项目的政策举措，实施粤港澳科技合作发展计划、粤港联合创新资助计划，联合设立国际技术转移平台、粤港科技成果转化示范中心等粤港创新平台；推动南沙粤港深度合作区、前海香港优势产业基地加快建设，粤港澳创新创业平台累计入驻港澳青年创新创业团队200余家。（2）加快专业镇协同创新发展步伐。全省出台了促进专业镇协同创新的系列政策措施，着力推动传统优势产业转型升级。到2016年，已建成399个省级专业镇，实现地区生产总值2.9万亿元，占全省GDP的36.5%，比2012年提高6个百分点。涌现出中山小榄、中山古镇、东莞大朗、东莞横沥等一批转型升级和创新创业的典型代表。（3）深化省部院产学研合作。在全国率先与教育部、科技部、工信部、中国科学院和中国工程院等部委深入开展省部院产学研合作，近期又面向"十三五"与各部院签署了新一轮战略合作协议，进一步深化双方合作。目前，全省产学研合作累计财政投入超250亿元，带动社会及企业投入1000多亿元。全省通过产学研合作建立产业技术联盟200多家、省部级以上合作平台300多个，承担省部级以上科技项目2000多项，攻克产业关键共性技术4000多项，申请专利超过2万件，为企业培养高层次技术和管理人才1万多名。（4）建立起多层次的国际和区域科技合作机制。不断加强与以色列经济科技部、荷兰国家科学基金会、加拿大国家研究理事会、德国弗劳恩协会、俄罗斯科学院、乌克兰科学院等创新机构的常态化合作，深化与"一带一路"特别是海上丝绸之路沿线国家的科技交流与合作。加快广州中新知识城、中乌巴顿焊接研究院、佛山中德工业园区、东莞中以水处理产业园、揭阳中德生态金属园区、汕头中以创新产业园区等重大平台的建设发展。

2. 企业技术创新主体地位显著提升

（1）实现高新技术企业跨越式发展。紧紧抓住高新技术企业培育这一"牛鼻子"工程，为全国高新技术企业工作树立标杆，受到国家高新技术企业认定办公室和兄弟省市的高度评价。2016年全省高新技术企业净增8752多家，总量达19857家。2016年高新技术企业培育库入库企业约7500家，累计入库培育企业超1.1万家。(2)推动工业企业建设研发机构。支持骨干企业建设工程中心、企业研究院、院士工作站、企业科技特派员工作站等研发机构。全省开展研发(Research and Development, R&D)活动的规模以上(简称规上)工业企业数由2012年的5082家增至9000多家,增幅超过77%,有研发机构的规上工业企业数同期由2601家快速增至5500家,总量实现翻番。(3)持续推进企业技术改造。推进两化融合贯标试点,大力推广应用自动化、数字化、网络化、智能化等先进工艺技术装备,重点推进有色、化工、建材、轻工、印染等传统制造业绿色改造,产业质量效益明显提高。2014~2016年,全省工业技术改造投资年均增长36.8%,带动全省工业投资年均增长15.5%,2016年全省工业技术改造投资3892亿元,同比增长32.8%,全省工业技术改造投资占工业投资比重的35.2%,比2012年提高了12个百分点。(4)推动科技型中小企业加速发展。深入实施科技企业孵化器倍增计划,建设"众创空间—孵化器—加速器"全孵化链条,实现对企业全成长周期的服务。全省科技企业孵化器数量从2012年的56家增至634家,孵化器总数跃居全国第一,其中国家级孵化器达83家。通过中小企业创新基金等专项资金,以及孵化育成体系等公共服务平台,大力扶持科技型小微企业创新创业。

3. 核心技术攻关和成果转化取得重要突破

(1)重大科技专项顺利实施。近年来广东部署实施了计算与通信集成芯片、移动互联关键技术与器件等9个重大科技专项,已取得53项国际"领跑"技术和181项国内领先技术,形成了一批自主核心技术和科技成果,产生了109件重点创新产品。(2)专利产出和获奖项目大幅增长。2016年发明专利申请量和PCT(专利合作协定,Patent Cooperation Treaty)国际专利申请量增速均超过50%;获得专利授权23万多件,跃居全国第一位;PCT国际专利申请量2.36万件,占全国总量的52.4%,长期保持国内领先。近三年广东共获得国家科学技术奖111项,获得中国专利金奖12项、优秀奖196项。(3)高新技术产业快速发展。全省以科技成果产业化为动力,以高新技术产业发展为龙头,带动产业持续健康快速发展。2016年全省技术成果交易额达 789.7 亿元，是 2012 年的 2.1 倍，科技成果加快转化为现实生产力。
2016 年全省高技术制造业增加值 8600 亿元，占规上工业增加值的 27.6%，
比 2012 年提高 4.3 个百分点；高新技术产品产值超过 5.8 万亿元，占工业总
产值的 39%，比 2012 年提高 1.8 个百分点。（4）新型研发机构蓬勃发展。
广东在国内率先培育发展新型研发机构，出台系列扶持政策，支持深圳清华
大学研究院、广东华中科技大学研究院、广州智能装备研究院等快速发展。
2012 年以来，新型研发机构从弱到强，总数已达 180 家，拥有研发人员近
4.7 万人，单价 10 万元以上的科研仪器设备原值达到 83.4 亿元，有效发明
专利近 7000 件，近三年的成果转化收入达 1538 亿元，累计创办和孵化的企
业分别为 587 家和 3174 家。（5）科技金融产业加快融合。全省逐步建立起
科技信贷、创业投资和科技多层次资本市场体系，带动大批科技成果转化和
创新创业活动开展。以广佛莞和深圳国家科技金融结合试点地区为示范，引
导各地级市高新区与中国银行、中国建设银行等金融机构不断深化合作，
建立起各具特色的科技信贷服务模式。组建科技金融综合服务中心 29 家，
形成了覆盖各地市的科技金融服务网络。省财政设立广东省科技创新基
金，出资 50 亿元引入大量社会资本共同组建重大科技成果产业化母基金。
目前珠三角创业投资机构数量达 1881 家，创业投资基金规模达 3137.2 亿
元，上市企业达 1500 多家。目前广东在新三板挂牌企业累计达 1517 家，
总量跃居全国第一，其中科技型企业占比近 80%。

4. 原始创新和前沿科学研究能力显著增强

（1）推动大科学装置加快建设。中国（东莞）散裂中子源、中微子实
验室（二期）等大科学工程进展顺利，"国家大数据科学研究中心""加速
器驱动嬗变系统研究装置""强流重离子加速装置"等国家重大科技基础设
施相继落户广东。其中，大亚湾中微子实验荣获 2016 年度国家自然科学奖
一等奖，填补了我国在中微子基础物理研究领域的空白并跻身世界领先水
平；散裂中子源工程计划于 2017 年 9 月输出第一束实验中子束，2018 年 3
月建成验收后将成为我国最大的大科学装置。（2）推动高水平大学建设。近
年来，省内高水平大学、高水平理工科大学和一流学科建设取得新突破，

2016 年共有 12 所高校 48 个学科入围 ESI 全球前 1%，较上年增长 20%，其中 5 个学科入围全球排名前 1‰，跃居全国第三。（3）加强重点实验室体系建设。在海洋科学、环境科学、先进高端材料、再生医学、网络空间五个领域，正式启动建设广东省实验室，并以广东省实验室为基础，争取申报建设国家实验室。推进在粤国家重点实验室倍增和省重点实验室提质培优。截至 2016 年年底，广东已建设 283 家重点实验室，其中省重点实验室 211 家，省企业重点实验室 72 家。

5. 创新创业政策洼地和人才高地效应更加凸显

（1）创新创业政策体系不断完善。2012 年以来，全省出台了创新驱动发展的有关法规文件 30 多份，包括《广东省自主创新促进条例（修订）》《广东省促进科技成果转化条例》《关于加快科技创新的若干意见》等地方性法规和重大政策。率先全面实施一批普惠性科技扶持政策，全省企业研发加计扣除减免费用从 2012 年的 30 多亿元提升至 2016 年的 150 亿元，高新技术企业所得税减免额从 2012 年的 80 多亿元提升至 2016 年约 250 亿元。在全国首创建立研发准备金制度支持企业创新的政策，近年来共有 5264 家企业获 35.26 亿元研发费财政补助，引导企业投入研发经费 1047.55 亿元，财政资金引导放大作用达到 1∶30。全面开展经营性领域技术入股等试点改革。目前全省已有 37 家省属应用研究型科研院所、24 所高校开展了经营性领域技术入股改革工作，共促成 45 项技术入股成功转化案例，产生股份收益 3.26 亿元。（2）加快引进高端创新人才。在全国率先探索实行"海外人才绿卡制度"，实施"珠江人才计划""扬帆计划""特支计划"等重大人才工程，培育引进一批产业发展急需的创新型人才和科研团队。前五批"珠江人才计划"共引进创新创业团队 117 个，聚集高端人才 850 多人，吸引各类科技人才 6000 多人，第六批"珠江人才计划"引进团队正在积极实施。2016 年还首次启动引进"海外青年英才团队"，47 个团队共 271 位海外博士参与申报。（3）充分运用省部院产学研合作机制引进人才。已在全省建成企业科技派员工作站 198 个，企业科技特派员超过 4600 名，共实施了 650 余项产学研结合项目，实现总产值超过 500 亿元。建设院士工作站 121 家，吸引全国

115 名院士来广东开展产学研合作工作，累计为企业、地方或行业制定技术及产业规划 40 多项，突破核心技术 260 多项，培养各类科技人才近 1000 人，转化科技成果 300 多项，实现经济效益 60 多亿元。

二　当前实施创新驱动发展战略存在的问题和不足

在取得可喜成绩的同时，广东实施创新驱动发展战略过程中仍然存在着一些问题和不足，主要体现在三个方面。

1. 在"量"上

虽然从 2015 年起广东的综合创新能力超过江苏成为全国第一，并且 2016 年继续蝉联第一，但是在科技创新方面与主要的兄弟省份相比还有一定的差距，与国际上发达国家的差距则更为明显。

2016 年广东的科技创新综合实力排名全国第四，落后于上海、北京和天津，这与其区域综合创新能力高居全国第一的地位并不相符。2016 年广东的 R&D 经费支出 2035 亿元，占当年 GDP 比重为 2.6%，居全国第五，与北京（5.96%）和上海（3.82%）相比差距明显；规模以上工业企业 R&D 经费支出 1676 亿元，占主营业务收入的比重为 1.3%，居全国第四位。高技术产品出口额 213613 百万美元，占商品出口额比重为 32.7%，只位居全国第 11 位，与广东全国第一出口大省的地位极不相称。万人发明专利拥有量 16.1 件，居全国第六；万人科技论文数 2.57 篇，居全国第 15 位。万人 R&D 人员数 49 人/年，居全国第六；R&D 研究人员数 189223 人/年，居全国第二；万人 R&D 研究人员数 18 人/年，居全国第六。万人国际互联网上网人数 7685 人，居全国第四；信息传输、软件和信息技术服务业增加值 2916 亿元，占生产总值比重为 3.6%，居全国第七。

与国际上科技创新活动十分活跃的发达国家相比，从创新综合得分的国际比较来看，2014 年广东知识创新水平得分为 0.65，排名第七，比 2008 年的第 18 位上升了 11 位，整体知识创新水平提高较快，但与韩国、日本、瑞典等创新型国家的创新水平仍有一定差距；从创新投入指标来看，2015 年广东研发支出占 GDP 的比重为 2.47%，高于世界平均水平（2.23%）和欧盟平均水平（2.05%），已接近高收入国家的平均水平（2.56%）。但与以色列、韩国、日本、美国和德国等创新强国相比，仍有一定的差距，但这种差距有进一步缩小的趋势。

2. 在"质"上

2015 年广东技术自给率已经达到 71%，但基本处于中低端水平，大量的高端、核心技术仍然依赖进口。企业依靠科技、人才、品牌等要素增长的创新驱动模式尚未成熟，创新成果转化应用不足，关键技术供给不能满足产业转型升级的需要；传统经济增长模式尚未得到根本改变。

以申请的 PCT 专利涉及的领域分布为例。从分技术领域来看，包括广东在内，中国申请的 PCT 专利中，H（电学）、G（物理）、C（化学；冶金）和 A（人类生活必需）的绝对专利数量所占比例较高，其中 H（电学）相关专利所占的比例最高，达到 47.5%，G（物理）相关专利占 19%，而 D（纺织、造纸）相关专利和 E（固定建筑物）相关专利则是占比最小的两个类别，分别仅占 2.6% 和 1.0%。与世界水平相比，中国仅在 H 部电子信息产业如电子通信、电子元件和电力产生传送等方面有比较优势，代表性企业是华为技术有限公司（简称华为）和中兴通讯股份有限公司（简称中兴）；而在专利数量较多的 A 部和 C 部，包括生命科学、医药学、有机化学和生化遗传等领域的比较优势变得非常弱。除电子及通信设备制造业外，广东普通机械及专用设备制造落后于长三角地区，通用装备和专用装备等"工作母机"基础薄弱，全省固定资产投资中有 2/3 的设备依靠进口，数控机床、光纤制造装备、集成电路芯片制造设备、纺织机械等大部分依赖进口。"缺核少芯"问题突出，高端新型电子信息产业的关键元器件、专用电子设备发展滞后，半导体照明产业上游大功率 LED 芯片、外延设备、工业机器人精密减速器等关键部件严重依赖进口，新能源汽车三大关键部件电机、电池、电控核心技术受制于人。现代服务业中的相当一部分处于产业链的低端环节。从另一方面来看，目前广东省重点扶持的战略性新兴产业如节能环保产业、新一代信息技术产业、生物产业、高端装备制造产业、新能源产业、新材料产业和新能源汽车产业等的海外专利布局仍然较少，尚未形成一定的技术优势和国际竞争力。

3. 在"结构"上

目前广东在实施创新驱动发展战略上，也存在着明显的"不平衡、不充分"现象——珠三角与粤东、粤西、粤北，甚至珠三角内部在创新驱动发展的力度和成效上表现出极大的分化。在创新投入上，2017 年珠三角地区 9 个地市的 R&D 经费支出达到 2226.6 亿元，占全省 R&D 经费支出的 95%，近三年占全省 R&D 经费支出的比重都保持在 94% 以上；而粤东、粤西、粤北三个地区的 12 个城市仅投入 117 亿元的 R&D 经费，占全省的比重只有 5%。由此反映在创新成果上，2017 年珠三角 9 个地市的专利申请量为 567319 件，专利授权量为 2999027 件，发明专利授权量 44361 件，专利申请量占全省专利申请总量的比重达到 90.38%；而粤东地区专利申请量为 30308 件，占全省专利申请总量的比重为 4.83%，粤西地区专利申请量为 16755 件，占全省专利申请总量的比重为 2.67%，粤北地区专利申请量最低，仅有 13302 件，占全省专利申请总量的比重为 2.12%。从区域位置看，广东省 21 个地市的综合创新能力呈现出"中心—外围"的分布特征，形成珠三角创新核心圈和粤东、粤西、粤北创新外围圈两大圈层，并逐步演变为深圳、广州、珠海三核驱动的创新发展格局。

发人深思的比较出现在广州和深圳两个一线城市。广州和深圳作为珠三角地区乃至整个广东省的两个发展极，无论是在人口规模、经济总量还是在全国影响力上都旗鼓相当、不分伯仲。然而正是这样两个在综合实力上并驾齐驱的城市，在创新驱动经济高质量发展上却存在着巨大的差距。与深圳在创新驱动战略上高歌猛进、捷报频传相比，作为省会城市的广州则大为逊色。首先是 R&D 支出占 GDP 的比重，2017 年深圳为 4.34%，高居全省第一；而广州为 2.48%，排在珠海、东莞之后，屈居第四。其次是万人发明专利拥有量，2017 年深圳高达 75.23 件，远远超过广州的 41.52 件。更大的差距体现在专利申请方面：2016 年，深圳 PCT 国际专利申请量接近 2 万件，约占全国 50%，连续 13 年稳居全国各大中城市第一位；而广州还不到 2000

件，与前者相差近 10 倍。此外，深圳作为全国创新、创业的标杆城市，同样也是全国知识产权事业发展的一面旗帜。2016 年，深圳国内专利申请量达到 14.5 万件，国内专利授权达到 7.5 万件；有效发明专利达到 9.5 万件，人均发明专利拥有量达到欧美日韩等发达国家水平；PCT 国际专利申请量占国内专利申请量的近 14%，这些指标都远远高于广州以及全国其他城市。在 2017 年全球企业 PCT 专利申请量排名当中，位于深圳的华为（4024 件）和中兴（2965 件）占据了 2017 年 PCT 专利申请量前两名的位置，"深圳创造"表现十分亮眼。2017 年，广东省共有 7 家企业跻身世界 PCT 国际专利申请 100 强，而全国仅有 12 家企业跻身世界 PCT 国际专利申请 100 强，深圳就占据 6 个席位，华为、中兴、比亚迪、腾讯、大疆等一批创新型企业脱颖而出，广州则没有一家企业上榜。这两个城市在创新驱动发展战略上存在巨大差距的问题要比珠三角与粤东、粤西、粤北之间的"不平衡、不充分"问题更应引起重视。

三 日本创新驱动发展的经验借鉴

在进一步发挥优势和特长的同时，如何弥补不足和短板，是广东能否在创新驱动发展构建现代经济体系方面继续走在全国前列的关键。在此，可以借鉴日本的经验和做法。

日本是后发国家实现创新驱动发展的成功典范。二战后，日本始终坚持将科技创新作为支撑国家经济社会发展的首要选择与核心动力，注重推动企业技术进步和自主创新能力的提升，不断提高研发投入，在政府政策的主导推动下，日本的自主创新能力跃居世界前列，科学技术对日本经济增长的贡献率达 60% 以上，促使产业结构从资本密集型工业向技术密集型产业再向新兴产业转型，经济发展模式从资本要素驱动向创新驱动转变。在强大的科技创新推动力的支持下，日本经济实现了战后近 30 年 10% 的高速增长，于 20 世纪 70 年代成为仅次于美国的第二经济大国，并实现了创新驱动发展和可持续增长，成功克服了两次石油危机，创造了 20 世纪 80 年代的经济辉煌，而且，在进入"失去的 20 年"后，日本仍然保持着强大的经济实力和核心竞争力，屹立于世界强国之林。

根据 1955 年以来日本 R&D 占 GDP 比重的变化、GDP 的走势、产业结构的调整等情况，可以将日本创新驱动发展的轨迹分为基础、起步、形成、稳定四个时期。1955～1972 年是日本现代化经济建设的基础期。日本确立了政府主导的市场经济体制，积极做好创新创业的基础建设。虽然 R&D 占 GDP 的比重不到 2%，但是政府高度重视引进国外专家和先进技术，积极发展重工业和化学工业等资本密集型工业，加速了现代化建设的步伐，经济开始高速增长，国民生产总值于 1968 年超过了当时的联邦德国。在此阶段，日本发展成为产业门类齐全、具有近代科技及教育水平、仅次于美国的资本主义世界第二大经济大国，为发展创新型经济打下了基础。1973～1979 年是起步期，日本人均 GDP 于 1973 年首次超过了"腾飞起跑线" 3000 美元，日本创新驱动发展开始起步。政府重视对引进技术的消化吸收再创造，R&D 占 GDP 的比重达到 2%，产业结构实现了从劳动密集、资源密集型产业向资本密集和技术密集型产业的过渡，钢铁、汽车、家电等产业技术达到世界先进水平。到 1979 年，日本 GDP 已接近 10000 亿美元，年均增长 3%～5%。20 世纪 80 年代，日本创新驱动发展方式形成并得到巩固。以确立"科技立国"战略为标志，政府坚持将科技创新作为支撑国家经济社会发展的首要选择与核心动力，并保持以产业界作为技术创新的主体，R&D 占 GDP 的比重逐渐上升到 3.0%。信息产业成为日本经济新的支柱产业，带动整个产业结构不断向高技术化、信息化和服务化方向发展。经济增长方式由"通过扩大政府支持刺激增长"被"科技创新促经济发展"所取代。20 世纪 80 年代初，日本 GDP 已突破 10000 亿美元。到 80 年代中后期，日本经济实力达到了"鼎盛时期"，GDP 总量接近美国的 60%，人均 GDP 超过 2 万美元。进入 20 世纪 90 年代后，日本泡沫经济崩溃，产业发展受到严峻的挑战。为确保日本在国际竞争中的优势，日本于 1995 年颁布了《科学技术基本法》，将"科技立国"战略升级为"科技创新立国"战略，进入了以积极开展原始创新、发展新兴产业为主要特征的稳定发展阶段。此后，日本分别于 1996 年、2001 年、2006 年、2011 年制定四期"科学技术基本计划"，提出了人才、基础研究、科技创新、重点技术、国际合作等科技创新发展战略，并把信息通信、生命科学、环境科学和纳米新材料等新兴技术领域作为研究与开发的重点领域。2013 年，日本发布了《日本再兴战略》《科学技术创新综合战略——挑战新维度的日本创造》等重要战略，致力于创造"依靠技术保持优胜"的日本。

日本创新驱动发展政策的演变可归纳为"三条轨迹，一个核心"，即在发展战略上沿着"教育先行—科技立国—科技创新立国"策略的轨迹演变，在技术政策上沿着"引进消化吸收—集成创新—原始创新"的轨迹演变，在产业政策上沿着"资本密集型工业—技术密集型工业—新兴产业"的轨迹演变，在企业扶持政策上始终坚持以支持企业自主创新为核心，在人才培养、创新体系建设、产业结构调整和创新环境建设等方面同步进行，环环相扣，相互促进，形成了推动创新驱动发展的强大合力。这对广东下一步深入开展创新驱动发展战略具有十分重要的启发和借鉴意义：第一，坚持不懈地以企业作为自主创新的主体。企业既是国家和地区经济实力的基础和支柱，又是科技创新的主体，成为创新驱动发展的主要力量是责无旁贷的。日本从立法、规划、财税、金融、劳动力市场和对外贸易等多方面增强企业的自主创新能力，作为提升国家竞争力的重要抓手，充分发挥了企业作为创新主体的作用。第二，将科技创新发展的顶层设计上升到法律层次。实践早已表明，良好的法制环境是市场经济发挥作用、企业发挥创新主体作用的重要保障。日本建立了涵盖教育、科技、产业的强有力的法制体系，各项法规政策具有较强的连续性、计划性、配套性和可操作性，成为企业赖以生存发展的肥沃土壤，是经济转型的"助推器"。第三，坚持把推进产业结构优化升级作为创新驱动发展的主攻方向。产业结构的优化升级是提升国家综合竞争力的关键因素，产业政策对弥补市场失灵具有重要的作用。战后日本经济能够实现腾飞并实现创新驱动发展，与日本政府和产业界紧密合作，共同做好产业发展的顶层设计，并将科技政策与之相配套，大力发展高新技术和新兴产业，从而不断推动产业结构的优化升级密切相关。

四　对策与建议

经过 5 年多的探索与实践，广东在创新驱动经济高质量发展上取得了令人瞩目的成绩，已经走在全国前列；但是这与习近平总书记以及党中央国务院对广东的殷切期望与总体定位还是有一定的差距，尤其是广东在目前的实施过程中还存在着一些棘手的问题和不足，而下一步打造全面开放新格局以及建设现代化经济体系都对进一步提升创新驱动发展战略的水平和作用提出了更高要求。为此，我们必须坚定"创新驱动产业转型升级——新旧动能转化——现代化经济体系高质量运行——形成全面开放新格局"这样一条改革发展路径不动摇，在总结前一阶段创新驱动发展实践的经验教训的基础上，借鉴日本等发达国家的成功经验，从政府、企业、高校等科研机构三个参与主体着手，进一步将创新驱动发展战略朝更快、更高、更好的方向推进。

（一）政府层面

1. 利用政治和法律手段，为创新营造良好的政策环境

创新驱动发展战略要贯彻落实，政治和法律手段必不可少。唯有依靠政府政治和法律手段的强制力，才能为进一步的创新发展清除障碍。首先，政府可以结合广东省发展需要，围绕产业发展，完善创新驱动政策布局。创新是手段，其直接目标是促进企业和产业的发展，最终目标是推动经济社会的发展，因此，在政策设计上立足创新的根本——优化各类创新要素配置，推进不同创新要素协同创新；在政策扶持上适度倾斜于创新实力相对较弱的粤东、粤西、粤北地区，倡导珠三角与粤东、粤西、粤北联合创新、共同发展；在政策导向上以企业和产业发展为目标，支持广东产业结构调整和高新技术产业、新兴战略性产业发展，从根本上推动广东省加快实现经济发展方式的转变。其次，政策设计要注重系统性和连续性。通过法规为创新提供立法保障，通过纲领性政策引领创新驱动战略的实施，通过各类科技计划和专

项支持创新驱动战略的实施，通过虚实结合的政策组合，促进广东创新发展。当前应该通过梳理广东现有自主创新政策，优化政策设计，加快《粤港澳大湾区发展规划纲要》《广东自主创新促进条例》等纲领性文件的配套政策出台；围绕创新驱动核心战略，以突出知识创新和技术创新为主线，从全省和全局均衡发展需要出发，补充完善各类配套政策，使政策围绕创新驱动一脉相承，有机衔接，为广东创新发展服务。最后，要实施有效的监督机制，保证相应政策的落实，避免出现"最后一公里"问题。对落实政策不到位的单位和负责人要制定相应的问责机制，做到有权就有责，权责对应。

2. 利用经济手段，为创新提供足够的资金支持和良好的经济环境

尽管广东省在科技创新的投入上已经有相当大的进展，但是跟发达国家乃至同属大湾区的中国香港相比仍然有差距。为此，政府必须在财政支出和税收优惠方面加大对科技创新的财政支持力度。在财政支出方面，一是要向粤东、粤西、粤北的创新生态系统完善和提升有所倾斜，支持和鼓励后发地区的科技创新活动；二是加大对企业自主创新财政资金的支持力度，优化财政科技支出结构，加大政策性金融支持。与此同时，发挥财政投资导向作用，引导社会资本向创新投入，优化企业融资环境。在税收优惠方面，加大对自主创新的扶持力度。通过在技术开发费加计扣除的比例、企业研究开发投入的税前抵扣、高新技术企业投资抵免范围，以及对科研人员技术开发、技术转让、技术咨询和技术服务获得的收入减免个人所得税等优惠激发企业、机构和个人投入创新的热情。在优化经济环境方面，要利用《粤港澳大湾区发展规划纲要》出台必将带来广东与港澳的深度融合发展的有利契机，联手港澳协同创新，利用港澳先进发展经验指导广东创新发展的顺利进行。

3. 利用宣传手段，为创新提供有利的文化氛围

首先，要在全社会形成尊重知识、尊重知识产权的氛围。为此，加大知识产权的普法教育，宣传相关法律法规知识，提高全社会的知识产权意识。通过知识讲座、培训交流等灵活的形式，使全社会形成尊重知识产权、保护知识产权、运用知识产权的氛围。其次，要形成宽容创新失败的氛围。数据表明，创新的成功率是万分之八。大力弘扬敢为人先的创新精神，倡导勇于

创新、淡泊名利的团队精神，创造宽松的创新环境和条件，让创新型人才毫无后顾之忧，努力营造宽松和谐、健康向上的创新文化氛围。因此，要努力营造一种宽容创新失败的文化氛围。最后，要加大先进典型案例的宣传，形成在创新上你追我赶、相互学习、共同进步的氛围。为此，政府应有意识地树立一批在创新驱动发展上做得卓有成效的城市、企业及个人，给与一定的奖励，并总结其成功经验和有效做法，通过新闻媒介、专题研讨等形式进行介绍与报道，以产生模范带动效应，使创新驱动深入人心。

（二）企业方面

企业是创新的主体，也是广东进一步实施创新驱动发展战略的动力源泉。因此，必须通过经济、文化、制度方面的努力，实现企业自身的创新发展，为创新发展注入活力。

1. 从经济上，加大创新投入力度和形成有特色的分配机制

目前，拥有研发部门的企业大部分是大型企业，中小企业很少拥有研发部门。而中小企业是创新的重要力量，因此，它们应该抓住目前的机遇加大创新投入，成立自身的研发部门，实现自身的创新发展以及发展质量的转型升级。同时，企业要加强人才队伍的建设，用机制留住人才。为此，必须完善收入分配激励机制，完善投资、管理、技术等要素参与分配，激发创新型人才创新的积极性，让创新型人才在创造一流业绩的同时能得到一流的回报。

2. 在文化上，形成有利于创新的企业文化和协同创新意识

企业是创新的主体，文化是行动的指南。因此，企业应该营造有利于创新的文化氛围，并逐步形成创新的企业文化，从而调动企业员工的创新积极性，推动企业的创新发展。应对企业在职人员强化继续教育，建立创新型人才培养机制。通过在高校的学习深造、发达国家和地区的对外交流、培训基地的考察研修等方式，使理论和实践实现良性互动，不断提高创新型人才的创新能力。同时，企业要主动与大学、科研机构合作，利用自身市场的优势，结合大学和科研机构人才和研发的资源，实现"产学研"的协同创新，

使企业开发出更符合市场要求、具有更高水平和更高质量的产品和服务，走上自主开发产品的道路。

3. 在制度上，完善能确保放眼国际、立足高端的战略性、前瞻性自主创新的长效机制

自 2018 年美国发起的这轮对中兴、华为等中国高科技企业的一系列打压和制裁行动表明，中国企业必须立足高远、放眼全球，通过自力更生、攻坚克难，占领全球创新的制高点。广东聚集了一批像华为、中兴这样的巨无霸企业以及像大疆、华大基因这样的独角兽企业，要在制度设计和建设上进行"冲、补、强（冲顶尖、补短板、强特色）"，在核心领域和关键环节持续发力开展创新，形成一系列鼓励和推动创新的长效机制，有效缓解长期以来核心零部件和关键技术依赖于人的不利局面。

（三）大学、科研机构等方面

大学、科研机构等是人才的聚集地。人才是重要的创新资源，人才的培养需要靠大学和科研机构等的努力。大学、科研机构等的创新是实现创新发展的重要力量。

1. 大力培育本土人才，减少人才对外依赖程度

采取有效的措施吸引优秀人才来粤非常重要，在内部培养优秀人才也同样重要。相较发达省份，广东省内大学、科研机构等科研实力有一定的差距。2018 年，广东只有 2 所高校入选我国一流大学建设高校名单，少于北京（8 所）和上海（4 所）；入选一流学科建设高校名单的只有 3 所，远远少于北京（22 所）、上海（9 所）以及江苏（13 所）。要改变现状，广东省内大学、科研机构应该努力培养本土人才，让人才资源源源不断地输入，避免过度依赖人才的引进，使广东省的创新之路成为有源之水，持续发展下去。

2. 实施走出去战略，与其他高校企业加强合作

广东省内大学自身科研实力有限，应积极走出去与国际知名大学交流合作，提升自身的专业和科研实力，创造出更多、更有价值的科研成果。此外，大学、科研机构应该改变以往研究成果停留在实验室、没有转化为现实

生产力的现状，主动走出去，与世界一流高校、研发机构建立稳定的合作伙伴关系，主动参与国内、国际标准制定，提升合作层次和水平。同时，要主动联系企业将科研成果转化为现实生产力，为社会创造更多的财富。

参考文献

李青、曾楚宏：《"海外广东"与对外开放新格局》，社会科学文献出版社，2018。

丁明磊、陈宝明：《广东落实创新驱动发展战略先发引领转型发展的启示与建议》，《中国科技论坛》2017 年第 11 期。

廖晓东、郑秋生：《广东省实施创新驱动发展战略的路径选择与对策研究》，《决策咨询》2015 年第 3 期。

龙云凤：《江苏省创新驱动政策体系研究及对广东的启示》，《科技管理研究》2016 年第 7 期。

谈力、李栋亮：《日本创新驱动发展轨迹与政策演变及对广东的启示》，《科技管理研究》2016 年第 5 期。

第二章 广东区域创新发展水平的国际比较分析

改革开放 40 多年来，广东经济高速发展，2018 年广东全省地区生产总值 9.73 万亿元，同比增长 6.8%，连续 30 年居全国首位。广东省作为中国改革开放的排头兵、先行地、实验区，近年来加快推进创新驱动发展，在研发投入、技术转移以及创新载体培育方面狠下功夫，创新投入和产出能力引领全国。《中国区域创新能力评价报告 2018》显示，2018 年广东区域综合创新能力排名全国第一，连续两年位居全国第一，企业研发经费内部支出额、企业有效发明专利数、企业研发经费外部支出额、新产品销售收入、高技术产业主营业务收入以及高技术产品出口额等多项核心基础创新指标排名均列全国第一。然而，随着世界范围内"第三次工业革命"不断扩展、全球投资贸易秩序加速重构，以及中国经济发展进入新常态的大背景下，广东的创新驱动发展也面临着国内外双重挑战，区域综合创新能力与以色列、韩国、日本、美国、德国等创新强国相比仍有一定的差距。虽然制造业规模不断扩大，效益不断提升，但同时也暴露出了许多问题，如长期处于全球价值链的中低端、关键核心技术缺乏、产业结构不合理等。一个国家或地区的创新活动和创新能力是产业结构有序成长的核心动因，科技创新是推动产业价值链向技术含量高、附加值高领域延伸和产品技术换代升级以及新兴产业发展的原动力，因此，走由要素驱动、投资驱动向创新驱动转变的经济增长和产业发展道路，是当前广东省经济发展方式调整的重要内容。本章将从核心创新指标和综合创新能力两方面对广东省与主要发达国家、新兴经济体和部分发展中国家的创新能力进行比较分析，找出广东省与发达国家在创新能力及主要创新指标上的差距，并提出创新驱动发展的相关建议。

一 广东核心创新指标的国际比较分析

（一）主要创新投入指标的国际比较分析

1. 研发经费支出占 GDP 的比重

研发经费支出占 GDP 的比重是衡量一个国家和地区创新能力的重要依据，国际上通常用这一数据来衡量一个国家和地区对科技创新的重视程度。党的十九大报告指出，"我国经济已由高速增长阶段转向高质量发展阶段，正处在转变发展方式、优化经济结构、转换增长动力的攻关期"，近年来广东省大力实施创新驱动发展战略，发展活力和内生动力不断增强，创新效果正逐步显现，经济发展正由传统高度依赖加工贸易出口的模式向由创新和品牌驱动的模式转变。

2017 年广东全省研发经费支出超过 2300 亿元，位居全国首位，占 GDP 的比重也提高到 2.65%，大大领先全国平均水平。从国际比较来看，表 2 - 1 列出了主要发达国家、新兴经济体、部分发展中国家的研发支出占 GDP 的比重。2015 年广东研发支出占 GDP 的比重为 2.47%，高于世界平均水平（2.23%）和欧盟平均水平（2.05%），大大高于中等收入国家的平均水平（1.49%），已接近高收入国家的平均水平（2.56%）。但与以色列、韩国、日本、美国、德国等创新强国相比仍有一定的差距，2015 年，以色列、韩国、日本、德国、美国的研发支出占 GDP 比重分别为 4.27%、4.23%、3.28%、2.88%、2.79%，这些国家的创新能力和创新效率较高，经济发展正处于创新驱动发展的高级阶段，而新兴经济体及部分拉美国家的研发支出占 GDP 比重相对较低，整体创新能力较弱。从研发支出占 GDP 比重的变化趋势来看，近年来广东省的研发支出增长迅速，研发支出占 GDP 比重从 2000 的 1.0% 增加到 2015 年的 2.47%，提高了 1.47 个百分点，大大高于同期的大部分国家和地区，先后超过英国、法国、新加坡、荷兰等发达国家，

2012 年研发投入强度首次超过 2%，达到 2.17%，已连续 6 年超过 2%（见图 2-1）。而同期，世界的平均水平只提高了 0.17 个百分点，高收入国家也只提高了 0.26 个百分点，中等收入国家的平均水平提高了 0.84 个百分点。这表明广东省研发经费投入强度一直呈稳定上升趋势，与发达国家的差距逐年缩小。

表 2-1　R&D 经费支出占 GDP 比重的国际比较

单位：%

地区＼年份	2000	2005	2010	2015
以色列	3.93	4.04	3.94	4.27
韩国	2.18	2.63	3.45	4.23
日本	2.90	3.18	3.14	3.28
德国	2.39	2.42	2.71	2.88
美国	2.62	2.50	2.73	2.79
高收入国家	2.30	2.22	2.37	2.56
中国广东	1.00	1.12	1.76	2.47
新加坡	1.82	2.16	2.02	—
法国	2.08	2.05	2.17	2.23
世界	2.06	1.97	2.04	2.23
欧洲联盟	1.72	1.74	1.93	2.05
中国	0.90	1.31	1.71	2.07
荷兰	1.81	1.79	1.72	2.01
英国	1.64	1.57	1.68	1.70
中等收入国家	0.65	0.86	1.15	1.49
西班牙	0.89	1.10	1.35	1.22
巴西	1.00	1.00	1.16	—
俄罗斯	1.05	1.07	1.13	1.13
阿根廷	0.44	0.42	0.56	—
墨西哥	0.32	0.40	0.54	0.55
印度	0.74	0.81	0.82	0.63

数据来源：世界银行、《广东统计年鉴》。

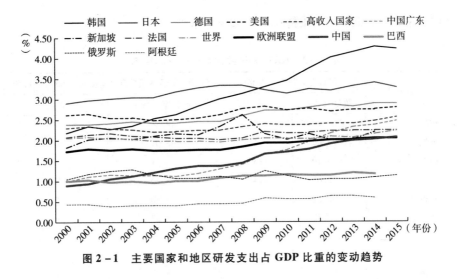

图 2-1　主要国家和地区研发支出占 GDP 比重的变动趋势

2. 每百万人研究人员数

研发人员投入是创新投入最重要的组成部分，也是一个国家和地区提升创新能力的关键所在。近年来，广东省 R&D 人员队伍快速壮大，2017 年，全省 R&D 人员 87.99 万人，同比增长 19.7%，其中，企业 R&D 人员 77.32 万人，高校 R&D 人员 6.33 万人，科研机构 R&D 人员 1.75 万人。从 R&D 活动人员全时当量来看，2016 年广东 R&D 活动人员全时当量为 51.56 万人/年，比 2000 年的 7.11 万人/年增加了 44.45 万人/年。表 2-2 和图 2-2 列出了 2014 年广东与部分国家每百万人研究人员数，在我们所研究的国家中，韩国的每百万人研究人员数最高，达到 6899 人，其次是新加坡（6658.5 人）和日本（5386.15 人），广东排名第四，达到 4724 人，紧随其后的是加拿大、德国、英国和美国，排名比较靠后的国家是巴西（689.1 人）、阿根廷（1202.07 人）、西班牙（2642.37 人）等。这也从一定程度上说明西方发达国家具有较强的创新能力，广东的研发人员投入与位于世界创新水平第一梯队的日韩等国相比仍有一定的差距。从每百万人研究人员数增长率来看，2000~2014 年，广东每百万人研究人员数复合增长率为 12.14%，在我们所研究的国家中排名第一，紧随其后的是韩国（8.01%）、巴西（5.21%），主要发达国家如美国、英国、法国、德国、加拿大等，由于创新能力较强，研发人员基数较大，百万人研究人员数复合增长率相对较低，但仍维持在 1% ~3% 的水平。

表 2 - 2　R&D 人员数国际比较（2014 年）

国家和地区	每百万人研究人员数		每百万人研究人员数复合增长率（2000~2014 年）	
	数量（人）	排名	增长率（%）	排名
中国广东	4724.00	4	12.14	1
韩国	6899.00	1	8.01	2
巴西	698.10	15	5.21	3
中国	1113.07	14	5.20	4
阿根廷	1202.07	13	3.80	5
新加坡	6658.50	2	3.27	6
欧洲联盟	3487.32	10	3.12	7
英国	4299.36	7	2.86	8
法国	4168.78	9	2.63	9
西班牙	2642.37	12	2.46	10
德国	4363.78	6	2.36	11
加拿大	4518.51	5	1.95	12
美国	4231.99	8	1.42	13
日本	5386.15	3	0.32	14
俄罗斯联邦	3101.63	11	-0.78	15

注：表中每百万人研究人员数的数据为 2014 年数据，加拿大的数据是 2013 年的，巴西的数据是 2010 年的。

数据来源：世界银行、《广东统计年鉴》。

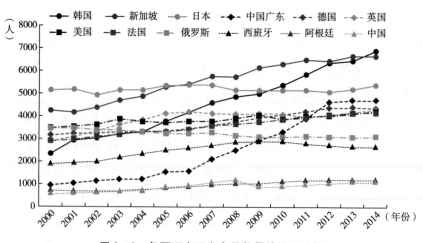

图 2 - 2　每百万人研究人员数量的国际比较

（二）主要创新成果指标的国际比较分析

1. 专利申请量

从表 2 - 3 可以看出，2016 年广东专利申请量达到 505667 件，不考虑中国其他省区，排名全球第一，占世界各国专利申请总量（310 万件）的 16.3%，大大高于主要发达国家的专利申请量，排名第二和第三的分别是美国（295327 件）和日本（260244 件），与广东经济总量相当的韩国，2016 年申请量为 163424 件，比广东少 342243 件，德国、俄罗斯、法国、英国、印度的专利申请量均超过 1 万件。2017 年，广东省专利申请量 62.78 万件，专利申请量居全国首位，其中，发明专利申请量 18.26 万件，同比增长 30.88%。从专利申请量的增长情况来看，2007～2016 年，广东专利申请量增加了 403218 件，年复合增长率达到 19.41%，位于全球前列。复合增长率排名比较靠前的国家分别是南非、新加坡、印度、韩国，但增长幅度大大低于广东省和中国其他省区，日本、法国、英国、俄罗斯等国家出现了负增长（见图 2 - 3）。从万人专利申请量来看，2016 年广东省的万人专利申请量达到 45.97 件，排名全球第一，排名第二和第三的分别是韩国（31.89 件）和日本（20.49 件），其他发达国家，如美国、德国、法国、英国、加拿大等，其万人专利申请量均少于 10 件，南非、巴西、印度等国家的万人专利申请量则更低，均少于 1 件。

表 2 - 3 专利申请量国际比较（2016 年）

国家和地区	专利申请量		专利申请量复合增长率 （2007～2016 年）		万人专利申请量	
	数量（件）	排名	增长率（%）	排名	数量（件）	排名
中国广东	505667	2	19.41	2	45.97	1
韩 国	163424	5	2.69	6	31.89	2
日 本	260244	4	-2.72	15	20.49	3
美 国	295327	3	2.27	8	9.13	4
中 国	1204981	1	25.77	1	8.74	5

续表

国家和地区	专利申请量		专利申请量复合增长率 （2007～2016年）		万人专利申请量	
	数量（件）	排名	增长率（%）	排名	数量（件）	排名
德　国	48480	6	0.14	9	5.89	6
新加坡	1601	14	9.70	4	2.86	7
法　国	14206	8	-0.40	11	2.12	8
英　国	13876	9	-2.47	14	2.12	9
俄罗斯	26795	7	-0.29	10	1.86	10
以色列	1300	15	-2.38	13	1.52	11
加拿大	4078	12	-2.23	12	1.12	12
南　非	2783	13	13.16	3	0.50	13
巴　西	5200	11	2.42	7	0.25	14
印　度	13199	10	8.57	5	0.10	15

数据来源：世界银行、《广东统计年鉴》。

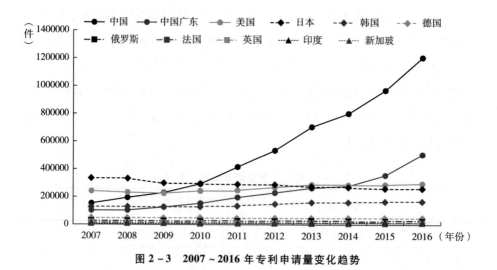

图2-3　2007～2016年专利申请量变化趋势

因此，无论从专利申请总量、万人专利申请量，还是专利增长率来看，与发达国家、新兴经济体及发展中国家相比，广东都具有较大的优势，专利实力位居全球前列，这与广东省大力实施知识产权政策密不可分。2008年6月5日，国务院颁布《国家知识产权战略纲要》。十余年来，广东深入实施知识产权战略，省政府连续十年制定全省年度知识产权战略工作要点，并先后出台一系列地方性法规、政府规章和规范性文件，如《关于加快建设知识产权强省的决定》《广东省专利条例》《广东省深入实施知识产权战略推动创新驱动发展行动计划》《广东省建设引领型知识产权强省试点省实施方案》《关于知识产权服务创新驱动发展的若干意见》《广东省展会专利保护办法》《广东省专利奖励办法》等。这些政策的出台，完善了广东省知识产权战略政策支撑体系，大大推动了广东省专利事业的发展，使得专利申请量大大提高。

2. 专利授权量

专利授权量是衡量一个国家和地区专利质量的主要指标之一。近年来，广东大力实施知识产权战略，专利质量稳步提升，企业知识产权主体地位显著增强，高价值知识产权培育工作初显成效。从表2-4可以看出，2016年广东专利授权量为259032件，不考虑中国其他省区，排名全球第一，占中国专利授权量（302136件）的85.7%，大大高于主要发达国家的专利授权量，排名第二和第三的分别是日本（160643件）和美国（143723件），与广东经济总量相当的韩国，2016年专利授权量为82400件，比广东少176632件，德国、俄罗斯、法国等的专利授权量均超过1万件，以色列、巴西、南非等的专利授权量均少于1000件。2017年广东省专利授权量33.26万件，同比增长28.42%，专利授权量居全国首位。其中，发明专利授权量4.57万件，同比增长18.42%，每万人专利授权量18.96件，比上年同期增加3.43件，是全国平均水平（9.8件）的1.93倍。从专利授权量的增长情况来看，2007~2016年，广东专利授权量增加202581件，年复合增长率达到18.45%，位于全球前列（见图2-4）。复合增长率排名比较靠前的国家分别是巴西、以色列、加拿大、美国、英国，但增长幅度都大大低于广东省及中国其他地区，韩国、新加坡、南非、印度等国家出现了负增长。从万人专利授权量来看，2016年广东省的万人专利授权量为23.55件，排名全球第一，排名第二和第三的是韩国（16.08件）和日本（12.65件），其他发达国家，如美国、德国、法国、英国、加拿大等，其万人专利授权量均少于10件，南非、巴西、印度等国家的万人专利授权量则更低，均少于0.1件。

表 2 - 4　专利授权量国际比较（2016 年）

国家和地区	专利授权量		专利授权量复合增长率（2007~2016 年）		万人专利授权量	
	数量（件）	排名	增长率（%）	排名	数量（件）	排名
中国广东	259032	2	18.45	2	23.55	1
韩　国	82400	5	-1.17	13	16.08	2
日　本	160643	3	1.14	11	12.65	3
美　国	143723	4	6.80	6	4.44	4
德　国	29522	6	1.91	9	3.59	5
法　国	17656	8	2.84	8	2.64	6
中　国	302136	1	28.36	1	2.19	7
俄罗斯	21292	7	1.50	10	1.48	8
以色列	787	12	8.68	4	0.92	9
加拿大	3295	10	6.89	5	0.91	10
英　国	5827	9	4.36	7	0.89	11
新加坡	432	14	-0.91	12	0.77	12
南　非	403	15	-8.74	14	0.07	13
巴　西	533	13	10.84	3	0.03	14
印　度	1115	11	-10.97	15	0.01	15

数据来源：WIPO、广东知识产权局。

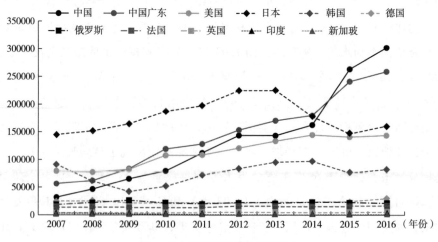

图 2 - 4　专利授权量的国际比较

因此，广东省的专利授权量，无论在总量、万人专利授权量，还是专利授权量增长率等方面，都领先于发达国家，已接近创新型国家的水平，正逐步实现由知识产权大省向知识产权强省的跨越。这为广东大力实施创新驱动战略、推动产业升级和经济高质量发展提供了坚实的基础。

3. PCT 专利申请量的国际比较

PCT 是专利领域的一项国际合作条约，自采用《巴黎公约》以来，它被认为是该领域进行国际合作以来最具有进步意义的标志。因此，PCT 国际专利申请已成为检验自主创新能力的一个重要尺度。自 2001 年中国加入 WTO 以来，广东加大实施"走出去"战略的力度，广东的对外直接投资（FDI）和出口无论在规模扩张和区位分布两方面均取得迅速发展，在广东"走出去"战略实施过程中，涌现了一批注重并依靠知识产权参与国际竞争的创新型企业，如深圳的华为和中兴，带动广东 PCT 专利申请量不断创造历史新高。如表 2 - 5 和图 2 - 5 所示，2017 年广东的 PCT 专利申请量为 26830 件，占全国的比重为 54.89%，连续 16 年保持全国第一，这与广东全国第一经济大省、出口大省、对外直接投资大省的身份相吻合。

表 2 - 5　PCT 专利申请量国际比较（2017 年）

国家	PCT 申请量		每百万人 PCT 申请量		PCT 申请量复合增长率 （2008～2017 年）	
	数量（件）	排名	数量（件）	排名	增长率（%）	排名
日　　本	48208	3	380.23	1	5.91	4
韩　　国	15763	6	306.28	2	7.97	3
中国广东	26830	4	240.22	3	27.01	1
德　　国	18982	5	229.54	4	0.07	12
以 色 列	1820	10	208.90	5	-0.49	13
美　　国	56624	1	173.84	6	1.02	10
新 加 坡	867	13	154.48	7	4.57	5
法　　国	8012	7	119.37	8	1.39	9
英　　国	5567	8	84.32	9	0.18	11
加 拿 大	2382	9	64.89	10	-2.19	14

续表

国家	PCT 申请量		每百万人 PCT 申请量		PCT 申请量复合增长率（2008～2017 年）	
	数量（件）	排名	数量（件）	排名	增长率（%）	排名
中　　国	48882	2	35.26	11	25.97	2
俄 罗 斯	1097	12	7.59	12	3.54	7
南　　非	301	15	5.31	13	-2.95	15
巴　　西	593	14	2.83	14	2.59	8
印　　度	1603	11	1.20	15	4.56	6

数据来源：WIPO、《广东统计年鉴》。

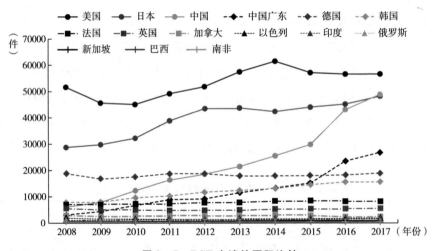

图 2-5　PCT 申请的国际比较

与世界主要国家比较来看，从 PCT 申请总量来看，不考虑中国其他省区，2017 年广东省的 PCT 申请总量排名全球第三，仅次于美国和日本，大大高于其他发达国家和新兴经济体。从百万人 PCT 申请量来看，2017 年广东百万人 PCT 申请量为 240.22 件，排名全球第三，仅次于日本（380.23 件）和韩国（306.28 件），大大高于美国（173.84 件）、英国（84.32 件）、法国（119.37 件）等发达国家。从 PCT 专利申请量的增长率来看，2008～2017 年广东 PCT 专利申请量的年复合增长率为 27.01%，排名世界第一，排名第二和第三的分别是韩国和日本（不考虑中国其他省区）。大部分国家 PCT 专利申请量的年复合增长率低于10%，有些国家甚至出现负增长，如加拿大、南非和以色列。从历年的增长情况来看，2009~2011年广东省的PCT专利申请量增长率保持在30%以上，2012年后，增长率保持稳定，始终在15%左右徘徊，2016年呈现爆发性增长态势，2017年广东省PCT专利申请量比2002年增长近133倍，广东的PCT国际专利申请量的增长率在2005年达到顶峰，此后几年稳定增长，但是在2012年有明显回落，此后几年有所回升，保持稳定增长，年均增长率均大于10%，2016年增长率为55.2%，这主要得益于近年来广东省大力推进企业"走去出"战略，以及深入实施知识产权战略、推动知识产权强省建设和激励专利创造的政策法规体系。

从全球范围的跨国企业来看，长期以来，国际巨头企业占据着国际专利申请的前10名，而随着中国企业，尤其是广东企业在核心技术上创新的崛起，排名渐渐地上升。在2017年全球企业PCT专利申请量排名当中，位于广东深圳的华为（4024件，同比增长8.99%）和中兴（2963件，同比下降22.1%）占据2016年PCT申请人前两名的位置，"深圳创造"表现十分亮眼，如图2-6所示。紧跟其后的是美国英特尔公司（2637件，同比增长6.93%）、日本的三菱电机株式会社（2521件，同比增长22.8%）和美国的高通公司（2163件）。广东省共有6家企业跻身世界PCT国际专利申请量100强，而全国仅有8家企业跻身世界PCT国际专利申请量100强，深圳占据5个席位。

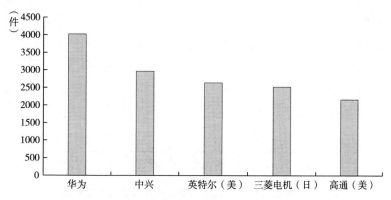

图2-6　2017年全球企业PCT国际专利申请前五名

4. 高科技产品出口

近年来，广东高度重视高新技术产业的发展，以国家级和省级高新区建设为龙头，着力优化高新技术研发、高科技成果转化、企业孵化与培养等工作体系，积极整合全省高新技术领域资源，推动高新技术产业蓬勃发展，2016 年广东高新技术企业数达到 19857 家，总量居全国第一。从高科技产品出口总额来看，广东高科技产品出口额从 2000 年的 172.1 亿美元增加到 2014 年的 2310.17 亿美元，增长 12.42 倍，增长较为迅速。2016 年广东高科技产品出口额为 2136.34 亿美元，高于德国、美国、日本、韩国、新加坡等发达国家，且大大高于南非、俄罗斯、巴西等新兴经济体，如图 2 - 7 和图 2 - 8 所示。从高科技产品出口额占世界的比重来看，2000 年以来，广东高科技产品出口额占世界的比重持续上升，从 2000 年的 1.49% 增加到 2014 年的 10.76%，提高了 9.27 个百分点，先后超过法国、英国、德国、日本和美国，成为世界高科技产品出口大国。而同期美国和日本所占的份额大幅度下降，美国的份额从 2000 年的 17.05% 下降到 2014 年的 7.25%，下降了近 10 个百分点，日本也从 2000 年的 11.13% 下降到 2014 年的 4.7%，印度、巴西、俄罗斯、南非等国家的份额较低，其他国家则基本维持不变或小幅度波动，这可以在一定程度上说明广东高科技产业在全球的竞争力得到了大大增强。

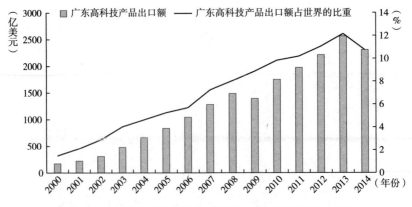

图 2 - 7　中国高科技产品出口额及占世界的比重变动趋势

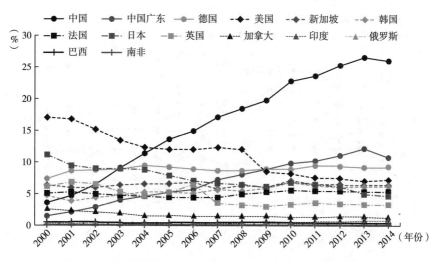

图 2 - 8　中国高科技产品出口额占世界的比重与发达国家的比较

从出口结构来看，广东高科技产品出口额占出口总额的比重从 2000 年的 18.72% 增加到 2016 年的 35.69%，17 年间提高了近 17 个百分点，而同期美国、日本、英国等发达国家出现了不同程度的下降，美国下降幅度最大，下降了 12.6 个百分点，日本下降幅度仅次于美国（见图 2 - 9）。2016年，全球高科技产品出口额占出口总额的比重平均为 17.9%，高收入国家的平均水平为 17.8%，而广东高科技产品出口额占出口总额的比重为 35.69%，远超全球平均水平，位居全球前列，高于美国、英国、德国、日本等发达国家。但值得注意的是，广东全球高科技产品出口额占出口总额的比重在 2013 年达到历史最高点后，开始逐步下降，近年来仍呈小幅度下降的趋势，2013 ~ 2016 年，广东占比由 40.29% 下降至 35.69%，下降了 4.6个百分点。同期美国、德国、法国等国却呈上升趋势，美国上升幅度较大，从 2013 年的 17.8% 持续回升至 2016 年的 20.0%。这与 2008 年国际金融危机后，发达国家推行的再工业化、高端制造业回流、德国工业 4.0 战略等密切相关，同时也说明广东高科技产品出口虽已具备一定的国际竞争力，但仍面临着全球单边主义、全球贸易保护主义抬头、全球经济复苏不确定性等巨大挑战。

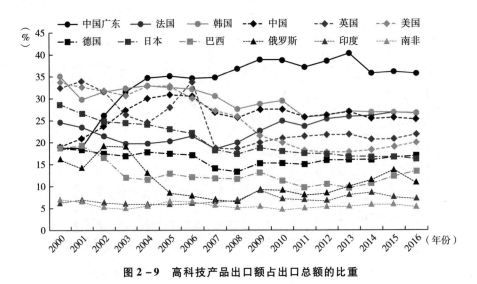

图 2-9　高科技产品出口额占出口总额的比重

二　广东知识创新水平的国际比较

创新能力的综合评估涉及创新环境、创新投入、创新成果、创新绩效等指标体系，由于部分创新指标数据的统计口径存在较大差异，无法对整体创新能力进行较为准确的比较分析。因此，本章主要使用统计口径较为一致的创新投入、专利成果等相关指标来对广东省与主要发达国家的知识创新能力进行比较。

（一）评价方法

为了考察广东与主要发达国家、新兴经济体及部分发展中国家的知识创新水平，本节通过构建国家和地区知识创新水平评价体系，并运用因子分析法对部分年份的知识创新水平进行评价，以找出广东与发达国家的差距。

因子分析法是处理经济发展中的多因素变量，并显示它们之间相互关系的一种科学的经济数量方法。该方法从可观测变量中，通过因子分析计算，把众多的变量概括、析取和综合为少数重要因素（这些因素对经济发展差异有较大解释力或称载荷力），并通过对各因子变量的综合得分值进行相对次序排列,从而建立起最基本、最简洁的概念体系,最终达到诸变量之间差别明显化和可操作化的目的。因子分析法的基本步骤为:选择因子变量、计算相关系数矩阵、测算矩阵特征值与特征向量、计算变量综合分数及排序。

根据因子分析法的理论,我们构建了国家和地区的知识创新水平的评价模型

$$F_j = \sum_i \alpha_i X_{ij}'$$

其中,F_j 为 j 国家或地区的知识创新水平得分,α_i 为 i 指标的权重,X_{ij}' 为 X_{ij} 的标准化数据,表示第 j 个国家在第 i 个指标上的得分。此模型的关键是各标准化指标权重的确定。本节通过因子分析,选出 m 个主分量,即综合因子 F_1,F_2,$\cdots$,F_m,然后对综合因子进行分析,考察各综合因子与原始指标集之间的联系和数量关系,从而确定各综合因子的内部结构以及认定各综合因子的经济含义,之后以每个综合因子的方差贡献率作为权重,构造国家和地区创新水平的综合评价模型。

(二)评价指标体系

基于数据的可得性,这里我们选取了研发经费支出占 GDP 的比重、每百万人研究人员数、万人专利授权量、每百万人 PCT 专利申请量 4 个指标。其中,研发经费支出占 GDP 的比重、每百万人研究人员数这两个指标属于创新投入指标;万人专利授权量、每百万人 PCT 专利申请量这两个指标属于创新中间产出指标,是知识创造的结果,这里我们侧重于对广东省与主要发达国家知识创造能力进行国际比较分析。

(三)评价结果

我们把韩国、日本、瑞典、美国、德国等 22 个主要国家作为研究样本,这些国家大部分是欧美发达国家,国家创新能力较强。我们运用因子分析法计算了 2008 年、2011 年、2014 年三年的样本国家和地区知识创新水平的得分,如表 2 - 6 所示。从不同年份综合创新水平评价结果来看,2014 年广东

知识创新水平得分为 0.65，排名第七，比 2008 年的第 18 位上升了 11 位，整体知识创新水平提高较快，但与韩国、日本、瑞典等创新型国家的创新水平相比仍有一定差距。2014 年韩国的知识创新水平排名第一，日本排名第二，瑞典排名第三，而俄罗斯、西班牙、匈牙利、意大利的知识创新水平排名靠后，有 12 个国家的知识创新水平得分为负值。2008 年以来，韩国、日本等国的知识创新水平排名相对靠前且比较稳定，一直稳居前三名，芬兰、新加坡、美国、德国、英国、加拿大的知识创新水平排名有所下降，其中英国排名下降最多，其他国家的排名则变化不大。这也从另一个侧面反映出，近年来，全球创新格局没有太大变化，发达国家仍然占据着全球创新链的高端环节，但随着新兴经济体和后发国家参与全球价值链的不断深入，部分发展中国家，如中国正由传统的被动参与全球价值链到主动参与全球价值链再到参与全球创新链的过程转变，最终实现主导全球价值链的雄伟目标，而广东作为中国最具创新能力的省份，在全球创新链中扮演着越来越重要的角色。

表 2-6 知识创新水平的国际比较

国家和地区	2008 年		2011 年		2014 年	
	知识创新水平综合得分	排名	知识创新水平综合得分	排名	知识创新水平综合得分	排名
韩　国	1.20	4	1.73	2	2.32	1
日　本	1.47	3	1.63	3	1.46	2
瑞　典	1.61	2	1.09	4	1.22	3
芬　兰	2.10	1	1.84	1	1.14	4
丹　麦	0.97	5	1.02	5	0.90	5
卢森堡	0.61	7	0.89	6	0.65	6
中国广东	-0.81	18	0.07	11	0.65	7
新加坡	0.66	6	0.27	8	0.27	8
奥地利	0.06	10	0.15	10	0.27	9
德　国	0.31	8	0.37	7	0.23	10
美　国	0.25	9	0.17	9	0.17	11

续表

国家和地区	2008 年		2011 年		2014 年	
	知识创新水平综合得分	排名	知识创新水平综合得分	排名	知识创新水平综合得分	排名
荷　　兰	- 0. 26	13	- 0. 24	13	- 0. 11	12
挪　　威	- 0. 12	12	- 0. 14	12	- 0. 20	13
法　　国	- 0. 30	15	- 0. 29	14	- 0. 30	14
比 利 时	- 0. 50	16	- 0. 39	15	- 0. 31	15
加 拿 大	- 0. 28	14	- 0. 41	16	- 0. 62	16
英　　国	- 0. 12	11	- 0. 66	17	- 0. 66	17
爱 尔 兰	- 0. 79	17	- 0. 85	18	- 0. 67	18
葡 萄 牙	- 0. 89	19	- 0. 91	19	- 1. 13	19
俄 罗 斯	- 1. 16	21	- 1. 28	21	- 1. 28	20
西 班 牙	- 1. 11	20	- 1. 20	20	- 1. 32	21
匈 牙 利	- 1. 55	23	- 1. 45	23	- 1. 33	22
意 大 利	- 1. 38	22	- 1. 43	22	- 1. 35	23

三　对策与建议

（一）研究结论

本章在基于前人研究的基础上，首先选取了 R&D 经费支出占 GDP 比重、每百万人研究人员数、专利申请量、万人专利申请量、专利授权量、万人专利授权量、每百万人 PCT 专利申请量、高科技出口占制成品的比重等国家创新核心指标来比较分析广东省与主要发达国家、新兴经济体、部分发展中国家的创新发展状况，其中 R&D 经费支出占 GDP 比重、每百万人研究人员数量属于创新投入指标，其他指标用来衡量国家和地区的创新产出。接着通过建立广东省综合创新能力国际比较评价指标体系，运用因子分析法对 2008 年以来广东省与主要发达国家、新兴经济体、部分发展中国家的综合创新能力进行比较分析。主要研究结论如下。

（1）从创新投入指标来看，2015年广东R&D经费支出占GDP的比重为2.47%，高于世界平均水平（2.23%）和欧盟平均水平（2.05%），大大高于中等收入国家的平均水平（1.49%），已接近高收入国家的平均水平（2.56%）。但与以色列、韩国、日本、美国和德国等创新强国相比仍有一定的差距，但这种差距有进一步缩小的趋势。此外，2000~2014年，广东每百万人研究人员数复合增长率为12.14%，在所研究的国家中排名第一，广东每百万人研究人员数也排名较为靠前，居样本国家第四位。

（2）从创新产出指标来看，广东省的专利申请量和授权量，无论在总量、万人专利申请量和授权量，还是专利申请量和授权量增长率等方面，都领先于发达国家，大部分指标已接近创新型国家的水平，正逐步实现由知识产权大省向知识产权强省的跨越。此外，代表国际化创新水平的PCT国际申请量增长迅速，2008~2017年广东每百万人PCT专利申请量的年复合增长率为27.01%，排名世界第一，大大高于同期的发达国家和发展中国家，有力提升了广东产业在全球价值链中的位势。

（3）从创新综合得分的国际比较来看，2014年广东知识创新水平得分为0.65，排名第七，比2008年的第18位上升了11位，整体知识创新水平提高较快，但与韩国、日本、瑞典等创新型国家的创新水平仍有一定差距。总体上来看，全球创新格局基本没有太大变化，发达国家仍然占据着全球创新链的高端环节，但随着新兴经济体和后发国家参与全球价值链的不断深入，部分发展中国家，如中国正由传统的被动参与全球价值链到主动参与全球价值链再到参与全球创新链的过程转变，而广东作为中国最具创新能力的省份，在全球价值链和创新链中正扮演着越来越重要的角色。

（二）对策与建议

1. 整合全球创新资源，嵌入全球创新网络

近年来，研发国际化和跨国技术转移已经成为重要趋势，企业通过在全球各地设立研发分支机构进行技术寻求，获取新技术，增强研发国际化和全

球创新资源整合能力。广东省作为全国第一的制造业和创新大省,要不断追踪国际产业技术发展最新趋势,充分吸纳和利用全球创新资源,包括科研基础设施、设备等有形资源以及科研人员、科研机构、知识产权等无形资源,以实现对全球创新资源的深度整合,推动全球价值链和全球创新链的有效融合,提升广东省的自主创新能力。(1)充分发挥广东省市场巨大、资金雄厚、产业化能力强的优势,通过多形式、多渠道引进境外专利技术,加快孵化,加大培育力度,促进广东省新兴产业的发展。(2)打造具有国际影响力的海外创新资源和产业资源集聚平台。例如,中外共建产业园区、国际科技合作平台、国内外各类孵化器等,依托这些平台和创新资源,聚集世界顶级的研发队伍和国际领先技术,实现专利成果项目有效对接,推动广东企业加快融入全球创新网络的步伐。

2. 转变经济发展方式,基于创新驱动推动高端制造业发展

长期处于全球价值链中低端,高端制造业比重低,研发设计、品牌营销等高端环节被跨国公司控制等问题一直是制约广东创新驱动发展的重要因素。面对国际产业分工格局和贸易环境变化、新一轮科技革命和产业变革速度加快,广东省必须调整以往产业转型升级的方向和路径,而基于创新驱动推进制造业产业高端化是广东由参与全球价值链向嵌入全球创新链及构建以我为主的全球价值链转变的关键。一是要重视制造业产业高端化发展和战略性新兴产业的顶层设计,加强规划引导和体制机制创新,围绕产业链和创新链提前进行创新资源布局。二是对标欧美发达国家,加大对基础研究和应用研究的投入,形成对新兴产业发展的关键共性技术研发的长效支持机制,并引导更多社会资本进入基础研发领域。三是健全产业高端化发展的创新政策支持体系,从支持性、引导性和发展性三个层面,从时间、空间和产业三个维度,制定促进高端制造业发展的三维动态创新政策体系,即分别以时间(为处于不同成长阶段的产业提供不同的支持措施)、空间(促进产业有效的空间分布方式)和产业(根据不同产业的具体特征采取差别化的创新政策)为维度来构造创新政策体系。

参考文献

陈劲主编《中国创新发展报告（2016）》，社会科学文献出版社，2017。

中国科技发展战略研究小组、中国科学院大学中国创新创业管理研究中心：《中国区域创新能力评价报告2018》，科学技术文献出版社，2018。

第三章 广东省内区域创新水平
比较分析

　　作为中国改革开放的排头兵、先行地、实验区，广东省近年来加快推进创新驱动发展战略的实施，创新投入和产出能力引领全国，《中国区域创新能力评价报告2018》显示，2018年广东区域综合创新能力排名全国第一，连续两年位居全国第一，同时，区域综合创新能力与以色列、韩国、日本、美国和德国等创新强国的差距进一步缩小。总体上来看，近年来，广东省的区域创新能力得到了较大的提升，创新已成为推动广东区域经济持续发展的重要推动力，创新驱动发展的效应正逐步显现，广东省21个地市的综合创新能力呈现出"中心—外围"的分布特征，构成珠三角创新核心圈和粤东、粤西、粤北创新外围圈两大圈层，并逐步形成深圳、广州、珠海三核驱动的创新发展格局。但广东区域间的创新发展极不平衡，珠江三角洲地区作为南方地区对外开放的门户、全球影响力的先进制造业基地、现代服务业基地及全国科技创新与技术研发基地，集聚了广东省大部分创新资源要素和创新产出成果，而粤东、粤西、粤北地区的创新资源匮乏，创新环境亟待提升，这无疑对广东省的区域协调发展带来挑战。本章首先通过选择区域创新能力的核心指标对广东省的21个地市的创新发展状况进行分析。接着通过建立广东省区域创新能力评价指标体系，运用因子分析法从创新环境、创新投入、创新成果、创新绩效及综合创新能力等方面对广东省的区域创新能力进行系统评估，并提出相应的对策建议。

一 区域创新能力评价体系构建

（一）区域创新能力评价指标体系

区域创新能力是指一个地区将新知识转化为新产品、新工艺、新服务的能力，其核心是促进创新机构间的互动和联系，表现为对区域社会经济系统的贡献能力。区域创新系统是一个复杂的大系统，从整个创新价值链来看，区域创新活动可分为要素整合、研发创造、商品化、社会效用化四个关键环节。区域创新能力评价指标体系应具备全面、客观、准确地反映区域创新实际水平的功能，能够体现区域经济发展特征，应遵循系统性、可操作性、有效性、可比性、动态性等原则。本章在借鉴陈劲主编的《中国创新发展报告（2016）》、中国科技发展战略研究小组和中国科学院大学中国创新创业管理研究中心合著的《中国区域创新能力评价报告2018》等相关研究成果的基础上，构建符合广东省区域经济发展特征的创新能力评价体系。广东区域创新能力评价指标体系包括4个一级指标和17个二级指标，4个一级指标分别是创新环境、创新投入、创新成果、创新绩效，基本涵盖了区域创新活动的全过程。具体指标体系如表3-1所示。

表3-1 广东省区域创新能力评价指标体系

一级指标	二级指标	单位
创新环境	人均GDP	元
	每万人高等教育在校学生数	人
	规模以上工业企业高技术企业占比	%
	科技拨款占公共财政支出的比重	%
创新投入	R&D经费支出	亿元
	R&D经费支出占GDP的比重	%
	人均R&D经费支出	元
	规模以上工业企业R&D活动人员	人
	每万人规模以上工业企业R&D活动人员	人

续表

一级指标	二级指标	单位
创新成果	专利申请量	件
	专利授权量	件
	每万人专利授权量	件
	每百万人 PCT 专利申请量	件
	每万人发明专利授权数	件
	每亿元研发经费支出产生的专利授权数	件
创新绩效	规模以上工业企业新产品出口占货物出口额的比重	%
	高技术产业增加值占规模以上工业企业的比重	%
	规模以上工业企业新产品销售收入占产品销售收入的比重	%

（二）区域创新能力评价方法

这里我们仍然运用因子分析法对广东省 21 个地市的创新能力进行测量，首先运用主成分分析法对每一个城市的创新环境、创新资源、创新成果、创新绩效这四个一级指标进行评价，计算出每一个城市的创新环境得分、创新资源得分、创新成果得分、创新绩效得分，接着再运用主成分分析法对创新环境得分、创新资源得分、创新成果得分、创新绩效得分这四个指标进行分析，计算出每一个城市的综合创新能力得分。

二 基于核心创新指标的区域创新能力分析

为了能对广东各区域创新能力有一个初步的判断，本节主要选用全社会 R&D 经费支出占 GDP 比重（%）、R&D 活动人员全时当量（人/年）、万人专利授权量（件）、PCT 国际专利申请量（件）、新产品出口占货物出口的比重（%）5 个指标来对广东省 21 个地市的创新能力进行分析。同时由于广东省地市较多，为了考察不同区域的创新特征，我们把广东省按经济区域划分为珠三角、东翼、西翼、北部山区四个区域。

珠三角地区包括：广州、深圳、佛山、东莞、肇庆、惠州、江门、中山、珠海。

东翼地区包括：汕头、潮州、揭阳、汕尾、梅州。

西翼地区包括：湛江、茂名、阳江。

北部山区包括：韶关、清远、河源、云浮。

目前粤港澳大湾区的发展已上升到国家战略层面，而粤港澳大湾区又聚集了广东地区主要的创新资源，因此，本节将对粤港澳大湾区的创新能力进行重点分析，并把粤港澳大湾区分为三个区域：湾区东岸（深圳、东莞、惠州）、湾区西岸（广州、珠海、佛山、中山、江门、肇庆）和港澳地区（香港、澳门），以考察不同区域之间的创新差异。

（一）R&D 经费支出

R&D 经费支出及其占 GDP 的比重是反映一个国家和地区创新投入程度的重要指标，也是衡量一个国家和地区科技实力和核心竞争力的基本指标。表 3 - 2 列出近三年广东各地市 R&D 经费支出及其占 GDP 比重的变动趋势。2017 年，全社会 R&D 经费支出超过 100 亿元的有深圳、广州、东莞、佛山，深圳的 R&D 经费支出为 976.94 亿元，已接近 1000 亿元的水平，占全省 R&D 经费支出的 41.7%，大大高于其他城市；汕尾、潮州、云浮、清远、河源、梅州的 R&D 经费支出均低于 10 亿元，创新投入严重不足。全社会 R&D 经费支出占 GDP 比重超过 2.0% 的城市有深圳、珠海、东莞、广州、佛山、中山、惠州 7 个城市，其中深圳最高，R&D 经费支出占 GDP 比重达到 4.34%，已达到发达国家的水平，且近年来呈现稳步增长的态势，创新驱动已成为深圳经济发展的第一驱动力和经济长期增长的基础和保障。排名第二和第三的分别是珠海（2.51%）和东莞（2.48%），有 11 个城市的 R&D 经费支出占 GDP 比重小于 1.0%，排名靠后的有梅州（0.29%）、河源（0.35%）、湛江（0.39%）等城市，创新投入大大低于全省和全国的平均水平，创新投入有待大幅度提高，经济发展方式的转变面临着巨大挑战。

从珠三角、东翼、西翼、北部山区四大区域来看，2017 年，珠三角地区 9 个地市的 R&D 经费支出合计 2216.9 亿元，占全省 R&D 经费支出的 95%，近三年全省 R&D 经费支出的比重都保持在 94% 以上，在珠三角内部的创新格局中，已经逐渐形成深圳和广州两核驱动的协同发展格局。而 2017 年粤东、粤西、粤北三个地区的 12 个城市仅投入 126.71 亿元的 R&D 经费，占全省的比重只有 5%，区域之间差距巨大，区域协调发展面临较大挑战。2017 年，珠三角地区 R&D 经费支出占 GDP 的比重达到 2.94%，大大高于粤东、粤西、粤北地区。而从粤港澳大湾区内部情况来看，2017 年，大湾区东岸（深圳、东莞、惠州）的 R&D 经费支出为 1249.06 亿元，占整个大湾区（不含香港、澳门）R&D 经费支出的 56.2%，而大湾区西岸 6 个城市的 R&D 经费支出只占整个大湾区（不含香港、澳门）的 43.8%，大湾区东岸已形成以深圳为核心的创新圈层，集聚了广东省较多的创新资源。

表 3-2　广东各地市 R&D 经费支出情况

城市	全社会 R&D 经费支出（亿元）			全社会 R&D 经费支出占 GDP 的比重（%）		
	2015 年	2016 年	2017 年	2015 年	2016 年	2017 年
深圳	732.39	842.97	976.94	4.18	4.32	4.34
珠海	53.42	55.23	67.15	2.64	2.48	2.51
东莞	147.88	164.83	188.14	2.36	2.41	2.48
广州	380.13	457.46	532.41	2.10	2.34	2.48
佛山	195.73	200.39	223.16	2.45	2.32	2.37
中山	70.98	75.97	79.17	2.36	2.37	2.31
惠州	63.81	69.88	83.98	2.03	2.05	2.19
江门	40.35	43.03	51.43	1.80	1.78	1.91
韶关	12.11	13.21	14.54	1.05	1.08	1.17
肇庆	19.67	22.02	24.23	1.00	1.06	1.15
汕头	12.37	14.83	19.31	0.66	0.71	0.82
阳江	8.64	9.38	10.10	0.69	0.74	0.77
汕尾	5.06	6.02	6.25	0.66	0.73	0.73
潮州	5.64	6.40	7.20	0.62	0.65	0.71
揭阳	11.36	11.96	13.33	0.60	0.60	0.67
茂名	14.02	16.15	17.77	0.57	0.61	0.61
云浮	3.85	3.94	4.04	0.54	0.51	0.50

续表

城市	全社会 R&D 经费支出（亿元）			全社会 R&D 经费支出占 GDP 的比重（%）		
	2015 年	2016 年	2017 年	2015 年	2016 年	2017 年
清远	5.91	6.23	7.07	0.46	0.45	0.48
湛江	9.56	9.82	10.89	0.40	0.38	0.39
河源	2.44	2.52	3.36	0.30	0.28	0.35
梅州	2.86	2.91	3.16	0.30	0.28	0.29

（二）R&D 人员

R&D 人员是区域创新最重要的资源，如表 3-3 所示，2017 年，全省规模以上工业企业的 R&D 活动人员数达到 696385 人，深圳的 R&D 人员数为 232421 人，排名全省第一，占全省 R&D 活动人员数的 1/3，紧随其后的是广州（97894 人）、佛山（96072 人）、东莞（73644 人）等，湛江、汕尾、梅州、云浮等城市的 R&D 人员数排名较为靠后，这些区域的创新人才较为缺乏。从人均指标来看，2017 年，全省规模以上工业企业的万人 R&D 人员数为 62.35（人/万人），深圳、中山、珠海排名全省前三，高于全省平均水平的城市有佛山、东莞、深圳、广州、珠海、惠州、中山 7 个城市，湛江、汕尾、梅州排名靠后，大大低于全省的平均水平。

表 3-3　2017 年广东省各市 R&D 人员情况

城市	R&D 活动人员（人）	万人 R&D 活动人员（人/万人）	城市	R&D 活动人员（人）	万人 R&D 活动人员（人/万人）
广州	97894	67.52	阳江	1788	7.03
深圳	232421	185.52	湛江	3136	4.29
珠海	23152	131.14	茂名	6580	10.61
汕头	9863	17.59	肇庆	11611	28.21
佛山	96072	125.47	清远	4987	12.92
韶关	5173	17.36	潮州	4161	15.70
河源	2123	6.87	揭阳	5697	9.36

城市	R&D 活动人员（人）	万人 R&D 活动人员（人/万人）	城市	R&D 活动人员（人）	万人 R&D 活动人员（人/万人）
梅州	2214	5.06	云浮	1827	7.29
惠州	43255	90.55	珠三角	646252	105.07
汕尾	2584	8.68	东翼	22305	12.88
东莞	73644	88.28	西翼	11504	7.17
中山	45301	138.96	山区	16324	9.71
江门市	22902	50.20	全省	696385	62.35

数据来源：《广东统计年鉴》，统计口径为规模以上工业企业。

从珠三角、东翼、西翼、北部山区四大区域来看，2017 年，珠三角地区 9 个地市规模以上工业企业的 R&D 人员数为 646252 人，占全省的比重达到 92.8%，广东省的大部分创新人才资源集聚在珠三角地区；东翼、西翼、北部山区 12 个城市只占全省的 7.2%，东翼地区 5 个地市 R&D 活动人员数为 22305 人，仅占全省的 3.2%，西翼地区 3 个城市 R&D 活动人员数为 11504 人，占全省的比重为 1.65%。东翼、西翼、北部山区由于严重缺乏创新人才，经济发展的长期动能不足，而这又会进一步加剧创新人才的流失。而从粤港澳大湾区内部情况来看，2017 年，大湾区东岸（深圳、东莞、惠州）规模以上工业企业的 R&D 人员数为 349320 人，占整个大湾区（不含香港、澳门）R&D 人员数的 54.05%，而大湾区西岸 6 个城市的 R&D 人员数只占整个大湾区（不含香港、澳门）的 45.95%，大湾区东岸具有一定的创新人才优势。

（三）专利申请量和授权量

2017 年，专利申请量和授权量最高的城市是深圳，专利申请量为 177102 件，专利授权量为 94252 件，分别占广东省专利申请总量和授权总量的 28.2% 和 28.3%，远远高于省内其他城市，这与深圳创新资源的大力投入密切相关（见表 3-4）。目前，深圳已成为全国知识产权事业发展的一面旗帜，整体创新水平大大高于全国其他城市，互联网新一代信息技术等七大战略新兴产业占 GDP 比重达到 40% 以上，成为经济增长的主引擎，孕育出了华为、中兴、比亚迪、腾讯等一批具有国际竞争力的创新型企业。2017 年专利申请量和授权量排名第二和第三的分别是广州和东莞，广州的专利申请量超过 10 万件，专利授权量也超过 5 万件，梅州、汕尾、云浮的专利申请量和专利授权量较低，专利申请量不足 3000 件。从发明专利授权量来看，2017 年，深圳的发明专利授权量达到 18928 件，占专利授权量的 20.1%，在广东省 21 个地市中排名第一，排名第二和第三的分别是广州（9345 件）和东莞（4969 件），佛山、中山、惠州、珠海的发明专利授权量均超过 1000件，这表明这些城市具有较强的创新能力和创新效率，而阳江、梅州、汕尾、云浮等城市发明专利授权量低于 100 件。从万人专利授权量来看，中山排名第一，为 84.18 件，其次是深圳（75.23 件）和珠海（71.05 件），广州、东莞、佛山等城市的万人专利授权量也较高，有 50% 以上的城市万人专利授权量低于 10 件，梅州、汕尾、云浮等排名较为靠后。

表 3-4　2017 年广东省各市专利申请和授权情况

城市	专利申请量（件）	专利授权量（件）	发明专利授权量（件）	万人专利授权量（件）
深圳	177102	94252	18928	75.23
广州	118334	60201	9345	41.52
东莞	81275	45204	4969	54.19
佛山	73948	36767	4901	48.02
中山	42168	27444	1493	84.18
惠州	30448	11706	1469	24.50
珠海	20737	12544	2479	71.05
江门	17966	8577	589	18.80
汕头	14463	9593	384	17.11
湛江	6861	3006	195	4.11
茂名	6629	1867	114	3.01
潮州	5688	4227	94	15.95
肇庆	5341	2332	188	5.67

续表

城市	专利申请量 （件）	专利授权量 （件）	发明专利授权量 （件）	万人专利授权量 （件）
揭阳	5188	3932	65	6.46
清远	4174	1906	137	4.94
河源	3693	1866	66	6.04
韶关	3551	1486	141	4.99
阳江	3265	2179	32	8.57
梅州	2562	1671	97	3.82
汕尾	2407	903	26	3.03
云浮	1884	891	27	3.56

数据来源：广东省知识产权局。

从珠三角、东翼、西翼、北部山区四大区域来看，2017 年，珠三角 9 地市专利申请量为 567319 件，专利授权量为 2999027 件，发明专利授权量 44361 件。专利申请量占全省专利申请总量的比重达到 90.38%，东翼地区专利申请量为 30308 件，占全省专利申请总量的比重为 4.83%，西翼地区专利申请量为 16755 件，占全省专利申请总量的比重为 2.67%，而北部山区专利申请量最低，仅有 13302 件，占全省专利申请总量的比重为 2.12%，区域之间的差异较大，需要不断加大对粤东、粤西、粤北地区的创新投入，推动区域协调发展。而从粤港澳大湾区内部情况来看，2017 年，大湾区东岸（深圳、东莞、惠州）专利申请量为 2888825 件，占整个大湾区（不含香港、澳门）专利申请量的 50.9%，大湾区西岸 6 个城市的专利申请量占整个大湾区（不含香港、澳门）的 49.1%，大湾区东岸和西岸都具有较强的知识创造能力。

（四）PCT 国际专利申请量

PCT 国际专利申请量是衡量一个国家和地区参与全球价值链和创新链程度的重要指标。如表 3 - 5 所示，从广东各地市 PCT 国际专利申请总量来看，存在较大的不平衡，深圳一枝独秀，2017 年其 PCT 国际专利申请量为 20457

件，是广州的 8.4 倍，远高于全国其他一线城市，占广东省 PCT 国际专利申请量的 76.2%，占全国 PCT 国际专利申请量的 41.8%，同比增长 4.12%，连续 14 年稳居全国各大中城市第一位。排名第二和第三的是广州（2441件）和东莞（1829 件）。PCT 国际专利申请量大于 100 件的有深圳、广州、东莞、佛山、珠海、中山、惠州、江门 8 个城市，这些城市除惠州、江门外，近两年 PCT 国际专利申请量大幅度增长，连续两年增幅都超过 40%。而梅州、茂名、河源、汕尾、阳江、云浮等城市的 PCT 国际专利申请量都低于 10 件，其他城市的 PCT 国际专利申请量也相对较低，这说明这些城市产业的国际化程度不高，较少有企业参与全球竞争。从百万人 PCT 专利申请量来看，深圳仍然最高，2017 年其百万人 PCT 专利申请量达到 1632.86 件，排名第二和第三的是珠海（256.03 件）和东莞（219.24 件），广州和中山也超过 100 件，揭阳、梅州、茂名、河源、阳江、汕尾、云浮等城市排名比较靠后，百万人 PCT 专利申请量均低于 2 件。

表 3-5　2013～2017 年广东省各地市 PCT 国际专利申请量情况

地区	PCT 国际专利申请量（件）					百万人 PCT 专利申请量（件）				
	2013	2014	2015	2016	2017	2013	2014	2015	2016	2017
深圳	10049	11639	13308	19648	20457	945.44	1079.79	1169.55	1649.93	1632.86
广州	464	554	627	1643	2441	35.89	42.35	46.44	116.99	168.36
东莞	310	299	336	876	1829	37.27	35.84	40.71	106.04	219.24
佛山	166	195	306	470	726	22.75	26.53	41.18	62.98	94.82
珠海	80	193	150	239	452	50.30	119.56	91.79	142.66	256.03
中山	101	73	101	153	435	31.82	22.86	31.47	47.37	133.44
惠州	154	272	174	310	172	32.77	57.55	36.59	64.92	36.01
江门	47	30	50	76	133	10.45	6.65	11.06	16.73	29.16
汕头	69	26	52	49	49	12.59	4.71	9.37	8.78	8.74
肇庆	14	6	13	16	36	3.48	1.49	3.20	3.92	8.75
湛江	4	2	6	8	22	0.56	0.28	0.83	1.10	3.01
韶关	27	25	29	29	18	9.33	8.59	9.89	9.81	6.04
潮州	9	1	3	5	12	3.32	0.37	1.14	1.89	4.53

地区	PCT 国际专利申请量（件）					百万人 PCT 专利申请量（件）				
	2013	2014	2015	2016	2017	2013	2014	2015	2016	2017
清远	2	2	2	8	10	0.53	0.52	0.52	2.08	2.59
揭阳	4	1	10	16	10	0.67	0.17	1.65	2.63	1.64
梅州	5	0	5	3	7	1.16	0.00	1.15	0.69	1.60
茂名	5	5	5	9	7	0.83	0.83	0.82	1.47	1.13
河源	1	0	0	7	4	0.33	0.00	0.00	2.27	1.29
汕尾	10	1	7	0	4	3.35	0.33	2.32	0.00	1.34
云浮	1	3	1	5	4	0.41	1.23	0.41	2.02	1.60
阳江	3	3	5	2	2	1.21	1.20	1.99	0.79	0.79

数据来源：广东省知识产权局。

由于广东省不同地市间经济发展程度存在较大差异，因此，其 PCT 国际专利申请量也呈现出不同的区域特征，广东省 PCT 国际专利申请量绝大部分集中在珠三角地区，2017 年珠三角 9 个地市的 PCT 国际专利申请量为 26681 件，占广东省全部 PCT 国际专利申请量的 99.44%，自 2010 年以来，珠三角的 PCT 国际专利申请量占广东省总量的比重一直都超过 99%，而粤东、粤西、粤北 12 个城市的 PCT 国际专利申请量仅占广东省比重的不到 1%。珠三角地区作为南方地区对外开放的门户，是有全球影响力的先进制造业基地和现代服务业基地，是我国参与经济全球化的主体区域、全国科技创新与技术研发基地、全国经济发展的重要引擎，是我国人口集聚最多、创新能力最强、综合实力最强的三大区域之一。2015 年 9 月 29 日，珠三角国家自主创新示范区正式获得国务院批复，目标是把珠三角建设成为我国开放创新先行区、转型升级引领区、协同创新示范区、创新创业生态区，打造国际一流的创新创业中心。2016 年珠三角地区高新技术企业数量达到 18880 家。未来珠三角 9 个地市将携手港澳打造粤港澳大湾区，是继美国纽约湾区、美国旧金山湾区、日本东京湾区之后，世界第四大湾区，其国际竞争优势将更加凸显。而从粤港澳大湾区内部情况来看，2017 年，大湾区东岸（深圳、东莞、惠州）PCT 国际专利申请量为 22458 件，占整个大湾区（不含香港、澳门）PCT 专利申请量的 84.17%，而大湾区西岸 6 个城市的 PCT 专利申请量仅占整个大湾区（不含香港、澳门）的 15.83%，大湾区东岸具有绝对的优势。

（五）规模以上工业企业新产品出口额占出口总额的比重

新产品出口是衡量一个地区创新绩效和产业国际竞争力的重要指标，如表 3-6 所示，2017 年，全省规模以上工业企业新产品出口额达到 11052 亿元，深圳的新产品出口额为 5323 亿元，排名全省第一，占全省新产品出口额的近 50%，紧随其后的是东莞（1884 亿元）、惠州（1080 亿元）、佛山（846 亿元）等，阳江、梅州、云浮、河源等城市的新产品出口额排名较为靠后，这些区域缺乏高科技产业，传统产品占据主导地位。从新产品出口额占出口总额的比重来看，2017 年，全省规模以上工业企业的新产品出口额占出口总额的比重为 26.19%。汕尾市规模以上工业企业新产品出口额占出口总额的比重最高，为 71.94%，主要原因在于汕尾市的出口主要集中在深汕特别合作区，而深汕特别合作区承接了深圳大量高科技产品的制造和出口功能。而惠州 2017 年规模以上工业企业新产品出口额占出口总额的比重也达到 48.38%，排名全省第二，深圳排名全省第三（32.18%），高于全省平均水平的还有佛山、东莞、湛江。阳江、揭阳排名靠后，大大低于全省的平均水平，韶关、清远、潮州、茂名等城市规模以上工业企业新产品出口额占出口总额的比重虽略低于全省的平均水平，但也有较大的提高。这主要得益于区域协调发展战略的大力推进，大量高科技产业正逐渐由深圳、东莞等地区向粤东、粤西、粤北等地区转移。

表 3-6　2017 年广东各市规模以上工业企业新产品出口额情况

城市	新产品出口额 （亿元）	新产品出口额占出口 总额的比重（%）	城市	新产品出口额 （亿元）	新产品出口额占 出口总额的比重 （%）
广州	601	10.37	阳江	5	4.63
深圳	5323	32.18	湛江	64	29.27

城市	新产品出口额 （亿元）	新产品出口额占出口 总额的比重（%）	城市	新产品出口额 （亿元）	新产品出口额占 出口总额的比重 （%）
珠海	325	17.28	茂名	21	21.76
汕头	71	15.63	肇庆	24	10.68
佛山	846	26.84	清远	38	20.50
韶关	18	23.90	潮州	32	18.16
河源	20	10.47	揭阳	18	4.43
梅州	13	11.46	云浮	12	12.65
惠州	1080	48.38	珠三角	10676	26.70
汕尾	63	71.94	东翼	184	16.44
东莞	1884	26.82	西翼	90	21.02
中山	341	16.59	山区	101	15.29
江门	251	23.38	全省	11052	26.19

数据来源：《广东统计年鉴》。

从珠三角、东翼、西翼、北部山区四大区域来看，2017年，珠三角9个地市规模以上工业企业新产品出口额达到10676亿元，占全省的比重达到96.6%，这说明广东省的大部分高科技产业聚集在珠三角地区；东翼、西翼、北部山区12个城市的新产品出口额只占全省的3.4%，东翼地区5个地市新产品出口额184亿元，仅占全省的1.67%，西翼地区3个城市新产品出口额为90亿元，占全省的比重为0.81%。东翼、西翼、北部山区由于严重缺乏创新资源，高科技产业发展相对滞后。

三 广东省内不同区域综合创新能力比较分析

（一）创新环境比较分析

各市的创新环境指标由人均GDP、每万人高等教育在校学生数、规模以上工业企业高技术企业占比、科技拨款占财政支出的比重4个指标构成，首先对每一个指标进行标准化处理,接着运用主成分分析法对2017年广东省21个地市创新环境数据进行分析。第一个主成分能反映原始变量76.99%的信息,通过计算,各市的创新环境得分如表3-7所示。

表3-7 广东省各地市创新环境得分及排名情况

城市	创新环境得分	排名	城市	创新环境得分	排名
珠海	2.57106	1	韶关	−0.48487	12
深圳	1.76815	2	湛江	−0.56632	13
广州	1.41559	3	清远	−0.69851	14
中山	1.1966	4	汕头	−0.72524	15
佛山	0.69196	5	阳江	−0.73322	16
东莞	0.55834	6	云浮	−0.7407	17
惠州	0.3387	7	汕尾	−0.7974	18
江门	−0.0681	8	茂名	−0.80867	19
肇庆	−0.37714	9	揭阳	−0.84338	20
梅州	−0.39824	10	潮州	−0.89077	21
河源	−0.40784	11			

珠海市的创新环境得分2.57,排名全省第一,这主要归功于珠海市雄厚的高等教育资源,2017年珠海市在校大学生为33.68万人,全省排名第二,仅次于广州,而人均指标每万人高等教育在校学生数排名全省第一,远远高于其他地市。在人均GDP、规模以上工业企业高技术企业占比、科技拨款占财政支出的比重等其他创新环境指标上,珠海市排名全省第二。深圳市的创新环境得分全省排名第二,这主要得益于深圳人均GDP水平和大量的高技术企业,这两个指标均排名全省第一,一直以来,深圳创新的短板就是本地高校较少,需要引进大量外部人才。但近年来,深圳高校不断加大建设力度,目前国内大部分知名高校已在深圳建立校区或分校,这一长期制约深圳创新的短板将得到有效缓解,并有望在不久的将来实现高等教育的跨越式发展。广州创新环境排名全省第三,创新环境排名前9位的地市都位于珠三角,梅州是除了珠三角以外创新环境排名最高的城市,

汕尾、茂名、揭阳、潮州等城市的创新环境得分较低，存在创新投入相对较低、创新资源相对匮乏的情况，这些地方的政府更需要加大完善创新环境的力度，吸引更多的高技术企业落户。

（二）创新投入比较分析

各市的创新投入指标由 R&D 经费支出、R&D 经费占 GDP 的比重、人均 R&D 经费支出、规模以上工业企业 R&D 活动人员、每万人规模以上工业企业 R&D 活动人员 5 个指标构成。首先对每一个指标进行标准化处理，接着运用主成分分析法对 2017 年广东省 21 个地市创新投入数据进行分析。第一个主成分能反映原始变量 90.58% 的信息，通过计算，各市的创新投入得分如表 3－8 所示。

表 3－8　广东省各地市创新投入得分及排名情况

城市	创新投入得分	排名	城市	创新投入得分	排名
深圳	3.34579	1	潮州	−0.58884	12
广州	1.16244	2	阳江	−0.60089	13
佛山	0.98956	3	茂名	−0.60692	14
珠海	0.71974	4	揭阳	−0.61472	15
东莞	0.68267	5	汕尾	−0.62385	16
中山	0.64727	6	清远	−0.65184	17
惠州	0.36766	7	云浮	−0.6855	18
江门	−0.01456	8	湛江	−0.70965	19
肇庆	−0.3761	9	河源	−0.72198	20
韶关	−0.45663	10	梅州	−0.74471	21
汕头	−0.51894	11			

深圳市的创新投入得分为 3.346，排名全省第一，大大高于其他城市，在创新投入的 5 个二级指标中，深圳均排名全省第一，这充分说明深圳在创新资源投入上占有绝对的优势。广州的创新投入得分为 1.16，排名全省第二，广州在 R&D 经费支出、R&D 经费占 GDP 的比重、人均 R&D 经费支出、

规模以上工业企业 R&D 活动人员等指标上均有比较好的表现。佛山创新投入得分 0.989，排名全省第三，创新资源较为丰富，创新投入前 9 名，仍然都是珠三角城市，珠三角集聚了广东省大部分创新资源要素，在国家大力推动粤港澳大湾区建设的背景下，大湾区内部的创新集聚效应和区域协同效应正日益显现。韶关的创新投入得分为 -0.457，排名全省第十位、非珠三角城市第一位，云浮、湛江、梅州、河源的创新投入得分较低，创新资源较为匮乏，需要加大创新投入的力度。

（三）创新成果比较分析

各地市的创新成果指标由专利申请量、专利授权量、每万人专利授权量、每百万人 PCT 专利申请量、每万人发明专利授权量、每亿元研发经费支出所产生的专利授权量 6 个指标构成。首先对每一个指标进行标准化处理，接着运用主成分分析法对 2017 年广东省 21 个地市创新环境数据进行分析。第一个主成分能反映原始变量 73.4% 的信息，通过计算，各地市的创新成果得分如表 3-9 所示。

表 3-9　广东省各地市创新成果得分及排名情况

城市	创新成果得分	排名	城市	创新成果得分	排名
深圳	3.19005	1	河源	-0.51836	12
珠海	1.16269	2	清远	-0.52038	13
广州	1.13624	3	湛江	-0.52822	14
东莞	1.05407	4	韶关	-0.64905	15
佛山	0.79424	5	肇庆	-0.65379	16
中山	0.7296	6	揭阳	-0.69387	17
惠州	-0.04763	7	茂名	-0.7069	18
汕头	-0.2901	8	阳江	-0.72483	19
江门	-0.34375	9	云浮	-0.73273	20
梅州	-0.39274	10	汕尾	-0.76915	21
潮州	-0.49536	11			

创新成果反映了各地市在知识创造方面的表现，是一个地区创新能力的重要体现。深圳的创新成果得分为3.19，位居全省第一，大大高于其他城市，专利申请量、专利授权量、万人发明专利授权量、百万人PCT专利申请量等指标均排名全省第一，尤其是在PCT专利申请量方面拥有绝对的优势，部分产业在全球创新链占据重要地位。珠海和广州的创新成果得分分列位居全省第二和第三，除肇庆外，珠三角城市的创新成果得分均比较靠前，创新对区域经济发展的推动力正不断增强。总体上讲，整个珠三角的制造业正逐渐由过去的被动嵌入全球价值链到主动融入全球价值链和全球创新链，再到建立以自我主导的全球价值链方面转变，在这个转变过程中，创新驱动是重要的推动力。梅州、潮州、河源的创新成果得分排名位于全省中游水平，而茂名、阳江、汕尾、云浮等城市的创新成果得分较低，说明这些城市的知识创新能力比较薄弱，这与创新资源匮乏密不可分。

（四）创新绩效比较分析

创新绩效反映的是各地市将知识创造过程中所产生的专利和各类技术成果市场化的能力，各地市的创新绩效由规模以上工业企业新产品出口占货物出口额的比重、高技术产业增加值占规模以上工业企业的比重、规模以上工业企业新产品销售收入占产品销售收入的比重3个指标构成。首先对每一个指标进行标准化处理，接着运用主成分分析法对2017年广东省21个地市创新绩效数据进行分析。第一个主成分能反映原始变量67%的信息，通过计算，各地市的创新绩效得分如表3-10所示。

表3-10　广东省各市创新绩效得分及排名情况

城市	创新绩效得分	排名	城市	创新绩效得分	排名
深圳	2.34231	1	梅州	-0.36685	12
汕尾	1.64201	2	韶关	-0.47895	13
惠州	1.61011	3	肇庆	-0.50803	14
东莞	1.43892	4	潮州	-0.56261	15
珠海	0.57146	5	汕头	-0.73389	16

城市	创新绩效得分	排名	城市	创新绩效得分	排名
河源	0.15724	6	云浮	-0.90323	17
江门	0.10928	7	揭阳	-0.93349	18
广州	0.10217	8	湛江	-0.98936	19
中山	0.08963	9	茂名	-1.06087	20
佛山	-0.10451	10	阳江	-1.20211	21
清远	-0.21926	11			

深圳的创新绩效得分为 2.34，排名全省第一，排名第二的是汕尾，其创新绩效得分为 1.64，高于其他珠三角城市，主要原因在于深汕合作区建立后，大量深圳高科技产品的制造业转移到汕尾，从而推动汕尾创新水平的不断提高。惠州创新绩效得分为 1.61，排名全省第三，惠州在规模以上工业企业新产品出口占总出口的比重、高技术产业增加值占规模以上工业企业的比重、规模以上工业企业新产品销售收入占产品销售收入的比重等指标方面均有较好的表现，创新能力较强。值得注意的是，广州的创新绩效排名全省第八，这与创新环境、创新投入、创新成果的排名有较大差距，原因可能在于广州的服务业比重较高，2017 年广州的第三产业占 GDP 的比重达 70.94%，大大超过第二产业的比重，第三产业对经济增长的贡献率达 79.3%。云浮、揭阳、茂名、阳江、湛江等城市的创新绩效较低，这与创新投入低、创新成果较少密切相关。总体上来看，珠三角地区城市的创新绩效要高于粤东、粤西、粤北地区，而粤北地区的清远、韶关等城市创新绩效相对较高。

（五）综合创新能力比较分析

在计算出各地市创新环境、创新投入、创新成果、创新绩效得分的基础上，这里仍然运用主成分分析法对 2017 年广东省 21 个地市综合创新能力进行分析。第一个主成分能反映原始变量 82.55% 的信息，通过计算，各市的综合创新能力得分如表 3-11 所示。

表 3 – 11　广东省各市综合创新能力得分及排名情况

城市	综合得分	排名	城市	综合得分	排名
深圳	2.95416	1	梅州	− 0.52894	12
珠海	1.39116	2	韶关	− 0.57039	13
广州	1.08531	3	清远	− 0.58655	14
东莞	1.00301	4	汕头	− 0.60924	15
中山	0.75234	5	潮州	− 0.69474	16
佛山	0.68724	6	湛江	− 0.75199	17
惠州	0.56753	7	云浮	− 0.83238	18
江门	− 0.09807	8	揭阳	− 0.83555	19
汕尾	− 0.23766	9	茂名	− 0.85778	20
河源	− 0.4377	10	阳江	− 0.87409	21
肇庆	− 0.52566	11			

　　2017 年综合创新能力得分大于 0 的城市有深圳、珠海、广州、东莞、中山、佛山等，这些城市的综合创新能力均较高，而排名前 9 位的城市都在珠三角地区，其中，2017 年深圳的综合创新能力得分为 2.95，排名全省第一，大大高于广东省的其他城市，珠海综合创新能力得分为 1.39，排名全省第二，广州综合创新能力得分为 1.09，排名全省第三。综合创新能力得分最低的三个城市是阳江（− 0.87）、茂名（− 0.86）、揭阳（− 0.84）。从区域位置看，广东省 21 个地市的综合创新能力呈现出"中心—外围"的分布特征，构成珠三角创新核心圈和粤东、粤西、粤北创新外围圈两大圈层。其中，综合创新能力排名前三的城市也是广东的三大中心城市：深圳、广州和珠海分别在深莞惠、广佛肇、珠中江三个片区占据创新龙头引领地位。

四　对策与建议

（一）研究结论

　　本章在基于前人研究的基础上，首先选取了全社会 R&D 经费支出占 GDP

比重（%）、R&D 活动人员全时当量（人/年）、万人专利授权量（件）、PCT 国际专利申请量（件）、新产品出口占货物出口的比重（%）5 个衡量区域创新能力的核心指标来对广东省 21 个地市的创新发展状况进行分析。通过建立广东省区域创新能力评价指标体系，运用因子分析法，从创新环境、创新投入、创新成果、创新绩效 4 个方面对广东省的区域创新能力进行系统评估。最后基于各地市创新环境、创新投入、创新成果、创新绩效得分，运用主成分分析法对广东省各地市的综合创新能力进行分析。主要研究结论如下。

（1）广东省各地市在主要创新指标上均表现出持续增长的态势，但区域发展不平衡。从各地市的核心创新指标来看，深圳表现最为突出，在所分析的 5 个核心创新指标中均排名全省第一，目前，深圳已成为全国最具创新活力的城市，整体创新水平大大高于全国其他城市，广州、珠海在核心创新指标上的表现仅次于深圳，云浮、揭阳等城市表现较差。从珠三角、东翼、西翼、北部山区四大区域来看，区域间的创新发展不平衡，珠三角地区集聚了广东省 90% 以上的创新资源和创新产出，而东翼、西翼、北部山区的创新资源较为匮乏。

（2）从创新环境、创新投入、创新成果、创新绩效的得分来看，深圳在创新投入、创新成果和创新绩效等指标的得分均排名全省第一，珠海的创新环境得分全省第一，广州、佛山、东莞、中山、惠州等城市在创新环境、创新投入、创新成果、创新绩效等方面均有较好的表现。值得注意的是，汕尾的创新绩效表现较好，排名全省第二，主要原因在于深汕合作区建立后，大量深圳高科技产品的制造业转移到汕尾，推动汕尾创新水平不断提高。云浮、茂名、揭阳、阳江等城市创新环境、创新投入、创新成果、创新绩效等指标得分均较低。

（3）从创新综合得分来看，2017 年综合创新能力排名前三位的城市依次是深圳、珠海、广州，深圳的综合创新能力得分为 2.95，大大高于广东省的其他城市，珠三角 9 个地市的综合创新能力均较强，综合创新能力得分最低的三个城市是阳江（-0.87）、茂名（-0.86）、揭阳（-0.84）。从区域位置看，广东省21个地市的综合创新能力呈现出"中心—外围"的分布特征，构成珠三角创新核心圈和粤东、粤西、粤北创新外围圈两大圈层，并逐步形成深圳、广州、珠海三核驱动的创新发展格局。总体上看，近年来，广东省的区域创新能力得到了较大的提升，创新已成为推动广东区域经济持续发展的重要推动力，创新驱动的效应正逐步显现，但区域间的创新发展仍不平衡，应加大对东翼、西翼、北部山区的创新投入，推动区域协同创新发展。

（二）对策与建议

（1）积极做好区域创新发展的顶层设计。广东作为全球重要制造基地和创新大省，应顺应全球价值链重构的大趋势，大力实施创新驱动发展战略。政府应在对未来技术发展趋势、新兴产业发展趋势、广东省社会经济发展现状、制造业发展现状及创新现状进行系统分析的基础上，做好创新驱动发展的顶层设计。具体内容包括：第一，国际经验借鉴。政府相关部门应基于新工业革命、德国工业4.0、发达国家高端制造业回流、全球价值链重构等大的产业发展背景，对先进制造业的未来技术发展趋势、发达国家战略性新兴产业及其产业集群发展的普遍经验、主要特征、主要模式、适用条件和历史演变规律进行系统分析，总结出创新驱动发展不同阶段的主要规律，为政府制度差异化的产业政策提供借鉴。第二，现状分析和需求分析。以高端新型电子信息、LED、生物、新材料、节能环保等产业作为主要调查对象，主要对相关产业的发展规模、在全球市场中的地位、相关产业的创新模式、技术创新系统构建情况、相关产业创新战略实施状况和效果、不同产业创新模式和路径的共性和差异、相关产业的产品及创新能力在全球产业链中的位置等问题进行系统分析。通过对广东省产业技术创新及产业升级现状调查，诊断出广东省创新驱动发展存在的问题，明确广东省创新驱动发展对创新资源和政府创新政策的内在需求。第三，基于国际经验借鉴、现状分析和需求分析，对广东创新驱动发展的战略、定位、空间分布、创新链条、发展重点等进行明确界定，为创新驱动发展战略的深入推进提供指引。

（2）依托粤港澳大湾区的区位、产业、技术优势及政策红利，将珠三角地区打造成为国际一流的科技创新中心和协同创新高地。《粤港澳大湾区发展规划纲要》指出，要深入实施创新驱动发展战略，深化粤港澳创新合作，构建开放型融合发展的区域协同创新共同体，集聚国际创新资源，优化创新制度和政策环境，着力提升科技成果转化能力，建设全球科技创新高地和新兴产业重要策源地。一是要加强大湾区内的科技创新合作，推动大湾区内创新资源和相关要素的无障碍、低成本、高效率的跨境和跨区域流动，促进内地和香港、澳门创新系统的深度融合；二是要从高标准对接全球创新资源的角度，依托珠三角先进制造业优势、港澳的科技人才、科技服务业优势，求同存异，大力推进"广州—深圳—香港—澳门"科技创新走廊建设，打通内地与香港、澳门的创新壁垒。

（3）不断加大对粤东、粤西、粤北地区创新资源投入，营造国际一流的创新环境，推动区域创新的协调发展。一是在全省创新投入不断提高的背景下，创新资源投入适当向粤东、粤西、粤北倾斜，形成创新资源投入的长效机制，不断提升粤东、粤西、粤北地区创新系统的内生化水平；二是通过产业转移和产业共建，打造跨区域产业链，形成同等水平、优势互补的区域产业分工合作格局，在此基础上将区域产业链和区域创新链进行有效对接、深度融合，通过跨区域、区域产业的技术溢出，将珠三角地区的发展红利扩展至粤东、粤西、粤北地区，推动粤东、粤西、粤北地区创新水平的不断提升。

参考文献

陈劲主编《中国创新发展报告（2016）》，社会科学文献出版社，2017。

中国科技发展战略研究小组、中国科学院大学中国创新创业管理研究中心：《中国区域创新能力评价报告2018》，科学技术文献出版社，2018。

第四章　广东通信设备产业创新发展研究

广东通信产业起步较早，行业配套相对完善，经过多年的发展，已经形成了成熟的市场竞争环境。通信设备制造业拥有华为、中兴等具强大国际竞争力的龙头企业。它们具有规模优势，并通过产业集聚效应带动整个行业的发展，企业之间形成产业联盟，存在交流与合作，呈现集群化成长趋势。

一　广东省通信设备产业的演进历程

广东省通信设备产业的演进过程基本上代表了中国通信设备产业历史沿革的主要特征。伴随着 1987 年我国从英国引进 900MHz 扩展型全地址通信系统（E－TACS），第一个模拟蜂窝移动通信系统在广东省开通。自那时起，以广东省移动通信设备产业掀起巨大变革为标志，中国移动通信产业发生了翻天覆地的变化，主要经历了三个发展阶段。

（1）艰苦学习阶段（1987～1996 年）。

由于体制和技术基础等的局限性，该阶段广东移动通信产业技术创新举步维艰，我国移动通信基础设施设备的建设完全依赖国外进口。同时期，欧美移动通信产业先行一步经历了重大变革。欧洲酝酿了第二代 GSM 移动通信系统，并成功地向全球各国扩散，这一时期造就了爱立信、诺基亚这样的国际通信巨头；美国则聚焦于打造先进移动电话系统（AMPS），培育了摩托罗拉、朗讯、北电等大型跨国通信企业。广东省作为中国改革开放的排头兵，责无旁贷地承担着率先迈入移动通信时代的经济性任务。然而，在通信技术方面一穷二白，这为催生属于我国自身的民族通信设备企业提供了源源不断的动力。当前驰名国际通信设备产业的华为公司即在 1987 年成立的。另一大型通信设备企业中兴公司，则成立于更早的 1985 年。

之后的 10 年间，广东省通信设备产业的发展主要体现为试错、学习、模仿、创新。国家"八五"计划的实施为产业技术发展注入了活力。国内数字蜂窝移动通信系统的产品研发和产业化取得了突破性进展。其中，主要事件有：邮电部第一研究所圆满完成"八五"攻关项目"900MHz 蜂窝状数字移动通信系统"，信息产业部电子七所研制成功第一部具有完全自主知识产权的 GSM 手机，这成为我国通信设备产业迈向自主创新路径的里程碑。

（2）蓄积能量阶段（1997~2008 年）。

该阶段，我国通信设备产业技术创新首次实现了群体性突破，广东省通信设备企业走在领先行列。具有自主知识产权的各种移动通信系统开发在华为、中兴、大唐等民族通信设备企业取得实质性研发进展。其中，华为公司在 WCDMA 标准中以 5% 的核心专利量，成为我国民族移动通信企业参与国际技术创新竞争的冲锋者。通信设备制造业成为广东电子信息产业中发展最快、自主知识产权最集中的代表性行业之一。全国 14 家重点通信设备企业中，近 50% 聚集在广东省，中国通信设备研发基地也在广东省基本形成。

与此同时，广东省政府也为电子信息产业发展做出了进一步的十年规划。第三代移动通信技术、下一代网络技术、高性能移动通信终端、大容量高密度波分复用、IPv6 技术、无线宽带接入、800MHz 数字集群、无线网、光通信、通信集成电路与核心模块、智能网络设备、路由与交换设备、GSM 和 CDMA 移动通信产品、无线市话设备、固定宽带接入产品、电话机、传真机、光传输系统、程控交换接入产品、高端防火墙、入侵检测、大规模网络化 IDS 技术等通信设备制造业信息安全产品和技术成为此后 10 年广东省在电子信息产业重点发展的产品和技术。

广东省以深圳、广州为中心，建设通信设备制造基地，重点扶持华为、中兴等企业，在继续保持原有程控交换与接入、光网络等优势产品的同时，大力发展下一代网络技术和第三代移动通信技术及其产品，集聚了一批有一定国际影响力的配套企业，并在通信专用电路、模块等产品和技术方面增强研发设计能力，打造出具有核心竞争力的从芯片到整机、从终端到系统的完整产业链。华为凭借新一代 WCDMA/HSPA 基站的竞争力和先发优势，从 3G 技术领先者一跃成为市场领导者，2006 年华为获得全球 WCDMA/HSPA 新增市场 32.9% 的份额，为其在 3G 时代拥有国际通信技术标准制定话语权提供了基础优势。

（3）厚积薄发阶段（2009 年至今）。

2009 年，我国开始发放 3G 运营牌照，通信市场进入 3G 时代。与此同时，华为、中兴等广东通信设备企业对 WCDMA 技术持续投入，华为获得 10% 以上的 WCDMA 专利，进一步推动华为在 4G 技术标准 TD－LTE 中占领主导地位，并为 4G 时代华为、中兴在中国通信市场中的份额超过 20% 做好了铺垫，中国自主研发的 TD－LTE 标准也第一次成为世界的主流技术之一。通信设备市场呈现全球化竞争格局，市场份额集中于全球前几大通信设备制造商，但随着国内通信设备厂商综合竞争实力不断增强，广东通信设备制造企业逐步走向国际，成为行业的领跑者，华为技术有限公司、中兴通讯股份有限公司等通信系统设备厂商在全球范围内已经占据相当重要的市场份额。借助市场范围的不断扩大，华为、中兴实施了更加主动的技术创新战略，在 2017 年年底国际电信标准组织公布的 5G 标准中，我国三大运营商以及华为、中兴两大通信设备企业都积极参与，使得中国成为 5G 核心标准制定者，打破过去美国高通垄断的格局。从这一历程看，广东通信设备企业在 3G 技术上不断积累，到参与制定 4G 标准，最终到主导 5G 技术标准，这不仅标志着我国通信技术实力的提升，也标志着中国在通信技术标准制定中话语权的提升。

二　广东省通信设备产业技术创新发展现状

1. 广东省通信设备产业技术创新的优势分析

（1）广东省通信设备制造业总体规模大，产业竞争力强。

广东省通信设备产业主要集中于珠三角地区，以深圳、广州、东莞、惠州、佛山和中山为主体，形成了著名的电子通信产业走廊。依靠产业发展的优势基础，广东省通信设备制造产业中，程控交换机、光通信产品具有较高的性价比优势。在电子器件制造行业，彩管、分立器件等产品竞争力领先全国。总体而言，广东省通信设备企业的规模较大，如表 4-1 所示，在全国电子通信设备产业排名前 10 的省直辖市当中，广东省通信设备产业的企业数量、平均人员数都占据首位；总资产、主营业务收入、出口交货值等指标仅次于上海；然而，从利润指标看，广东省电子通信设备企业的平均利润水平则低于四川、福建、山东和江苏，这与上述地区电子通信设备制造业快速发展、产品向高端智能化方向迈进紧密联系。

表 4-1　各地区电子通信设备产业生产经营情况（2016 年）

	企业数	从业人员平均人数	资产总计（亿元）	主营业务收入（亿元）	利润（万元）	出口交货值（亿元）
广东	4866	643.25	5.10	6.33	3117.96	2.92
江苏	2684	553.97	4.60	6.24	3398.66	2.86
浙江	1359	298.57	3.00	2.53	2314.94	0.64
山东	837	392.17	3.47	5.89	3550.78	1.67
安徽	635	255.19	3.33	2.83	2067.72	0.57
福建	513	544.92	5.45	5.62	4185.19	2.81
湖南	498	380.68	2.13	4.16	2012.05	0.94
江西	497	431.40	2.86	3.94	2496.98	0.48
上海	449	642.94	7.81	7.86	3044.54	5.69
四川	447	493.42	5.40	5.81	4809.84	1.07

数据来源：笔者《中国高技术产业统计年鉴（2017）》数据计算所得。

（2）广东省通信设备制造业主动实施技术创新，国际竞争力强。

经过多年的发展，广东省通信设备制造业坚持同时开展技术引进和自主开发相结合的创新发展路径，已经形成较为完整系统的通信设备制造产业体系，产业链逐步完善，自主创新能力明显提升，重点核心领域技术取得突破性进展，涌现出了华为、中兴等一批具有国际竞争力的通信设备集成商。基础设施技术水平不断提升，光纤接入成为固定宽带主流接入技术，固定宽带基础设施建设水平明显提高，第四代通信技术 TD - LTE 也成为国际 4G 主流标准。通信设备制造业作为七大国家战略性新型产业之一，在国家大力发展新一代移动通信技术、三网融合、物联网、云计算、大数据等背景下迎来更好的发展机遇。在上述蓬勃的产业发展环境中，广东通信设备企业积极投入研发和新产品开发，取得了丰硕的成果，在 2018 年中国电子信息百强企业中，广东拥有 23 家企业，数量最多，江苏有 11 家企业入围，上海有 9 家入围。广东电子通信产业在新产品销售收入和出口收入方面远远超过国内其他地区。然而，就专利申请量来看，广东通信设备产业的专利申请量居于江苏、山东、四川、浙江之后，这表明广东省仍需在基础技术开发方面加大投入力度（见表 4 - 2）。

表 4 - 2   各地区电子通信设备产业技术创新成果情况（2016 年）

	新产品开发项目数	新产品开发经费支出（万元）	新产品销售收入（万元）	其中出口收入（万元）	专利申请数（件）	其中发明专利数（件）
广东	15289	11427797	140286292	62499228	1473	857
江苏	6771	18137406	44624664	18137406	2729	1886
浙江	4583	1583803	20695791	4218910	1482	821
山东	1882	733153	8874600	3717474	2128	1371
安徽	1826	559472	6958837	685611	968	524
福建	1461	742111	12204071	6798606	351	167
湖南	689	304681	8546612	1703137	803	551
江西	963	282041	2877715	444580	629	176
上海	1433	1094108	7129442	4314182	599	319
四川	1255	687891	8215113	361166	1536	681

数据来源：《中国高技术产业统计年鉴（2017）》。

2. 广东省通信设备产业技术创新的劣势分析

（1）通信科技支撑能力不足。

广东企业强、高校弱的技术发展特征仍较明显，研发活动基本集中在通信企业。但广东大多数通信企业的技术创新重点在继承创新方面，新产品开发主要靠引进与模仿，缺乏具有自主知识产权的核心关键技术，标准和专利发展相对滞后。目前广东通信技术企业对外部技术的依存度在 60% 以上。广东本地高校和科研机构的产业技术积累不足，创新能力不强，尚不完全具备引领产业技术发展方向和支持产业技术升级的能力。

（2）通信设备产业基础仍然薄弱。

从整体上来看，产业基础薄弱仍是中国产业发展的重要制约。中国通信和 IT 设备产业经过多年积累，虽已实现产业链关键环节的延伸和产业基础的初步强化，但在部分核心器件芯片和基础软件领域与发达国家存在较大差距。与此同时，产业链协同发展不足，产业生态尚不完善。在融合驱动的变革大形势下，产业竞争模式由产品和单个企业的竞争转向各环节要素的综合抗衡，产业生态系统构建与资源整合能力成为产业发展的决定性因素，广东通信设备企业引领产业链协同发展模式有待进一步培育，有竞争力的产业生态系统尚未形成。

（3）产业发展软环境有待进一步改善。

随着改革开放的深入，国内各省市尤其是沿海城市在发展观念和政策优势上已经与广东没有差距，广东原有的政策优势正在逐渐弱化和消失，同时生产成本也在逐渐升高，行政管理和服务有待进一步改善。另外，广东科学教育总体水平落后于经济和产业发展的要求，科研机构和研究型大学数量偏少，教育和再教育体系不完善，人才资源结构性矛盾突出，高层次人才储备严重不足，难以支撑通信产业的快速和可持续发展。

（4）与国际领先通信企业的差距较大。

与爱立信、思科、阿尔卡特—朗讯、高通等历史悠久的大型跨国企业相比，华为、中兴、TCL 等企业在业务规模、品牌影响力、企业文化等方面仍有差距。2018 年 4 月，美国商务部以中兴违反 2017 年 3 月的和解协议为由，禁止美国企业向中兴销售元器件，时间长达 7 年，直至 2025 年。这一事件充分说明，我国当前正在提升高端工业和技术领域的创新能力，正在提升在世界产业链和价值链上的位置，这一历史进程，必将对现有国际科技竞争格局形成挑战，动摇一些在集成电路等高技术产业领域具有领先优势国家的核心竞争力，今后类似的摩擦只会增加不会减少。在很多关键领域的核心技术上，我国通信设备企业并没有掌握，核心元器件严重依赖外国企业，国产化道路漫长。

三　广东通信设备产业创新机制

1. 自主创新提升全球技术竞争力

（1）研发投入强度大，推动创新产出跃升。

广东通信设备产业的技术创新水平位居全国乃至世界前列，在很大程度上是研发投入力度大的必然结果。近 10 年来，广东通信设备产业研发投入稳中有升，产业整体研发投入强度基本保持在 2.6% 以上（见图 4-1）。尤其是金融危机以来，广东省大力发展战略新兴产业，实施创新驱动战略，重视科技创新，优化产业结构，将创新放在产业发展布局的核心位置。通信设备产业在电子信息产业中居于主导地位，科技含量高，产业关联性强，能够有效带动上下游产业联动，不仅在移动通信领域发挥作用，还能带动传统制造业发展。因此，通信设备产业的发展有利于促进我国产业结构优化升级，提升制造业整体的科技创新能力和国际竞争力。基于此，广东通信设备企业紧紧把握产业升级带来的巨大市场机会，不遗余力地加强新产品和新技术开发力度。2009 年，广东省电子通信设备产业的 R&D 经费内部支出达到 244 亿元，到 2016 年，R&D 经费内部支出达到 807 亿元，8 年来年平均增长率为 28.76%。

（2）实施海外研发战略，吸收产业前沿技术。

通信设备制造业是高附加值产业，企业所拥有的技术研发能力决定了企业的发展状态甚至生死存亡。以华为和中兴为代表，广东通信设备企业深知技术创新的重要性，它们通过在海外创建众多的技术研发中心，吸收全球范围的优秀研发人员，并拥有了国际领先技术的自主知识产权。华为在瑞典斯德哥尔摩、美国达拉斯及硅谷、印度班加罗尔、俄罗斯莫斯科等地设立了研发机构，通过跨文化团队合作，实施全球异步研发战略。华为在全球共设立

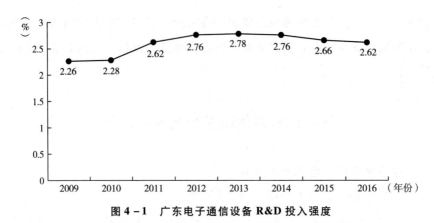

图 4 - 1 广东电子通信设备 R&D 投入强度

了 16 个研发中心,并与领先运营商成立 36 个联合创新中心,把领先技术转化为客户的竞争优势和商业模式。这些海外研发活动为华为融入和支持主流国际标准提供了巨大的资源支持。华为加入全球 170 多个行业标准组织,如 3GPP、IETF、ITU、OMA、ETSI、IEEE 和 3GPP2 等。海外研发活动成为广东通信设备企业获取战略性知识资产、以自主创新逐步实现技术引领的重要路径。

2. 研发合作构建开放式创新格局

(1) 积极拓展产业链上下游的研发合作。

通信设备产业的发展与其上游产业的规模化成长、竞争格局变化以及下游产业的不断扩展与技术融合有着密切的关系。总体而言,通信设备产业的上下游关联产业结构如图 4 - 2 所示。

为了降低独自创新的风险,企业会选择合作创新。在通信产业中,产业链上下游企业之间实现广泛的纵向合作创新,通信设备企业与产业链上下游企业合作研究开发新产品或技术,共享信息,分摊风险。

在推动 3G、4G 技术过程中,广东省逐渐形成政产学研用相结合的协同创新体系,是广东省移动通信产业能够取得巨大进步的重要推动力。政府机构、产业组织、高校和研究机构、移动通信产业链企业等协同合作,通过国家科技重大专项特别是新一代宽带无线移动通信网重大专项(03 专项),集中资源支持 TD - LTE 创新发展,牵引社会资源投入,突破技术产业短板限

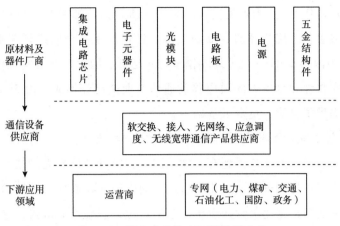

图 4-2 通信产业的上下游关联产业

制，对 TD - LTE 实现与国际"同步"发挥关键作用。

在产业层面，形成了数个产业平台，协调完善产业链各环节的创新。作为运作最为成功的产业联盟——TD 产业联盟，在 TD - SCDMA、TD - LTE 发展中通过联盟内部企业共享部分知识产权等手段，将一个弱小的产业凝聚成现在覆盖完整、协同创新的强大产业链，现在联盟成员达到 97 家，涵盖全产业链企业，确保 4G TD - LTE 产业链快速成熟。由中国移动主导成立的 GTI (TD - LTE 全球发展倡议)，涵盖了系统设备、终端芯片、测试仪表等产业链各环节厂家。

在学术机构和研究院所层面，承担起技术测试、验证的职责。由中国信息通信研究院、中国移动通信集团公司作为牵头单位展开的一系列 4G 技术测试、网络试点，通过科学规划、前瞻布局，起到了技术引入有保障、产业发展有节奏、上下游研发有互动的作用。

在 4G 通信时代，我国自主研发的 TD - LTE 技术带动产业链实现了整体突破。在中游通信设备产业，TD - LTE 带动华为、中兴、大唐等系统设备企业全面超越国际厂商，占据全面领先地位；在上游原材料与核心部件产业，TD - LTE 带动国内芯片设计和制造产业实现重大跨越，华为海思、大唐联芯、紫光展讯等一批本土手机芯片设计企业迅速崛起，中芯国际成功实现从逻辑代工向通信芯片代工的成功转型；在下游终端产业，TD - LTE 带动华为、OPPO、VIVO、小米等为代表的本土手机厂商快速跻身全球前列，设计水平、制造工艺、用户体验、品牌效应、销售规模等全面追赶苹果、三星。2016年，中国移动 TD－LTE 终端销量达 4 亿部。国内产业链实现群体突破，一条更具完整性和竞争力的国内移动通信产业链已经形成，为 5G 实现引领国际标准提供了可能，奠定了基础。

（2）充分利用海外引进技术，扩大境内技术搜寻。

广东通信设备产业从无到有，励精图治，提升到世界先进技术水平，这一过程离不开境外先进技术工艺的引进，国内当前在通信设备技术方面的发展水平与发达国家相比仍然处于相对落后地位，基础产业薄弱，进口依赖导致成本难以压缩。国内微电子产业与国外先进水平差距较大，导致我国通信设备制造具备国际竞争力的难度很大。国内现有芯片设计水平和工艺水平不能满足需求，高度依赖进口。产业自主创新能力不强，使得引进国外先进技术成为加快创新追赶速度的捷径，最大限度地发挥产业后发优势，推动技术进步。

图 4－3 给出了广东省电子通信设备产业 2009～2016 年引进海外技术经费支出、购买境内技术经费支出以及两者的比率。由图 4－3 可知，2009～2016 年广东省电子通信设备产业引进海外技术和购买境内技术的经费支出基本保持上升趋势，特别是 2014 年以后，海外技术引进和境内技术购买支出水平都发生了巨大的增长。这是因为，2014 年全球信息技术正处于创新活跃时期，移动宽带浪潮席卷全球，移动互联网、云计算、大数据、SDN 等新技术和新业务走向普及，原有的市场格局和规则不断被打破，行业间的界限越来越模糊，市场范围不断扩大。伴随产业的融合发展，IT 与 CT 融合的深度和速度进一步加速，以虚拟化、SDN 为代表的 IT 理念融入通信设备的各个领域，从产品架构、制造模式、产业生态等各方面深刻影响着通信设备行业的发展。因此，2014 年后，广东通信设备企业也加大了技术引进和外购的力度，从而避免在产业重大变革的关键节点上落后。

然而，另一个值得注意的变化是，广东通信设备产业海外技术引进与境内技术购买的经费支出比率呈现缩小趋势，2015 年、2016 年两者的水平已经非常接近。这表明广东省通信设备产业的国产化技术替代已经获得了实质性进展，伴随着围绕 NFV、SDN、超宽带等热点的技术创新不断涌现，通信设备产业技术创新的国产化进程也在加速。

图 4 - 3　广东省通信设备产业引进海外技术与购买境内技术支出情况

（3）跨国公司在广东的研发投资增强知识溢出。

从 2005 年开始，全球通信设备产业掀起了一场并购重组的浪潮。瑞典爱立信收购英国马可尼、美国思科收购科学亚特兰大、法国阿尔卡特与美国朗讯合并、芬兰诺基亚与德国西门子通信业务合并、爱立信收购美国北电无线业务……全球范围内通信设备企业兼并重组的消息层出不穷。在此过程中，为了降低成本和获取海外人才优势，一些通信设备跨国公司将研发中心向海外转移，广东紧抓这一发展机遇，充分利用已经建立的良好的产业基础，深化与国际通信科技企业的合作，有效引导和推动跨国公司在广东投资，吸引它们转移新技术、开发新产品和建立研发中心，以此为契机，接受技术外溢，与国际创新技术进一步衔接。如思科、爱立信等国际大型通信设备制造商相继与广东展开合作，思科在广东建成中国地区最大的制造基地；爱立信收购了广东北电，并与广东展开从解决方案到技术、设备供给等全方位的合作。与思科、爱立信这样的世界 500 强企业开展技术合作，有效推进了广东通信设备产业技术创新实力的提升。

3. 以标准治理强化产业链治理能力，促进创新成果转化

面对欧美市场对我国通信设备产业长期保持的技术"高压"，我国通信设备企业承受着很大的经济压力。欧盟和美国市场技术准入要求对企业造成的影响最大，分别占比 24.84% 和 22.64%，企业为此新增成本中，欧盟居首（4.79 亿美元），美国紧随其后（2.88 亿美元）；遭受损失最大的是欧盟，高达 6.9 亿美元，美国位列第四。这主要得益于国家质检总局有效应对美国联邦通信委员会发布的无线电无线射频设备授权程序认证新规，使其推迟一年实施，直接惠及我国数十亿美元的检测市场，以及近 300 亿美元的出口美国无线通信设备市场收入。

此外，通信业国际标准对我国通信设备企业尚未友好地敞开"大门"。如中国 2003 年发布 WAPI 标准后，一直遭到美国抵制，直到 2010 年 6 月，WAPI 基础框架方法才正式获得国际标准化组织批准发布。2013 年 12 月，商务部公布的《第 24 届中美商贸联委会中方成果清单》显示，WAPI 在美国通过专利。

环保要求也为我国通信设备企业进入国际市场带来了严峻挑战。在所有提高技术标准要求的技术性贸易措施中，环保要求的提高对通信设备出口企业造成的影响最大，其次是安全标准要求的提高以及认证程序的变化和能效要求的提高。如美国提高了通信设备电磁兼容认证法规标准以及无线电电磁辐射标准；欧盟提高了 RoHS、WEEE、低电压 LVD 指令标准，并加强了通信设备安全审查制度；印度加强了通信设备安全审查制度，提高了认证标志管理要求，等等。

4. 政府引导扶持政策有效促进企业技术创新投入

中央与广东在产业政策上大力推动通信设备产业创新升级。国家出台多项有利于通信产业发展的重要政策。2015 年，党的第十八届中央委员会第五次全体会议通过的《中共中央关于制定国民经济和社会发展第十三个五年规划的建议》指出，要"集中支持事关发展全局的基础研究和共性关键技术研究，加快突破新一代信息通信"等领域的核心技术，"构建新型制造体系，促进新一代信息通信技术"等产业发展壮大，明确了"十三五"时期通信

技术进入自主创新的关键阶段，这无疑成为通信设备产业创新的重要推动力。此外，《中共中央关于制定国民经济和社会发展第十三个五年规划的建议》中还提出"实施网络强国战略，加快构建高速、移动、安全、泛在的新一代信息基础设施"，这对通信基础设施建设提出了更高要求。

广东先后出台了促进通信设备产业创新升级的相关政策，广东省经济和信息化委员会、广东省发展和改革委员会、广东省科技厅等部门一道，统筹指导、密切配合，引领产业健康发展。多年来，通过规划、专项、政策、改革等方式，广东积极支持 TD 技术研发产业化及规模商用。《广东省发展高端新型电子信息产业行动计划》《珠江三角洲地区现代信息服务业发展规划（2010—2020 年）》等与通信业发展有直接或间接关系的政策文件，为通信设备产业进一步繁荣发展提供了重要政策支撑。2017 年 8 月发布的《广东省战略性新兴产业发展"十三五"规划》，再一次强调在新一代信息技术产业中，加大力度提升整机产品与核心基础软硬件竞争力要求面向下一代网络、云计算、工业互联网等新技术与应用体系，集中推进计算、存储、网络、终端等关键整机产品开发，鼓励电子信息产业整机企业向产业链上游发展。围绕移动智能终端、数字家庭、新一代智能卡、现代工业控制、信息安全等重点领域，加快推进集成电路设计产业做大做强的步伐，逐步补齐集成电路产业制造、封装环节短板；重点发展广东优势制造行业的工业核心软件，以及文化、教育、金融、电子政务、医疗等领域的应用软件。以片式化、微型化、集成化、高性能化为目标，加快电子基础元器件和关键材料的改造升级。加快推动量子点、柔性、超高清（4K 及以上）、印刷、激光、3D 等显示技术研发，促使尽快实现产业化。

政府提供的科技创新类扶持性资金，如广东省前沿与关键技术创新专项资金、广东省科技型中小企业技术创新专项资金等，为通信设备产业的技术创新能力快速增强起到了助推器作用。政府的导向和政策的支持会直接或间接影响产业或企业的技术创新战略方向与选择，因此，政府政策深刻影响着产业发展方向。广东省电子通信设备产业 R&D 经费的内部支出中，企业资金占比呈现逐年提升的态势，虽然 2009～2016 年该比重仅仅提高约 1 个百分点，但仍然说明，政府引导扶持资金已经发挥了应有的作用，逐步将企业的创新积极性激发出来，使企业投入 R&D 活动的资金不断提高，从而起到了明显的创新引导作用（见图 4-4）。

图 4 -4　广东省电子通信设备产业 R&D 经费支出情况

资料来源：笔者根据《中国高技术产业统计年鉴》（2010~2017）数据整理所得。

四　对策与建议

1. 企业决策参考

（1）企业应加快实施标准化战略，推动产业技术体系创新，创造国际市场竞争新优势。

2016 年以诺基亚成功收购阿尔卡特、朗讯为标志，以华为、爱立信、新诺基亚和中兴为代表的全球通信设备商四足鼎立的格局初步形成。目前，全球前四大设备商中，国内通信设备厂商的综合实力不断提升，在光网络市场，华为和中兴的市场份额分别为 20% 和 12%；在接入网市场，华为和中兴的市场份额分别为 28% 和 12%。因此，在加快布局全球市场的同时，我国通信设备企业参与国际技术标准制定的水平也要实现同步。广东通信设备企业应主动了解、研究和引进国际市场的技术标准和法规，积极引进先进技术，充分掌握有关进口国关于通信产品的技术、质量、安全、卫生环保、包装和标签的标准法规，熟悉相关的合格评定程序及认证制度；树立全程认证的理念，从产品的原料、结构、包装等各个环节严格把关；严格按照各类标准、法规和安全规则进行产品研制开发；提升国际标准制（修）订的参与意识，将技术优势置入国际标准，切实提高国际话语权。

（2）加大研发投入力度，坚持核心技术自主创新路径。

中兴的遭遇凸显了在全球化产业链分工的大背景下，我国通信设备企业在一些核心技术和关键产品方面仍然受制于人，一旦国际政治经济和贸易环境发生变化，整个供应链随时都面临被切断的风险。这一事件的警示意义在于，在核心关键技术上，通信设备企业需要尽快理顺科技创新体制机制，摒弃"赚快钱"思维，静下心来坚定走自主创新之路，避免出现过度依赖甚至沉迷于通过引进现成技术升级产品获得利润的短期行为，而让通信设备企业通过加大研发投入获得更多自有技术及更新升级能力，更好地攀登技术链和价值链，从而获得可持续的发展。

（3）合作创新仍然是通信设备产业技术创新的重要模式。

以我为主自主研发与借鉴转化外来技术并不矛盾，并不意味着闭门造车。广东通信设备产业应当积极打造由外部创新主体网络和内部创新要素协同网络构成的协同创新系统。外部创新网络主要包括高校科研院所、政府相关部门、银行、金融机构、咨询公司等中介机构，以及产业链上的设备供应商、芯片供应商、电信运营商、硬件提供商及代工厂、软件开发商、系统集成商和终端厂商等。内部创新要素协同网络则包括企业战略、文化、组织、制度、技术、人力资源和营销等各项职能领域的协同运作。通信产业的实践证明，产业链上下游合作的开放式创新模式卓有成效，极大地推动了我国通信产业技术创新国际竞争力的提升，并带动关联产业的群体性发展。在即将到来的5G时代，广东通信产业仍需加大合作创新力度，以外部协作推创新增长，以内部协同促知识吸收，推动我国通信产业占据全球创新链的制高点。

2. 政策与建议

（1）政府部门应加快通信技术战略布局和强化高技术攻关力度，推进产业质量升级。

要加快培育创新型通信企业，主动开放部分公共检测资源，帮助企业提升核心竞争力。设立通信产业创业投资专项基金，引导社会资金流向新创企业。鼓励和引导金融机构、担保机构为中小型通信企业技术创新提供融资支持和担保服务。

（2）支持企业提升产品技术含量，力争以通信设备产业群体性突围的方式打破国外技术壁垒，支撑引领通信设备产业集群发展。

政府可以通过搭建关键共性技术和行业技术支撑平台，大力推动通信产业内企业之间、企业与大学、科研机构之间的技术交流与研发合作，支撑和服务通信产业集群的技术创新。组织贸易仲裁委员会、贸易促进委员会等机构，定期为通信企业提供国外技术性贸易措施通报信息，加大相关宣传力度。

（3）加快管理创新，加大技术服务、风险预警和宣传推广培训等公益性服务和公益性产品的供给。

支持通信设备行业协会、技术中介服务机构为企业提供检验检测、技术改造、认证认可、知识产权、技术人才培养等方面的"一站式"公共技术服务。积极探索利用大数据平台构建企业风险预警机制，动态监督监控企业经营风险，构建多元参与、高效互补的协同治理格局。

（4）鼓励通信设备企业积极参与国际标准化规则的制定，提高科研成果转化率。

各级知识产权管理部门应按照规定对通信设备企业、特别是中小型企业在国内外申请发明专利费用给予资助，鼓励具有专利技术的企业参与通信业国内国际标准的制定，并予以一定的费用减免。

（5）依托粤港澳大湾区建设，充分利用人力资本优势，打造通信设备产业高地。

大力推进粤港澳大湾区打造国际科技创新中心工作，利用智慧城市建设的通信基础设施需求契机，提升广东通信产业的整体技术水平。同时，积极探索通信企业与粤港澳高校的人才合作培养模式，为企业加强技术创新人才储备提供有效支撑。

（6）积极推进合格评定程序的国际互认，降低企业出口成本。

抓住"一带一路"倡议的国际化契机，积极建立与"一带一路"沿线国家和地区的互认机制，减少出口产品在国际贸易中的重复检验，降低技术性贸易壁垒，为通信企业争取更多通关便利，

参考文献

晨启：《信息通信制造业：龙头广东的腾飞之路》，《通信世界》2005 年 8 月 29 日。

李春影：《高技术制造业知识创新与技术创新的耦合度研究》，《时代金融》2018 年第 1 期。

刘戒骄、燕雨林、海柱：《通信产业现状与发展前景》，广东经济出版社，2015。

柳卸林、吴晟、朱丽：《华为的海外研发活动发展及全球研发网络分析》，《科学学研究》2017 年第 6 期。

吴冰冰：《中国通信和 IT 设备产业：在变革中寻求新突破》，《人民邮电》2016 年 6 月 28 日。

张越、余江：《新一代信息技术产业发展模式转变的演进机理——以中国蜂窝移动通信产业为例》，《科学学研究》2016 年第 12 期。

Nolan, Peter, "Globalisation and industrial policy: The case of China," *The World Economy*, 2014: 747 – 764.

第五章 广东 LED 产业创新发展研究

一 引言

LED（Light Emitting Diode，即"发光二极管"）是一种能将电能转化为光能的半导体电子元件。LED 在 20 世纪 90 年代以前仅能作为指示灯应用，20 世纪 90 年代以后，高亮 InGaAlP 四元红、黄光及 GaN 系蓝、白光器件开发成功。随着技术的不断进步，LED 应用开始由指示灯转化为照明灯。LED 主要应用领域包括 LED 显示屏、交通信号灯、景观照明、手机应用、汽车用灯、LED 显示背光源、通用照明等。LED 具有高亮度、高效能、高稳定性、快速响应、无毒、可回收再利用等优点，被称为 21 世纪最具发展前景的绿色照明光源。

目前，LED 产品在手机上应用非常广泛。手机是 LED 产品最重要的应用领域，占市场总需求的 31% 左右，一般每部手机需用 10 ~ 20 个 LED 产品，分别使用在手机键盘、显示屏背光源及可照相手机闪光灯上。LED 产品在手机市场的渗透率已趋于稳定，未来手机用 LED 产品的增长空间将会受到手机销量的直接影响。未来 LED 在医疗照明、农业（植物照明等）、汽车照明、展示和特种照明等领域具有较好的应用前景。

"全球 LED 产业发展看中国，中国 LED 产业发展看广东。"这是 LED 行业耳熟能详的一句话。近五年来，广东省 LED 产业坚持创新驱动发展战略，大力推进机制体制创新。广东省 LED 产业创新机制主要表现在：（1）加大产学研合作力度，打造 LED 产业创新服务集群；（2）组建协同创新平台，加快核心技术与关键共性技术研发，提升全球技术竞争力；（3）打造知识产权服务与运营平台,为 LED 企业创新工作提供专业服务;(4)建立应用推广与创意设计平台,推广 LED 产业的科研技术成果。基于以上创新机制,广东 LED 在经历了 2015 年下半年的"趋势遇冷"和 2016 年的缓慢回升之后,2017 年进入平稳增长态势。

二 广东省 LED 产业发展概况

1. 广东省 LED 产业总值

根据广东省半导体照明产业联合创新中心(简称 GSC)统计,2015 ~ 2017 年广东省 LED 总产值从 4156.66 亿元增长至 5504.37 亿元,其总产值构成如表 5 – 1 所示。2017 年,广东省 LED 产业总值为 5504.37 亿元,同比增长 16.80%,增速提高 3.43 个百分点。

表 5 – 1 2015 ~ 2017 年广东省 LED 总产值构成情况

单位:亿元

产值 产业分类	2015 年	2016 年	2017 年
LED 芯片外延片	17.71	19.97	20.68
LED 封装元器件	597.47	705.96	849.41
LED 背光源	284.36	294.46	324.40
LED 照明灯具	871.07	938.01	1109.11
LED 光源及专业灯具	631.12	742.38	863.90
LED 灯饰	243.99	257.07	274.94
LED 显示屏	331.11	384.21	426.67
LED 配件、材料	703.71	791.62	896.19
LED 装备	107.96	116.21	148.56
生产性服务业	368.16	462.64	590.51
合 计	4156.66	4712.53	5504.37

数据来源:广东省半导体照明产业联合创新中心。

从 2017 年广东 LED 产业总产值来看,LED 芯片外延片类产值为 20.68

亿元，同比增长 3.56%，占同期总产值的 0.38%；LED 封装元器件产值为 849.41 亿元，同比增长 20.32%，占同期总产值的 15.43%；LED 背光源产值 324.40 亿元，同比增长 10.17%，占同期总产值的 5.89%；LED 照明灯具类产值为 1109.11 亿元，同比增长 18.24%，占同期总产值的 20.15%；LED 光源及专业灯具产值为 863.90 亿元，同比增长 16.37%，占同期总产值的 15.69%；LED 灯饰产值为 274.94 亿元，同比增长 6.95%，占同期总产值的 4.99%；LED 显示屏类产值为 426.67 亿元，同比增长 11.05%，占同期总产值的 7.75%；LED 配件、材料产值为 896.19 亿元，同比增长 13.21%，占同期总产值的 16.28%；LED 装备产值为 148.56%，同比增长 27.84%，占同期总产值的 2.70%；LED 生产性服务业产值为 590.51 亿元，同比增长 27.64%，占同期总产值的 10.73%，如图 5-1 所示。

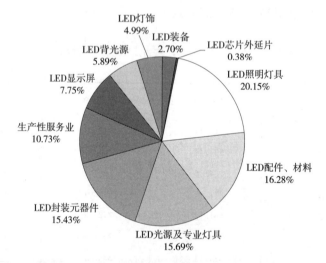

图 5-1 2017 年广东省 LED 产业总产值构成情况
数据来源：广东省半导体照明产业联合创新中心。

2. 广东省 LED 产业增加值

2015~2017 年广东省 LED 产业增加值及增速变动如图 5-2 所示。2015 年，广东省 LED 产业增加值为 950.10 亿元，同比增长 20.77%；2016 年，广东省 LED 产业增加值为 1115.82 亿元，同比增长 17.44%，增速下降 3.33

个百分点；2017 年，广东省 LED 产业增加值为 1283.34 亿元，同比增长
15.01%，增速下降 2.43 个百分点。

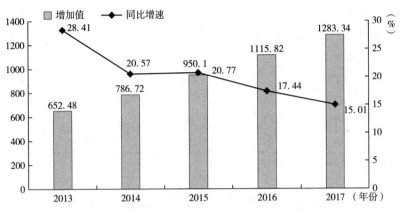

图 5 - 2　2015～2017 年广东省 LED 产业增加值及增速变动情况

数据来源：广东省半导体照明产业联合创新中心。

3. 广东省 LED 产业进出口情况

2016～2017 年广东省 LED 重点领域出口额及增长情况如表 5 - 2 所示。
2017 年，广东 LED 十大重点领域产品出口额为 191.75 亿美元，同比增长
9.62%，占全国的 48.97%，居全国首位，远高于其他省市。其中，LED 其
他电灯及照明装置出口规模及增幅均为最高，出口额达 72.81 亿美元，同比
增幅为 21.45%，占广东 LED 重点领域出口总额的 37.97%；枝形吊灯及天
花板或墙壁上的电气照明装置紧随其后，出口额为 49.14 亿美元，占广东
LED 出口总额的 25.63%；部分产品出口额较上年同期有所下降。

表 5 - 2　2016～2017 年广东省 LED 重点领域出口额及增长情况

单位：亿美元,%

商品名称 年份	2016 年	2017 年	同比增长
其他电灯及照明装置	59.95	72.81	21.45
枝形吊灯及天花板或墙壁上的电气照明装置	47.66	49.14	3.11
其他彩色监视器	24.14	24.13	- 0.04
发光二极管	14.54	17.37	19.43

续表

商品名称 / 年份	2016 年	2017 年	同比增长
电气台灯、床头灯、落地灯	13.15	13.92	5.85
装有液晶装置或发光二极管的显示板	6.04	5.53	-8.49
圣诞树用的成套灯具	4.44	3.99	-10.16
发光标志、发光铭牌及类似品	1.99	2.15	8.16
LED 相关配件、材料	1.71	1.53	-10.56
非电气的灯具及照明装置	1.31	1.18	-10.27
合　计	174.92	191.75	9.62

数据来源：广东省半导体照明产业联合创新中心。

　　根据广东省半导体照明产业联合创新中心统计，2017 年广东省 LED 十大重点领域产品出口构成如图 5-3 所示。

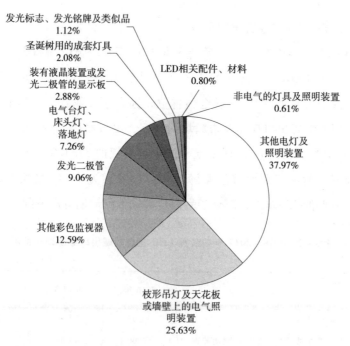

发光标志、发光铭牌及类似品
1.12%

圣诞树用的成套灯具
2.08%

装有液晶装置或发光二极管的显示板
2.88%

电气台灯、床头灯、落地灯
7.26%

发光二极管
9.06%

其他彩色监视器
12.59%

枝形吊灯及天花板或墙壁上的电气照明装置
25.63%

LED相关配件、材料
0.80%

非电气的灯具及照明装置
0.61%

其他电灯及照明装置
37.97%

图 5-3　2017 年广东省 LED 十大重点领域产品出口构成情况

数据来源：广东省半导体照明产业联合创新中心。

从 LED 重点领域产品出口量来看，截至 2017 年年底，发光二极管及其他点灯及照明装置两类产品出口规模同比增长相对较快，均保持在 30% 以上，部分产品出口量有所下降，如表 5 - 3 所示。

表 5 - 3　2016 ~ 2017 年广东省 LED 重点领域产品出口量

商品名称	2016 年出口量	2017 年出口量	同比增长（%）
发光二极管（个）	66767633800	100762132205	50.91
发光标志、发光铭牌及类似品（千克）	17020119	21217918	24.66
其他电灯及照明装置（千克）	463988262	621162523	33.87
枝形吊灯及天花板或墙壁上的电气照明装置（个）	614523344	67937708	9.34
电气台灯、床头灯、落地灯（台）	120059920	119187753	-0.73
装有液晶装置或发光二极管的显示板（个）	395377161	371019119	-6.16
圣诞树用的成套灯具（套）	185331013	194113258	4.74
非电气的灯具及照明装置（千克）	18012733	16415267	-8.87
其他彩色监视器（台）	14601461	12654132	-13.34
LED 相关配件、材料（千克）	15967300	13031602	-18.39

数据来源：广东省半导体照明产业联合创新中心。

2017 年珠三角 9 地市 LED 产品出口额达 181.13 亿美元，占全省 LED 重点领域产品出口额的 94.47%，LED 产品集聚现象明显，如图 5 - 4 所示。细分各地市来看，深圳市 LED 重点领域产品出口规模继续领跑全省，出口额达88.91 亿美元，占全省出口总额的 46.37%；其次是广州，出口额为 26.90 亿美元，占比 14.03%；东莞位列第三，全年出口 22.13 亿美元，占比 11.54%。

2017 年珠三角 LED 重点领域产品出口占全省份额情况如图 5 - 5 所示，其中，深圳占 46.37%，广州占 14.03%。从出口增速情况来看，深圳、惠州及珠海 3 市 LED 产品出口较上年同比有所增长，其中深圳增幅达51.38%，珠三角其余 6 地市表现出不同程度的下降，其中佛山与肇庆降幅较大，分别下降 39.90%、41.79%，由此可以看出，LED 产品出口市场份额进一步向深圳集中。

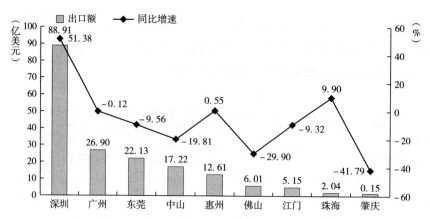

图 5 - 4　2017 年广东各地市 LED 重点领域产品出口及增长情况

数据来源：广东省半导体照明产业联合创新中心。

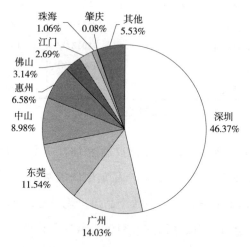

图 5 - 5　2017 年珠三角 LED 重点领域产品出口占全省份额情况

数据来源：广东省半导体照明产业联合创新中心。

2017 年广东 LED 重点领域产品出口洲际分布如图 5 - 6 所示。从出口洲际区域来看，亚洲、美洲及欧洲是广东 LED 重点领域产品出口的主体市场，截至 2017 年年底，累计出口额达 170.02 亿美元，占广东 LED 产品出口总额的 88.68%。细分区域来看，亚洲出口规模最大，出口额为 67.83 亿美元，较上年同期增长 0.54%，占比 35.38%；其次是美洲市场，出口额 59.04 亿美元，同比增长 3.93%，占比 30.79%；欧洲出口规模为 43.15 亿美元，同比增长 4.74%；占比 22.51%；对非洲出口额 8.70 亿美元。自 2014 年以来，广东对非洲市场的出口规模一直保持较高的增速，目前已超越拉丁美洲，成为广东 LED 产品第四大出口市场，2017 年增速仍高达 72.10%，市场需求增长趋势明显。

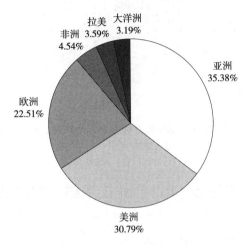

图 5 - 6　2017 年广东 LED 重点领域产品出口洲际分布

数据来源：广东省半导体照明产业联合创新中心。

2017 年广东 LED 重点领域产品出口国家或地区分布如图 5 - 7 所示。从出口市场规模来看，美国仍是广东 LED 产品出口的最大市场，2017 年广东向美国出口 LED 重点领域产品 50.82 亿美元，同比增长 8.38%，占广东 LED 产品出口总额的 26.51%；其次是中国香港，LED 重点领域产品出口额为 25.45 亿美元，同比增长 11.61%，占出口总额的 13.27%，港口中转效应依然显著；2017 年广东 LED 产品对英国市场的出口额达到 7.73 亿美元，同比增长 23.69%，已超过德国的 7.55 亿美元，英国成为广东 LED 产品第三大出口市场，2017 年广东 LED 出口排在前 10 位的市场，出口规模均超过 4 亿美元。

此外，截至 2017 年年底，广东 LED 照明产品出口规模超过 2 亿美元的市场还有：阿联酋（3.93 亿美元）、澳大利亚（3.92 亿美元）、沙特阿拉伯（3.74 亿美元）、越南（3.58 亿美元）、法国（3.00 亿美元）、日本（2.96 亿美元）、西班牙（2.92 亿美元）、意大利（2.12 亿美元）。

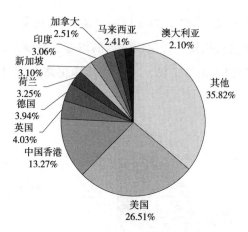

图 5 – 7　2017 年广东 LED 重点领域产品出口国家或地区分布情况

数据来源：广东省半导体照明产业联合创新中心。

三　广东省 LED 产业技术创新发展现状

1. 广东省 LED 产业专利申请情况

（1）广东省 LED 产业专利申请量约占全国的 1/3。

截至 2017 年年底，广东省 LED 产业相关专利申请总量累计 163550 件，占全国 LED 专利累计申请总量的 28.98%。截至 2017 年年底，广东 LED 专利申请量结构分布如图 5 – 8 所示，其中，LED 发明专利、实用新型专利、外观设计专利申请量分别为 26613 件、60003 件、76934 件，占比分别为 16.27%、36.69%、47.04%。

（2）珠三角 9 地市 LED 产业专利申请量占全省的 90% 以上。

截至 2017 年年底，珠三角 9 地市累计申请 LED 专利 153850 件，占广东 LED 专利申请总量的 94.07%，其中发明专利 25808 件，实用新型专利 56652 件，外观设计专利 71390 件，如表 5 – 4 所示。与 LED 专利授权情况相似，近年来中山市 LED 外观设计申请量急速增长，目前累计申请 LED 专利 48821 件，已超越深圳成为广东 LED 专利申请量最多的城市；细分专利类型来看，深圳 LED 发明专利与实用新型专利申请量最多，中山则是 LED 外观设计专利申请量最多。

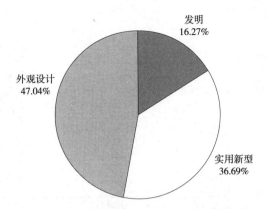

图 5 - 8 截至 2017 年年底广东 LED 专利申请量结构

数据来源：广东省半导体照明产业联合创新中心。

表 5 - 4 截至 2017 年年底珠三角 9 地市 LED 专利申请量

单位：件

地级市	专利申请量	细分专利类型		
		发明	实用新型	外观设计
深 圳	43937	12059	21189	10689
中 山	48821	2431	7328	39062
东 莞	17485	3153	9250	5082
广 州	19322	4001	8222	7099
佛 山	10415	1926	4580	3909
惠 州	5457	909	2381	2167
江 门	5122	854	1943	2325
珠 海	2734	385	1566	783
肇 庆	557	90	193	274

数据来源：广东省半导体照明产业联合创新中心。

2. 广东省 LED 产业专利授权量情况

（1）广东 LED 产业创新力强，专利授权量占全国 30% 以上。

截至 2017 年年底，广东省 LED 专利累计授权量为 145370 件，占全国 LED 专利授权量的 31.59%，占广东全部专利授权量的 7.18%，如图 5 - 9 所示。2017 年广东新增 LED 专利授权量 27753 件，占全国新增 LED 专利授权量的 38.44%，占广东新增专利授权量的 8.34%。

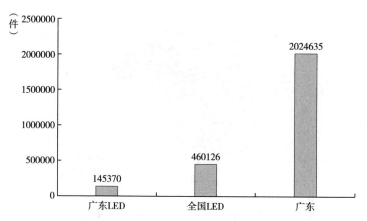

图 5 - 9　截至 2017 年年底广东省及全国 LED 专利授权量情况
数据来源：广东省半导体照明产业联合创新中心。

（2）广东 LED 产业技术创新能力领先于其他省市，中下游应用及封装领域研发能力突出。

广东省作为中国 LED 照明产业最为集中的区域之一，LED 产业技术创新能力领先于其他省份，尤其是在 LED 中下游应用及封装领域方面的技术研发能力尤为突出。在 LED 专利累计授权量上，2017 年广东以 145370 件稳居全国首位，持续领跑其他省份，分别是第二名浙江（34211 件）、第三名江苏（33953 件）的 4.25 倍、4.28 倍，如图 5 - 10 所示。

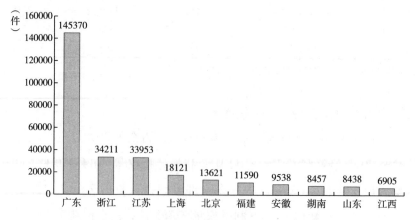

图 5 - 10　截至 2017 年年底全国部分省份 LED 专利授权量情况
数据来源：广东省半导体照明产业联合创新中心。

（3）广东 LED 专利授权以外观设计和实用新型为主，发明专利量占比相对较低。

从专利授权结构上看，截至 2017 年年底，广东累计拥有 LED 发明专利授权量 8705 件，占广东专利授权总量的 5.99%，2017 年新增 LED 发明专利授权量 1860 件；LED 实用新型专利授权量 59853 件，占比 41.17%，2017 年新增 LED 实用新型专利授权量 10692 件；LED 外观设计专利授权量 76812 件，占比 52.84%，2017 年新增 LED 外观设计专利授权量 15381 件，如图 5 – 11 所示。

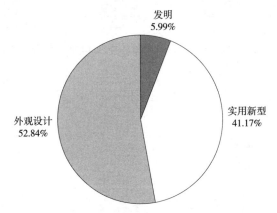

图 5 – 11　截至 2017 年年底广东 LED 专利授权量构成
数据来源：广东省半导体照明产业联合创新中心。

（4）广东 LED 发明专利累计授权量占全国的比例显著低于外观设计专利累计授权量占全国的比例。

广东与全国各类型 LED 专利授权量对比如图 5 – 12 所示。与全国相比，广东 LED 发明专利累计授权量占全国 LED 发明专利累计授权总量的 16.02%，广东 LED 实用新型专利累计授权量占全国的 26.83%，广东 LED 外观设计专利累计授权量占全国的 42.05%。

（5）广东省 LED 专利累计授权量排名前三的分别是中山、深圳、广州。

从区域分布情况来看，截至 2017 年年底，珠三角 9 地市 LED 专利授权量共计 136286 件，占全省 LED 专利授权总量的 93.75%，如图 5 – 13 所示。其中，珠三角 LED 发明专利累计授权量 8491 件，占广东 LED 发明专利授权

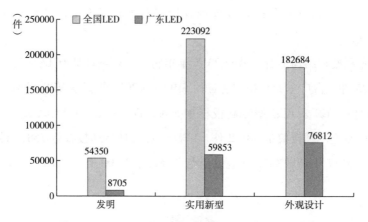

图 5 – 12　截至 2017 年底广东与全国各类型 LED 专利授权量对比情况

数据来源：广东省半导体照明产业联合创新中心。

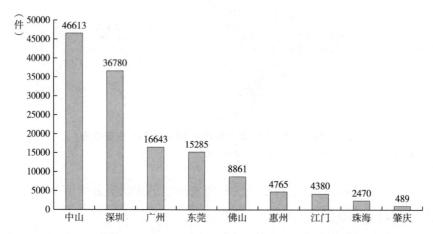

图 5 – 13　截至 2017 年年底珠三角 9 地市 LED 专利授权量分布情况

数据来源：广东省半导体照明产业联合创新中心。

量的 97.54%；珠三角 LED 实用新型专利累计授权量 56512 件，占广东 LED 实用新型专利授权量的 94.42%；珠三角 LED 外观设计专利累计授权量 71283 件，占广东 LED 外观设计专利授权量的 92.80%。细分各地市来看，LED 专利累计授权量排名前三的分别是：中山（46613 件）、深圳（36780 件）、广州（16643 件）。

（6）深圳 LED 产业研发投入较大，中山 LED 产业专利主要集中在外观设计上。

从各地市 LED 专利授权类型来看，深圳 LED 产业最为发达，相关产业技术研发投入较大，深圳 LED 发明专利与实用新型专利授权量均居广东省首位，截至 2017 年年底，深圳 LED 发明专利与实用新型专利累计授权量分别是 4972 件、21140 件；中山作为全国最大的灯饰市场，其 LED 产业专利主要集中在外观设计上，外观设计专利授权量累计 39001 件，占中山 LED 专利授权量的 83.67%，占广东外观设计专利授权量的 54.71%，如图 5 – 14 所示。

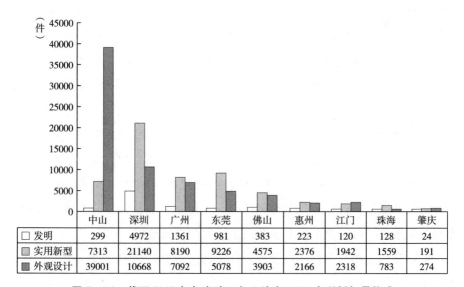

（件）	中山	深圳	广州	东莞	佛山	惠州	江门	珠海	肇庆
□ 发明	299	4972	1361	981	383	223	120	128	24
▨ 实用新型	7313	21140	8190	9226	4575	2376	1942	1559	191
▩ 外观设计	39001	10668	7092	5078	3903	2166	2318	783	274

图 5 – 14 截至 2017 年年底珠三角 9 地市 LED 专利授权量构成
数据来源：广东省半导体照明产业联合创新中心。

四 广东省 LED 产业创新机制

为了进一步提升广东省 LED 产业的创新能力与国际竞争力，广东省于 2011 年正式成立广东省半导体照明产业联合创新中心。广东省半导体照明产业联合创新中心由广东省科技厅发起，由国家相关部门参与，省内科研机构、省内半导体照明上市企业、龙头企业共同出资成立，一期投资 1.2 亿元。该中心主要面向产业链各个环节的创新需求，系统集成有效创新资源，完善创新服务功能，营造创新环境，建成广东LED产业发展战略智库、信息交互枢纽、检测认证基地、技术创新桥梁、金融服务尖兵、人才培养高地、成果展示舞台。2011年以来，该中心在广东省LED产业创新机制方面开展了有益的探索和尝试，成效显著。

1. 加大产学研合作力度，打造LED产业创新服务集群

该中心以广东新光源产业基地为依托，通过与台湾工程研究院、香港应用科技研究院、国家半导体照明工程研发及产业联盟、清华大学、浙江大学等科研机构携手合作，汇集国际国内半导体照明巨头企业、科研团队和院所入驻中心，形成具有先进创新能力、创意服务能力和较强辐射带动能力的创新策源地，打造覆盖研发外包、检测检验、展示交易、教育培训、市场推广和金融支持等环节，面向广东、辐射全国、影响世界的LED产业创新服务集群。

该中心通过国际合作，积极跟踪国际LED产业巨头、大学及科研机构的战略布局。通过项目引导，协助建立广东LED产业战略研究专业团队和专家智库、研发数据库（Knowledge Base），加强资源的共享，组建粤港台LED产业协同创新联盟，打造产学研相结合、多行业多学科合作的开放性国际合作与咨询服务平台，快速提升企业产品研发与创新价值。

2. 组建协同创新平台，加快核心技术与关键共性技术研发，提升全球技术竞争力

核心技术又可分为技术核心和设计核心。技术核心是在基础理论研究基础上，在确定技术路线的情况下，支撑产品实现的技术选择中的关键部分，完成这条思路的技术和工艺就是核心技术。核心技术优势具有不可复制性，是企业基于对产业、市场和用户的深刻洞察，以及环境长期孕育形成的，有独特的市场价值，能够解决重大的市场问题。共性技术是指在很多领域内已经或未来可能被广泛采用，其研发成果可共享并对一个产业或多个产业及企业产生深刻影响的一类技术；也有人认为，共性技术是对整个行业或产业技术水平、产业质量和生产效率都会迅速发挥带动作用、具有巨大的经济效益

和社会效益的一类技术。

一般而言，核心技术或关键共性技术研发投入大，周期长，代价高。单个企业特别是中小企业很难独立开展核心技术或关键共性技术的研发工作。该中心跟踪技术、产业发展的最新态势，研判诱发 LED 产业变革关键性技术的走势与影响，强化技术战略研究对产业发展的引领作用。该中心组建核心技术攻关与关键共性技术协同创新平台，围绕 LED 产业链关键环节、战略产品研发，组织产业链上下游或技术互补型企业、有关高校、科研机构等结成联盟，联合开展核心技术攻关，重点开展 LED 照明标准光组件等重大项目的共性技术协同创新，组建 LED 照明标准光组件应用推广联盟，加速 LED 中间件的配套和对接，加速成果转化，拓展产品链条，形成基于自主知识产权的技术规范体系和产品体系。

知识产权为产业发展之根本，也是企业竞争力的源头。木森林、华灿光电、飞乐音响等上市企业借助海外并购走向国际舞台、借助国外成熟品牌以及国外现有的市场渠道优势拓展海外市场，广东省 LED 产业要缩小在照明高端技术、产品创新、装备制造市场应用等方面与国外 LED 厂商的差距，企业需不断加大研发投入，广东省半导体照明产业联合创新中心等行业组织要着重核心技术与关键共性技术的突破和产品创新。

3. 打造知识产权服务与运营平台，为 LED 企业创新工作提供专业服务

广东省半导体照明产业联合创新中心基于国内外 LED 重点市场，建立 LED 专利的专题数据库，定期发布《LED 产业专利发展趋势及建议报告》，为 LED 企业创新工作提供服务。根据广东 LED 产业的实际需求，该中心对专题数据库进行技术分类，形成全面、系统的专利分析体系。该中心以广东 LED 产业为依托，以"标准光组件"为切入点，以中下游产品为主导，以国家标准为目标，形成一些"必要专利"，并以此为依托，成立专利运营基金，联合大学、科研机构、企业等优质资源成立专利联盟，形成良好的商业模式。

4. 建立应用推广与创意设计平台，推广 LED 产业的科研技术成果

该中心通过建立应用推广与创意设计平台，对 LED 产业的科研技术成果

进行有效推广，并促成相应的交易平台建设，促进 LED 产业市场成熟度。应用推广与创意设计平台以市场为导向，以可持续性设计理念及共性应用技术为支撑，为公众提供专业的照明应用设计、绿色照明示范工程系统管理实施及产业技术成果展览展示解决方案等多元化的服务，致力于全面提升广东 LED 照明产业在应用技术层面的市场竞争力，推动 LED 照明产品普及应用及行业的可持续发展。

五 对策与建议

广东 LED 产业应坚持创新驱动发展战略，坚持技术创新推动和市场需求拉动相结合，坚持基础创新和应用创新相融合，坚持企业主体作用和政府引导作用相结合，加快培育和发展 LED 产业。广东 LED 产业要紧扣自主创新、颠覆性创新，加大细分市场研发的力度，推进广东 LED 产业转型升级。

1. 加快创新平台建设，探索推动产业发展新模式

广东 LED 产业要坚持"政府引导、市场运作、企业为主、协同创新"理念，加快协同创新平台、政策综合服务平台、人才服务平台等创新平台建设，充分利用现有的自主创新资源，提高科技资源自主创新支撑能力。广东省在培育和发展 LED 产业的过程中，要把职能重点转变到以市场主体服务和创造良好的发展环境上来，推动广东省 LED 产业高质量发展。

第一，协同创新平台。广东省 LED 产业发展要依托广东省半导体照明联合创新中心及相关行业机构，强化"一协会、两中心"的作用，加快协同创新平台建设，聚集产业资源和创新要素，组建若干具有国际先进水平的技术研发机构。广东省激发高校、研究机构和企业的内在研发动机，强化对 LED 龙头企业自主创新能力的考核，提升企业自主创新能力。

第二，政策综合服务平台。广东省应整合现有政策资源和资金渠道，改变目前政府以直接投资或补贴的形式激励 LED 企业的技术研发，以市场化方式进行资助，通过股权、产业基金等方式加以鼓励。但是，核心技术和关键共性技术应采用科研项目的形式进行资助，并对具体应该达到的目标进行明

确规定，引导 LED 产业的发展方向。

第三，人才服务平台。建立广东省半导体照明产业人才标准，组建广东省半导体照明产业职教集团，加快推动产学研结合，加速人才研究成果产业化，加快实现省级创新科研团队和科技领军人才引进计划。

2. 加大自主创新力度，提升可持续发展能力

随着竞争态势加剧，通过规模效益来保证盈利仍是目前 LED 企业的主要竞争方式。为强化市场影响力、获得持续盈利能力，LED 上、中、下游企业陆续扩产。在上游方面，在芯片价格增长、市场景气高企、盈利能力回升、规模效应凸显的刺激下，相关企业竞相扩产，三安光电计划 5 年扩产投资 333 亿元，华灿光电亦计划投资 25 亿元扩建 LED 外延片和芯片产业规模，乾照光电、澳洋顺昌和兆驰股份也纷纷步入亿级扩产项目，可以预见的是，LED 芯片产能扩张将成未来几年的主基调，行业竞争将变得更加严峻，中小企业生存将更加困难。

中游方面，广东 LED 扩产企业主要集中在这一环节。木森林于 2017 年发布投入 10 亿元的扩建公告，国星光电计划 3 年总投资 10 亿元扩建生产基地，瑞丰光电投资 20 亿元建设 LED 封装测试生产基地，这一系列的扩产计划将带来行业的加速洗牌和变动，封装大佬们的市场占有率迅速扩张，行业集中度进一步提升，进而可能实现封装厂商从拼规模到拼技术、拼工艺的转变。

下游方面，加入大规模扩产的企业有立达信、同方友友及东旭光电等。

一方面，LED 企业不断投资扩产，促使产业集中度越来越高，随着产能的持续释放，产业链供需关系也将发生变化。另一方面，截至 2017 年年底，广东省 LED 产业发明专利申请、实用新型专利申请、外观设计专利申请量占比分别为 16.27%、36.69%、47.04%，发明专利比重相对较低。为了应对竞争态势加剧和发明专利占比不高的问题，广东 LED 企业需加大自主创新力度，强化以企业为主体的自主创新机制，引导创新要素向企业聚集、技术创新向产品聚集。广东 LED 企业与行业组织要高度重视并大力推进原始创新和源头创新，重点突破 LED 产业 MOCVD 重大装备、关键材料等一批战略支撑

性新兴产业发展的关键共性技术，提升发明专利占比，真正掌握关键核心的、不可模仿的、不可替代的技术，促进 LED 企业与行业的可持续发展。

3. 加大细分市场研发力度，促进中小企业转型升级

随着通用照明市场的不断洗牌，各大 LED 企业的关注点开始转移到细分领域。比如欧司朗、青岛杰生科技、隆达电子、研晶等展开布局 UVLED；鸿利智汇、佛山照明、雪莱特、瑞丰光电等布局汽车照明；三安光电、群耀科技、松下等布局植物照明；洲明科技收购清华康利，布局景观照明；木林森、鸿利智汇、国星光电等几家 LED 巨头企业在 LED 灯丝灯领域进行投资扩产；长方集团布局离网照明。随着植物照明、医疗照明、汽车照明、UV-LED，景观照明、LED 灯丝灯、离网照明等细分市场越来越火热，未来将会有越来越多的 LED 企业往细分领域渗透。

哈佛大学商学院 Christensen 教授于 1997 年在《创新者的窘境》（*The Innovation's Dilemma*）中提出颠覆性创新概念，颠覆性创新提供了不同于原有技术或产品的价值组合和性能组合，为非主流市场中的低端用户或新兴用户创造了适宜价值。Christensen 和 Raynor 从创新引起的组织结构和市场变化程度出发，将创新划分为颠覆性创新和维持性创新。维持性创新致力于在主流市场用户重视的功能属性及价值维度上对现有产品进行改进，向现有市场提供更好的产品；而颠覆性创新或者创造新市场，或者提出一种新的价值主张（低成本、更好用、更方便、更简单等）提供给要求不高的新顾客，来重塑市场。张光宇等认为，颠覆性创新是指颠覆性技术或技术组合在新的技术轨道上成长，通过低端市场或利基市场切入，向顾客提供新的价值结构，给主流市场的产品、服务、商业模式等带来中断或巨大冲击，进而逐步扩大市场份额，成为新的主导技术，直至产生新的技术范式及市场的过程。颠覆性创新理论为中小企业在细分市场领域的创新提供了新的选择。

在"一带一路"倡议、"十三五规划"、供给侧结构性改革等背景下，中小企业应该顺应经济的发展需求，时刻"看准"产业政策，寻求转型升级。LED 细分市场具有广阔的市场前景，基于颠覆性创新理论，广东 LED 中小企业不妨抛弃"大而全"，坚持"小而美"的策略，产品线不要铺得太

长，找准适合自己的细分市场，加大细分市场研发力度，打造创新生态，走差异化路线。

4. 布局 Micro – LED 研发，注意风险防范

2017 年以来，mini – LED、micro – LED 及 OLED 在显示领域热度不减，从上游芯片企业，到中游封装，再到下游显示应用企业，相继跟上"风口"。相比 micro – LED，mini – LED 技术难度低，更容易实现量产，2017 年，晶电、隆达电子、三安光电等大厂相继布局，推动 mini – LED 技术突飞猛进。但不少企业依旧认为，mini – LED 仅是一个过渡产品，显示的未来终会是 micro – LED。micro – LED 是将 LED 结构设计进行薄膜化、微小化与阵列化，体积约为目前主流 LED 大小的 1%，每一个画素都能定址、单独发光，将画素的点距降数量级低到微米，并且具有功耗低、亮度高、超高的解析度与色彩饱和度、响应速度更快，使用寿命更长、效率较高等优势，应用范围非常广泛。至少目前来看，显示领域占据重要地位的仍是 OLED，其在高端显示领域未来 5 年内的市场占有率将达到 30%，未来 8～10 年市场占有率将达到 45% 左右。

micro – LED 的创新发展面临巨量转移、修复、光色一致性等诸多难题，真正的 micro – LED 产品需要到 2020 年才有可能实现量产。然而，micro – LED 作为下一代显示技术的发展风向，前景广阔，若以 micro – LED 显示技术全面取代液晶显示器的零组件估计，市场规模可达 300 亿～400 亿美元，企业布局 micro – LED 技术存在很大的必要性和未来性。

参考文献

李青、胡仁杰、李文玉：《全球价值链下广东 LED 产业：产业链治理与国际竞争力》，经济科学出版社，2018。

翁银娇、马文聪、叶阳平：《我国 LED 产业政策的演进特征、问题和对策——基于政策目标、政策工具和政策力度的三维分析》，《科技管理研究》2018 年第 3 期，第 69～75 页。

王佳琳:《LED 上市公司创新能力与企业绩效关系的实证研究》,广东外语外贸大学硕士学位论文,2016。

许巧云:《LED 植物照明技术及产业状况分析》,《光源与照明》2016 年第 2 期,第 33~35 页。

郑彦涛:《简析我国半导体照明产业经济发展》,《照明工程学报》2017 年第 28 卷第 2 期,第 121~125 页。

张克群、牛悾悾、夏伟伟:《高被引专利质量的影响因素分析——以 LED 产业为例》,《情报杂志》2018 年第 2 期。

王琪:《技术创新、产业链整合与战略性新兴产业的转型升级研究——以 LED 产业发展为例》,广东外语外贸大学硕士学位论文,2016。

Christensen, C. M., "The Innovator's Dilemma: When New Technologies Cause Great Firms to Fail," *Social Science Electronic Publishing*, 1997, 8 (97): 661 – 662.

Christensen, C. M., "The Ongoing Process of Building a Theory of Disruption", *Journal of Product Innovation Management.* 2002, 23 (1): 39 – 55.

Christensen, C. M., Raynor, M. E., *The Innovator's Solution: Creating and Sustaining Successful Growth*, Boston: Harvard Business School Press, 2003.

张光宇、谢卫红、胡仁杰:《颠覆性创新:SNM 视角》,科学出版社,2016。

第六章　广东省互联网产业创新
发展研究

一　引言

2017 年，党的十九大报告多次提及互联网，在这一年，中国的互联网产业发展速度加快，向网络强国的建设迈出了更大的步伐，互联网的建设和管理得到了不断完善。2017 年 11 月 27 日，国务院正式印发《关于深化"互联网＋先进制造业"发展工业互联网的指导意见》，进一步深入贯彻落实党的十九大精神，以全面支撑制造强国和网络强国建设为目标，围绕推动互联网和实体经济深度融合，聚焦发展智能、绿色的先进制造业，构建网络、平台、安全三大功能体系，增强工业互联网产业供给能力，持续提升我国工业互联网发展水平，深入推进"互联网＋"，形成实体经济与网络相互促进、同步提升的良好格局，有力推动了现代化经济体系建设。

互联网已经成为当今中国技术创新、服务创新中最为活跃的领域，积极发挥我国互联网产业比较优势，加快推动互联网与经济社会各领域的深度融合，有利于重塑创新体系、激发创新活力、培育新兴业态，对主动适应和引领经济发展新常态、着力推进供给侧结构性改革、塑造经济发展新动能、打造经济发展新引擎、实现中国经济提档升级、全面促进小康社会建设具有重要意义。

广东省的信息化发展水平处于全国领先位置，互联网基础设施建设成就显著。通过对广东省互联网产业发展状况以及广东省互联网企业总体情况的详细分析，了解了广东省互联网产业创新发展的现状。同时，通过进一步深入分析，发现广东省互联网产业创新动力主要来源于：政策和经济上的多项支持；互联网产业与其他产业全面深度融合，服务实体经济创新发展；"中国制造2025"全面实施，制造强国强省建设迈上新台阶；工业互联网全力纵深推进，产业生态体系显现雏形；"互联网＋农业"迸发巨大能量，技术助推产业链升级；"双创"平台持续普及推广，成为融合发展新动能。最后，从政府、企业以及研究机构等角度给出广东省互联网产业创新方面的产业政策及建议。

二　广东省互联网产业发展现状

在经济全球化背景下，随着新一代信息技术在产业领域中的广泛应用，由信息技术革命带动的、以高新技术产业为龙头的经济，围绕衣、食、住、行、医以及工业等领域，构成了新经济的重要内容。以互联网为基础的消费升级正在改变我国产业发展格局，成为推动我国产业发展的新引擎。中国互联网即将迎来5G时代，实现新的突破，移动互联网将更为多元化、综合化、智能化。广通天下，网联未来。作为中国互联网的大省，广东省在互联网领域发展的多项指标一直保持全国领先水平，部分指标一直保持全国第一。

1. 广东省互联网产业发展概述

广东作为改革开放的先行者和排头兵，实体经济发展水平一直位居全国前列，数字经济发展水平也领先全国。这一点在中国互联网发展指数指标体系中能够得到充分体现。2017年以来，中国网络空间研究院首次创设并发布中国互联网发展指数体系，从基础设施建设、创新能力、数字经济发展、互联网应用、网络安全和网络管理6个方面，对全国各省（自治区、直辖市）互联网发展成效和水平进行综合评估，并首次公布了各省（自治区、直辖市）互联网发展排名情况。表6－1列出了中国互联网发展指数指标体系。根据表6－1的具体内容，又列出了2018年各省（自治区、直辖市）互联网发展指数排名的前10名，如表6－2所示。

表 6 - 1 中国互联网发展指数指标体系

指标名称	重点考量因素	权重	指标说明
基础设施建设	宽带接入端口数量和光纤用户占比、4G 移动基站数和 4G 用户占比、IDC 中心数量等	10%	反映各地宽带、移动、无线网络、云计算基础设施建设水平和网络普及情况
创新能力	专利申请数量、信息社会人力资源指数、研发资金投入等	20%	反映各地产业创新水平、能力和环境,以及人才培养情况
数字经济发展	信息和通信技术(ICT)产业、电信业务收入、电子商务、互联网企业发展等	20%	反映各地 ICT 产业、电子商务、互联网企业发展情况
互联网应用	互联网普及率、电子商务交易规模、政务事项网上全程服务率、基本公共服务事项网上全程办理率等	25%	反映个人应用、企业应用、政府应用和公共服务应用发展情况
网络安全	计算机恶意程序、网络安全漏洞防护数量、网络安全企业数量、网络空间安全人才等	13%	反映各地互联网、网站安全及网络安全产业和人才培养情况
网络管理	政务微博数、政务头条号数、地方性法规、政策和行动计划数量	12%	反映各地网络管理机构、平台、制度、队伍建设情况和管理能力

资料来源:《中国互联网发展报告 2018》。

表 6 - 2 2018 年各省(自治区、直辖市)互联网发展指数排名的前 10 名

排名	地区	基础设施建设指数	创新能力指数	数字经济发展指数	互联网应用指数	网络安全指数	网络管理指数	总分
1	广东	7.63	13.3	13.31	22.06	1.06	4.67	62.03
2	北京	7.59	13.90	12.43	17.32	2.17	3.00	56.43
3	上海	6.79	8.95	10.42	22.11	1.90	2.55	52.72
4	浙江	6.38	10.06	8.8	21.60	0.79	5.01	52.64
5	江苏	6.55	12.52	9.82	15.97	1.67	4.06	50.59
6	山东	6.16	8.64	5.47	16.05	0.39	7.19	43.90
7	陕西	5.41	6.17	7.73	14.74	1.40	3.94	39.39
8	四川	5.82	5.7	5.24	13.54	1.55	5.41	37.26
9	福建	5.41	5.37	5.52	15.39	1.27	3.75	36.71
10	湖北	5.40	6.37	4.90	14.46	1.16	3.42	35.71

资料来源:《中国互联网发展报告 2018》。

从表6-2中不难发现，在互联网发展指数排名中，广东省总分第一，在6项指标中基础设施建设指标和数字经济发展指标排名第一，创新能力指数和互联网应用指数排名第二。该数据充分表明广东省在互联网产业发展方面具有非常强劲的动力。

广东以占全国1/10的网络能力，承载了全国1/9的电信用户，创造了全国1/8多的电信业务收入，是网络大省、互联网大省和信息通信业大省。

（1）网站数量增长迅猛，逐渐接近饱和。

2017年广东省网站数量增长迅猛。截至2017年12月，广东省已备案网站数达82.2万家，同比增长11.97%，占全国备案网站总数的15.6%，排名全国第一；已备案主体数为61.3万个，同比增长11.9%，占全国备案主体总数的15.3%。从2015~2017年的数据来看，广东省网站数的增长速度有所下降，网站数量逐渐接近饱和。

截至2017年12月，持有广东省增值电信业务许可证的企业5297家，同比增长6.2%，占全国持有省证企业总数的13.1%；持有跨地区许可证的企业1592家，同比增长62.6%，占全国持有跨地区许可证企业总数的18.5%。

2017年，广东省规模以上增值电信业务收入1902.3亿元，同比增长28.2%，首次超过基础电信运营企业收入。从地区看，广东省增值电信运营企业主要分布于广州、深圳，其中深圳占比49%，广州占比38%。从行业看，广东省规模以上互联网企业中，网络游戏收入占比最高，为48%；其次为电子商务平台收入，占比23%；再次为网络生活平台收入，占比16%。

（2）宽带用户规模居首，但网速仍然偏低。

宽带用户规模方面，截至2017年第四季度，广东省固定宽带接入用户数达到3246.8万户，在全国排名第一。截至2017年第四季度，广东省的3G/4G移动电话用户合计达到12846.6万户，在全国排名第一。

宽带普及水平方面，截至2017年第四季度，广东省固定宽带普及率为29.5%，排名全国第四，同比增长6.8%；固定宽带家庭普及率为80.5%，排名全国第四，同比增长19.4%；移动宽带用户普及率为116.8%，排名全国第二，比去年同期排名上升 1 位，同比增长 18.8%。

宽带速率方面，广东省平均下载速率为 18.09Mbit/s，环比提高 24.1%，略低于全国平均下载速率；视频下载速率为 14.77Mbit/s，季度环比提高 22.8%。可见，虽然 2017 年广东省大力推进提速降费工程取得了一定成效，仍有持续提升的空间。

（3）网民数量庞大，年轻化趋势明显。

广东移动互联网用户数全国第一。广东省通信管理局发布的数据显示，截至 2017 年第四季度，广东省移动电话用户数合计 14796.2 万户，占全国移动电话用户数的 10.4%，居全国第一；广东省移动互联网用户数达 1.17 亿户，同比增长 18.8%，用户数量排名全国第一。其中，珠三角网民占广东省比例超 70%。2017 年，广东省网民中广州、深圳、东莞用户合计占比近 50%，分别为 19.01%、18.55%、11.32%。在广东省各区域网民分布情况中，珠三角地区网民数量最多，占比 76.59%；粤东、粤北、粤西地区网民数量占全省网民数量的比例分别为 8.86%、7.54% 和 7.01%。广东省网民数量情况如图 6 - 1 所示。

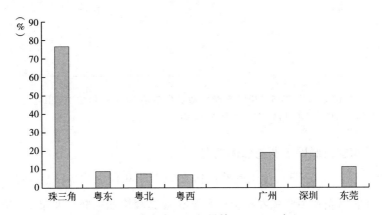

图 6 - 1　广东省网民数量情况（2017 年）

数据来源：《2017 年广东省互联网行业发展报告》。

（4）"互联网 + 政务服务"速度加快。

自 2016 年发布《关于加快推进"互联网 + 政务服务"工作的指导意

见》以来，全国各地政府加快了数字化步伐，积极通过技术创新来改善政务服务的供给。截至 2017 年 12 月，我国在线政务服务用户规模达到 4.85 亿人次，占总体网民数的 62.9%。

自 2015 年以来，微信城市服务平台作为各级政府政务改革创新的载体，得到了快速发展。截至 2017 年年底，微信城市服务平台累计服务全国 362 个城市的 4.17 亿用户，覆盖全国 85.98% 的在线政务服务用户。在 2017 年数字政务指数排名中，广东省成为领头羊，如图 6-2 所示。

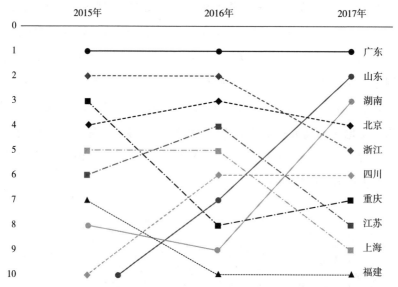

图 6-2　2015~2017 年数字政务指数前 10 大省份位次变化
资料来源：《中国"互联网+"指数报告（2018）》。

2. 广东省互联网企业的总体情况

2018 年 7 月 27 日，中国互联网协会、工业和信息化部信息中心在 2018 年中国互联网企业 100 强发布会暨百强企业高峰论坛上联合发布了《2018 年中国互联网企业 100 强》榜单。阿里巴巴、腾讯、百度、京东、网易、新浪、搜狐、美团点评、360、小米名列榜单前 10 位。广东上榜的前 5 名互联网企业，广州占 3 家，深圳有 1 家。

这份榜单始于 2013 年。而互联网百强企业互联网业务收入规模从 2014

年的不足 4000 亿元增长至 2018 年的 1.72 万亿元；有 27 家企业连续入围，百强企业迭代率最高达到 45%，平均每年新晋百强企业占比约 35%，部分"明星企业"昙花一现；互联网百强在中西部地区的分布则由 2014 年的 2 个省份增长到 2018 年的 9 个省份。

"中国互联网企业 100 强"由中国互联网协会、工业和信息化部信息中心评定，以企业上年度数据为基数，选取代表企业规模、盈利、创新、成长性、影响力和社会责任 6 个维度的 8 类核心指标，并综合行业发展特点和专家意见设置指标权重，最终综合得到企业排名。

在该项评选中，申报企业主要收入来源地或运营总部需位于中国大陆，2017 年互联网业务营业收入要大于 1 亿元，但营收只是诸多考量因素之一。此外，要求申报企业 2017 年无重大违法违规行为。

统计发现，共有 14 家广东的互联网企业跻身百强榜单，其中深圳的互联网百强企业数量最多，达到 8 家。广州共有 5 家互联网企业上榜。从榜单的排名来看：广东上榜的前 5 名互联网企业中，广州占 3 家，深圳有 1 家。

从榜单中可以看出，深圳的百强互联网企业分别是：腾讯公司、腾邦国际、迅雷网络、中手游、创梦天地、思贝克、梦网科技、房多多。其中腾讯公司在全国排名第二，是广东互联网企业的老大哥。深圳第二家互联网百强企业是腾邦国际，排名全国第 58 位，迅雷网络排在全国第 59 位，深圳上榜的其他几家企业的排名都在 60 名之后。反观广州，榜单前 5 名中广州占 3 家，其中网易排名全国第五，是广州互联网企业的老大哥，其次是全国排名第 28 位的广州华多网络科技有限公司，唯品会则排在第 32 名，世纪龙信息网络有限责任公司（21CN）排在全国第 46 名，广州趣丸网络排在第 87 名。来自珠海市高新区的金山软件也成功进入榜单，位列全国第 14 名，这家公司的品牌和服务包括西山居、金山云和金山办公等（见表 6 - 3）。

表 6 - 3　2018 年中国互联网百强广东企业榜单

排名	全国排名	中文名称	企业简称	品牌与服务	城市
1	2	深圳市腾讯计算机系统有限公司	腾讯公司	微信、QQ、腾讯网、腾讯游戏	深圳
2	5	网易集团	网易	网易游戏、网易新闻、网易云音乐	广州
3	14	珠海金山软件有限公司	金山软件	西山居、金山云、金山办公	珠海
4	28	广州华多网络科技有限公司	广州华多	多玩游戏网、YY、音乐、虎牙直播	广州
5	32	唯品会（中国）有限公司	唯品会	唯品会	广州
6	46	世纪龙信息网络有限责任公司	21CN	189 邮箱、天翼云盘、流量 800	广州
7	58	腾邦国际商业服集团股份有限公司	腾邦国际	旅游、机票、差旅游管理和金融服务	深圳
8	59	深圳市迅雷网络技术有限公司	迅雷网络	迅雷下载、迅雷影音、迅雷直播	深圳
9	74	深圳市凤悦网络科技有限公司	中手游	逃亡兔、开心打麻将、新仙剑奇侠传	深圳
10	79	深圳市创梦天地科技有限公司	创梦天地	乐斗游戏平台	深圳
11	80	深圳市思贝克集团有限公司	思贝克	思贝克工业品 O2O 电子商务交易平台	深圳
12	82	深圳市梦网科技发展有限公司	梦网科技	梦网 IM 云、梦网视频云、梦网物联云	深圳
13	87	广州趣丸网络科技有限公司	趣丸网络	TT 游戏（手游社交平台）	广州
14	90	深圳市房多多网络科技有限公司	房多多	房多多（移动互联网房产交易平台）	深圳

三　广东省互联网产业创新发展现状

在全国大力促进互联网产业创新发展的背景下，各地都取得了实质性进展，特别是广东地区，为主动适应经济发展新常态，顺应网络时代新趋势，利用互联网技术和资源促进广东省经济转型升级和社会事业发展，提升综合竞争力。《国务院关于积极推进互联网＋行动的指导意见》指出，推动互联网向生产领域拓展，加速提升产业发展水平，加强各行业创新能力，以发展网络化、智能化、服务化、协同化的"互联网＋产业新业态"为抓手，推进互联网在经济社会各领域的广泛应用，充分激发互联网大众创业、万众创新活力，提升经济发展质量和社会治理水平，促进经济持续健康发展和社会全面进步。根据该意见，广东省互联网产业在"互联网＋人工智能""互联网＋现代农业""互联网＋普惠金融""互联网＋电子商务"等重点领域的创新取得较大的发展。

1. 互联网产业创新驱动人工智能行业的快速发展

目前中国人工智能企业主要集中在北京、广东及长三角地区，占中国人工智能企业总数的84.95%。全国32个省区市（港、澳、台除外）中，均进入人工智能企业数、专利申请量、融资量排名前三的，包括北京、广东、上海、江苏、浙江，其中北京、广东在三项排名中位列前二，地位稳固。

从人工智能的企业数量、融资规模、专利申请量三个指标来看，中国东部地区的北京、长三角、珠三角是产业的中心。就城市而言，北京、上海、深圳三个城市行业巨头地位稳固，不仅在中国、东亚地区排名领先，即使在全球范围内，也名列前茅。

当前人工智能已在多个方面成功应用，比较常见的有教育、自动驾驶、健康医疗、个人助理、金融、金融、金融安防、电商零售等领域。其中图像（包括交通信号灯和人脸）识别技术已经超越人类水平，语言识别和自然处理技术已经在日常生活中广泛应用。机器视觉和各类传感技术，结合高精度地图和环境感知信息，由此设计的机器人、无人机、自动驾驶等智能设备已经投入使用，Google、Uber、Tesla、阿里巴巴与上海汽车合作等已在无人驾驶和互联网领域进行战略布局。

广东省在发展人工智能时，大力鼓励本地企业在人工智能上进行技术创新。以腾讯为代表的互联网标杆企业，包括大疆、华为、腾讯等公司，已经走在人工智能工业化应用的前列。更多的广东本地企业已经有意识地在人工智能的应用上开始探索，推动人工智能与广东本地优势产业的结合。例如在家电制造业，美的、格力、志高等本地龙头企业已纷纷提出"智能战略"；在深圳，有众多创业者在智能硬件领域掘金。

2. 互联网产业创新带动农业发展

2016 年 7 月 1 日，《广东省互联网 + 现代农业行动计划（2016—2018年)》对外发布。该计划制定了 22 项主要任务，以此来有效促进广东转变农业发展方式，努力走出具有广东特色的信息化与农业现代化融合共进的现代农业发展道路。

按照党中央、国务院、广东省委省政府决策部署，坚持创新、协调、绿色、开放、共享的发展理念，落实农业供给侧结构性改革，紧抓"互联网 + 战略"机遇期，加快推进互联网、物联网、云计算、大数据等信息技术在农业生产、经营、管理、服务等方面的创新应用，着力培育农产品电商、农业物联网等新业态，全面提升农业管理和运营效率，有效促进广东转变农业发展方式，努力走出具有广东特色的信息化与农业现代化融合共进的现代农业发展道路。

（1）政府引导，多方共建。"互联网 + 现代农业"覆盖面广，涉及农业全产业链，是产业转型升级重要推动力量，要强化政府引导作用，鼓励引导网络运营商、服务商、电商企业、高等院校、科研单位和农业经营主体等各种社会力量积极参与。

（2）需求导向，创新驱动。切实以现代农业发展需求为导向，大力推广应用互联网技术与产业融合，积极探索可持续发展创新机制。充分发挥技术创新优势，优先重点解决农业经济发展中的热点、难点和农民关心的问题。

（3）协同共享，普惠农民。加强政府部门、行业组织和农业经营主体协调，构建全省"一图、一库、一网、一平台"大数据综合管理格局，积极探索农业信息化基础设施、信息资源、服务体系共建共享、互联互通模式，提升产业竞争力，让农民充分享受"互联网 + 现代农业"红利。

（4）统筹规划，示范带动。科学统筹规划，强化顶层设计，统一部署推进，主动适应互联网经济发展新趋势、新业态。充分发挥现代信息技术带动农业产业升级的示范带动作用,以点带面促进全局发展,提高农业生产效率和土地产出效益。

从推动互联网与农业生产深度融合,加快转变农业生产方式;支持网络化经营模式,助力现代农业新型经营体系发展;加强涉农综合服务建设,提升网络化服务水平;加强资源整合,提升农业行政效率四方面来促进广东省农业发展方式的转变。

广东省认真贯彻落实"三农"政策,持续推进农业供给侧结构性改革,不断优化农业产业结构。农业生产平稳,农林牧渔业产业结构进一步优化,2016 年上半年,广东省农林牧渔业总产值 2526.59 亿元,同比增长 2.6%,增幅比上年回落 0.6 个百分点;农林牧渔业增加值 1552.95 亿元,增长3.1%,增幅同比回落 0.3 个百分点。

广东省"互联网产业 + 农业"创新试点在 2016 年全省设有 27 个农业试点,其中,广州有 8 处,汕头有 4 处,珠海有 3 处。现代农业试点项目主要集中在珠三角地区,其中广州以 8 个试点项目遥遥领先;其次为粤东 5 处,其中汕头占 4 处;粤西 3 处,分别为湛江 2 处和茂名 1 处;粤北山区 2 处。

3. 互联网产业创新带动交通运输智能化发展

交通运输行业目前面临着巨大的难题,一方面,城市化进程和电子商务兴起,为运输线路带来了极大的压力;另一方面,传统的城市道路客运线路明显削弱,缺乏市场竞争力。广东省在交通运输行业,借力于互联网产业创新,工作乘势而上,成绩显著。汽车客运联网售票网络覆盖全省三级及以上客运站和部分乡镇客运站共 400 多家,7 个道路客运互联网 + 深化改革项目陆续实施,"网上飞巴士速递联合平台"正式启用,"粤运悦行""广州如约""广东交通出行""粤通卡""ETC 车宝"等出行信息综合服务 APP 相继上线运行。

在交通运输部的指导下,自 2016 年以来,已经召开两届中国东西部"互联网 + 交通运输"创新合作高峰论坛。该论坛以"东西合作、创新发展"为主题,突出以东西部扶贫协作和对口支援为目的,围绕"互联网 + 便捷交通""互联网 + 高效物流",推动东西部省份在道路运输、旅游交通、智慧交通、新能源、新技术方面开展企业间和管理部门间的务实交流合作，搭建了东西部"互联网＋交通运输"创新合作平台。

为了更好地推动"互联网＋交通运输"服务创新和技术的应用，广东省打造了一个行业双创平台，通过双创平台来打造"互联网＋交通运输"的行业生态圈。广东省在 2016 年开始联合各省举办双创大赛，一是将中国"互联网＋交通运输"的资源吸引到广东，将大赛打造为全国领域"四众"平台和产业创新示范推广平台；二是打造一个生态圈，通过政学研用，将产业上游的汽车制造业等与运输行业链接起来，将产业下游的互联网企业与运输行业链接起来，形成一个完整的产业链。

4. 互联网产业创新带动消费升级与共享经济

消费升级是 2017 年投资市场热捧的一个概念，但这并不是互联网产业所独有的，而是整个中国社会正在面临着的一轮新的消费升级。消费升级的一个具体表现就是人们的消费能力显著提升，即用户不再单纯追求性价比，而是更高品质的商品和服务，这使得各个行业都需要对产品进行升级。在互联网产业，消费升级带动了电商平台客户单价的提升、网络视频平台会员的增加以及直播平台的大肆流行等。而在家电制造业，冰箱、洗衣机、电视机等产品由于消费升级和智能化浪潮的双重功能带动，产品向中高端集中。同样，手机等数码产品的消费也呈现这一趋势。共享经济中以滴滴为代表的企业，为创业者和资本市场拓展了新的领域，衣食住行等生活领域都有互联网背景的创业公司出现。在深圳，以土巴兔、五鑫科技、硬蛋科技等为代表的共享经济平台及机构，利用共享制造、共享家装、共享科技、共享知识等商业模式让企业走得更远。在制造业产业共享方面，深圳的优势较为明显，依托互联网平台，围绕制造业各个环节，将闲置或利用效率较低的制造业资源和制造力进行共享，探索最大化地优化资源配置，提高生产资料的利用效率，在制造业产业共享模式创新上走在全国前列。

5. 互联网产业创新带动消费线上和线下全面发展

随着线上线下消费渠道的加速融合，大量结构化、可靠的数据能够精准地描摹出消费者画像，成为帮助用户定制个性化体验的重要手段。传统电商开始向线下聚拢，多渠道、多路径、多场景地触达目标受众。以苏宁云商、美团点评、京东、饿了么等为代表的无人零售网站，以果小美、每日优鲜等为代表的办公室便利无人货架，以淘咖啡、盒马鲜生、便利蜂、缤果盒子、F5、未来商店、24 爱购、Take Go、神奇屋等为代表的无人便利店等的兴起，带来零售史上的一场重要变革，这标志着传统电商对市场的争夺已从线上拓展到线下，有利于带动消费业态进一步升级。

2018 年 3 月 30 日，微信支付行业运营总监白振杰在 2018 年智慧无人零售大会发布《移动支付时代的无人零售行业报告》。该报告首次结合中国百货商业协会权威调研和微信支付的数据分析能力，揭示了移动支付接入前后行业的变化、商业机会，以及发展趋势。报告显示，北上广深等一线城市正在领跑 "无人" 潮流。以在无人零售终端支付的人数计，排名前五的城市分别是北京、上海、深圳、广州、杭州。

2018 年 4 月 10 日在广州正佳广场开业的 Hi－Smart 无人百货商店是蜂拥而至的无人零售大军的一员。该无人百货商店是由生活买手店正佳打造的 "Hi 百货" 与无人店技术品牌 "舒码科技" 共同打造的，用户无须下载 APP，无须绑脸、授权，只需微信扫一扫商品二维码就可直接购买并自由离场。网易严选挑选了 200 多款全线畅销产品上架 Hi－Smart，搭建其最大的实体专柜。而同年 3 月天猫汽车自动贩卖机也落户广州，提供买车像买饮料一样的体验。在 3 月 29 日晚，京东在广州中华广场开出了第一家快闪店，取名 "Joy Space 无界零售快闪店"，吸引众多无人零售爱好者前往消费。

四　广东省互联网产业创新动力分析

广东省的互联网产业与经济社会各领域全面深度融合，产业互联网蓬勃兴起，制造强省建设迈上新台阶，工业互联网创新发展，农业现代化加快推动。通过深入分析广东省的上述情况，发现其互联网产业的创新动力主要来源于以下几点。

1. 政策与经济上的多项支持

广东省互联网产业的创新动力首先来源于广东省政府在政策和经济上的多项支持。2015年广东省政府发布《广东省支持小微企业稳定发展的若干政策措施》，要求积极创新大中小微企业合作机制，鼓励大型骨干企业定期发布履行社会责任情况，公布与供应商（配套小微企业）协调发展情况。支持大企业建设基于云技术的加工中心，为初创期小微企业开发试验产品提供支撑。支持大企业利用自有技术、专利创办小微企业，支持创业人员通过受让大企业技术、专利等创办小微企业。同时广东省委政府推出《广东省互联网＋行动计划（2015—2020年）》，按照该计划，广东省已在2016年初步建立以"互联网＋"为结合点的创业创新体系，互联网与传统行业加快渗透融合，互联网大众万众创新活力进一步凸显，经济社会各领域互联网应用在逐步普及，电子商务、云计算、物联网、大数据等业态快速发展。2018年广东省人民政府发布《关于印发广东省深化"互联网＋先进制造业"发展工业互联网实施方案及配套政策措施的通知》。根据该通知，到2020年，广东省在全国率先建成完善的工业互联网网络基础设施和产业体系。初步建成低时延、高可靠、广覆盖的工业互联网网络基础设施，形成涵盖工业互联网关键核心环节的完整产业链。培育形成20家具备较强实力、国内领先的工业互联网平台，200家技术和模式领先的工业互联网服务商；推动1万家工业企业运用工业互联网新技术、新模式实施数字化、网络化、智能化升级，带动20万家企业"上云上平台"。

近几年全球宏观经济放缓，中小企业发展前景不明朗，亟待互联网产业企业提供多维度的运营解决方案，降低运营成本。广东省是传统制造业大省，据中国中小企业协会统计，广东地区中小企业数量超过700万家，占广东省企业总规模的95%左右。近年来，广东省工业增加值增长速度从2010年到2017年呈持续下降趋势。得益于腾讯等互联网企业、创业浪潮以及企业转型升级，众多中小企业转向互联网产业企业，提供多维度的转型解决方案，企业服务市场蓬勃发展。

2. 互联网产业与其他产业深度融合，使得实体经济得到创新发展

以大数据、云计算、人工智能、移动互联网、物联网为代表的新一代信息通信技术与经济社会各领域全面深度融合，催生了很多新产品、新业务、新模式。互联网与传统产业的全面融合和深度应用，消除了各环节的信息不对称，在设计、生产、营销、流通等各个环节进行数字化和网络化渗透，形成新的管理和服务模式，在推进供给侧结构性改革、振兴实体经济、实现产业转型升级等方面发挥的作用日渐凸显。以服务实体企业客户为主的广东省互联网产业企业数量已达 16 家，服务企业数量超过 300 万户。越来越多的互联网企业紧抓与传统产业融合发展的重大机遇，通过推广个性化定制、分包设计、协同研发、全生命周期管理等新模式整合线上线下资源，为传统产业提供新的基础支撑，拓展新的价值空间，实现生产和服务资源在更大范围、更高效率、更加精准的优化配置，产业数字化、网络化、智能化发展取得新进展。

3. "中国制造2025" 在广东省得到全面实施，制造强国强省建设迈上新台阶

习近平总书记在党的十九大报告中强调：加快建设制造强国，加快发展先进制造业。李克强总理指出，要依托 "互联网＋" 和 "中国制造 2025"，加快培育新动能，改造传统动能。工业和信息化部深化落实 "中国制造2025"，纵向联动、横向协同的工作机制不断完善，国家制造业创新中心建设、智能制造、工业强基、绿色制造、高端装备创新五大重点工程稳步推进，国家级示范区启动创建，工业强基工程 "一揽子" 重点突破行动持续推进。制造业数字化、网络化、智能化发展水平不断提高，智能化生产、个性化定制、网络化协同、服务型制造等新模式继续涌现。制造业与互联网的融合促使制造企业、用户、智能设备、全球设计资源以及全产业全价值链之间互联互通、高效协同，利用互联网加强企业内外部、企业之间以及产业链各环节之间的协同化、网络化发展，促进制造业加速转型升级，提升我国制造业核心竞争力。

4. 工业互联网全力纵深推进，产业生态体系显现雏形

国务院印发《关于深化"互联网＋先进制造业"发展工业互联网的指导意见》，明确我国工业互联网发展的指导思想、基本原则、发展目标、主要任务以及保障支撑，为当前和今后一个时期国内工业互联网发展提供指导和规范。工业和信息化部通过开展工业互联网试点示范和工业互联网转型升级专项、启动工业互联网综合实验平台和管理平台建设等工作，全力推动工业互联网落地实施。泛在连接、云化服务、知识积累、应用创新成为工业互联网平台的主要特征。华为、腾讯等工业互联网平台不断创新商业模式，带动信息经济、知识经济、分享经济等新经济模式加速向工业领域渗透，持续提升供给能力，培育增长新动能。

5. 互联网产业与农业的技术结合带动农业产业链升级

物联网、大数据等数字技术推进农业供给侧结构性改革，培育发展新动能，服务性能更加贴近农业生产实际，服务价格更加低廉，服务设备已经逐步覆盖农业生产和流通各个环节，形成一个完善的"农业互联网生态圈"，实现信息的开放和对称，融通整个产业链的物质、资金和信息流。广东梅州进入"全国快递服务现代农业示范基地"。"首批国家现代农业产业园"加快建设，涉及 10 个省份，包括广东省，这是打造现代农业技术装备集成的载体，不断用信息化手段提升现代农业管理水平。融合现代信息技术与智能设备，搭建农业信息系统，利用大数据技术对农田的土壤、肥力和气候进行分析，提升农业生产效率，改变农产品流通模式，促进农产品电商优化传统销售渠道

6. "双创"平台持续普及推广，成为融合发展新动能

制造业构建基于互联网的"双创"平台，广东省骨干企业"双创"平台普及率接近 70%。互联网企业加快建设制造业"双创"服务体系。在协同研发方面，依托"双创"平台，调动企业内部、产业链、企业和第三方创新资源，开展跨时空、跨区域、跨行业的研发协作；在客户响应方面，依托"双创"平台实现企业对客户需求的深度挖掘、实时感知、快速响应和及时满足；在产业链整合方面，依托"双创"平台，大企业协同中心企业促进产

业链生态系统的稳定和竞争能力的整体提升。

五　对策与建议

2017 年是"十三五"的关键之年，同时也是供给侧结构性改革的第二年，广东省在互联网产业方面的成果为"十三五"奠定了良好的基础，广东省的创新驱动发展战略也使得科技进步贡献率基本达到创新型国家和地区水平。而 2018 年更是"十三五"战略实施的深化之年，尽管经济下行压力依然较大，广东的发展仍然面临很多困难和挑战，但目前经济发展回稳向好的基本面并未改变，广东省仍处在可以大有作为的战略机遇期。下面从政府、企业、高校等科研机构三个参与主体着手，进一步提出广东省互联网产业创新的政策建议，让互联网产业发展得更快、更高、更好。

1. 政府层面

（1）坚定不移地全面深化基础性改革。

加快现代产业体系建设。贯彻落实"中国制造 2025"，提高制造业投资占固定资产投资比重，加快发展智能制造，力争高技术制造业增加值占规模以上工业比重达 28%。建设国家制造业与互联网融合发展示范省，以"互联网＋先进制造"专业镇和龙头骨干制造企业为重点，开展融合创新试点。优化发展现代服务业，开展新一轮服务业综合改革试点，推动生产性服务业向专业化和价值链高端延伸，力争服务业增加值占地区生产总值比重达 53%。

提升信息化发展水平。加强信息基础设施共建共享，力争全省光纤入户率提升至 79%。加快超高速无线局域网在智慧交通、智慧城市、工业互联、城乡社区等领域推广应用。此外，广东省还深入实施"互联网＋"行动计划，推进互联网与各行业深度融合发展。一方面，实施大数据发展战略，加快建设珠三角国家大数据综合试验区；另一方面，坚持体制机制创新，例如在传媒推广方面，通过设立"广东南方媒体融合发展投资基金""珠影越秀影视文化产业发展投资基金""新媒体产业基金"等百亿级专属基金项目，推动"媒体＋金融"的全面发展，并设立南方财经全媒体集团，推动国企改革，彻底实现市场化。

（2）全面推进"互联网＋政务服务"改革。

彻底转变施政思路、行政导向以及服务主体，以互联网思维重塑当下的政务服务。积极落实国务院常务会议提出的三个"凡是"政策："凡是能实现网上办理的事项，不得要求群众必须到现场办理；凡是能通过网络共享的材料，不得要求群众重复提交；凡是能通过网络核验的信息，不得要求其他单位重复提供；在服务平台上，则要求实体政务大厅与网上平台融合"。具体落实方面，广东省拓展网上办事大厅功能，大力推进"互联网＋政务服务"，推行"一门式一网式"政府服务模式。打破信息孤岛、数据壁垒等限制，力争建成面向公众、开放共享的一体化网上政务服务平台，稳步推进政务部门更好地服务群众。

（3）深入实施创新驱动发展战略。

加快科技创新平台体系建设。加强关键核心技术攻关和成果转化，深入推进科技成果转化；发展新技术新产业新业态新模式，引进培养人才等科技体制机制改革创新，推进产学研多层次协同创新，把科技创新真正落实到产业发展上，加快形成以创新为主要引领和支撑的经济体系和发展模式。

深入推进大众创业、万众创新。积极推行"互联网＋创新创业"新模式，加快科技"四众"平台和科技小镇等建设。完善孵化器、加速器等孵化育成体系，力争新增科技企业孵化器50家。推动金融科技产业融合发展。加快建设一批"双创"示范基地。办好高交会、科博会等重大科技展会，支持举办各类创新创业大赛，培育壮大创客群体，营造"双创"浓厚氛围。

（4）加快完善网络综合治理体系。

随着互联网与实体经济深度融合，产业发展呈现生态化的趋势，多元主体交织影响，及时感知网络舆情态势与风险预测能力进一步提升，治理的精准化需求将会大幅增长。网络综合治理体系应加快建立，决策模式将逐步从经验模式向数据驱动模式转变，政府、协会、企业多元主体共同参与的协同治理模式进入新阶段，初步实现提升治理的社会化、法治化、智能化、专业化水平，助推网络空间朝着更加公正合理的方向迈进。

（5）日益完善物联网和工业互联网安全生态建设。

随着移动互联网、云计算、大数据、工业互联网、人工智能等新一代网络信息技术加速推广应用，新技术、新生态、新场景不断涌现，交互感知技术的应用和联网设备的增加，各种网络攻击事件不断发生，网络安全的形势不容乐观，网络安全发展也面临更多挑战。

党的十九大报告指出，要加快建设创新型国家，加强应用基础研究，拓展实施国家重大科技项目，突出关键共性技术、前沿引领技术、现代工程技术、颠覆性技术创新，为建设科技强国、网络强国、数字中国、智慧社会提供有力支撑。我国网络安全技术产业的支撑能力将不断适应网络安全新常态，网络安全核心技术加快突破，安全保障能力加速提升，网络安全产业规模也进一步扩大。网络安全防护、平台责任、数据管理等法律要求和战略部署应当积极贯彻，工业互联网安全指导意见也陆续出台，工业互联网安全标准体系逐步健全，国家级工业互联网安全技术研发和手段建设持续统筹推进，企业安全意识和防护水平大幅提升。广东省工业互联网网络安全制度进一步细化，工业互联网关键信息基础设施和数据保护相关规则逐步建立，工业互联网网络安全态势感知预警、网络安全事件通报和应急处置等机制日益完善，产品全生命周期各环节数据收集、传输、处理规则逐步明确。

2.企业层面

（1）互联网企业应当开拓创新源头，提升开放式创新。在封闭式创新状态下，资源能力的最大化利用受制于企业实体边界的制约，开放式创新则超越了企业的地理边界、组织边界和知识边界，为企业在更广范围内匹配和耦合创新资源提供了可能。互联网企业应当积极与大学和科研机构进行合作，利用它们在研发方面的资源优势，结合自身的市场优势，达到开放式创新，能够生产出更符合市场要求、具有更高水平和更高质量的产品和服务。

（2）互联网企业应当形成创新的企业文化和良好的政策制度。创新的企业文化和良好的政策制度是互联网企业创新发展的实现条件。企业文化是企业内部软环境，它首先来源于企业的规章制度，好的规章制度能激发成员的工作热情，培养独创性的企业文化。其次，创新性企业文化可以充分调动企业员工的创新积极性，从而推动互联网企业的创新发展。

3. 高校等科研机构层面

高校等科研机构在融入互联网产业经济的过程中，首先需要重视互联网企业的选择要求，只有深入了解所服务对象的要求，才能提升自身的服务，同时，也需要对互联网企业的需求进行动态的监控，随时了解变化以提升服务的质量。具体的服务形式主要有：（1）与互联网企业通过建立联合博士后工作站、实验室等形式来开展双方的技术信息合作和研发；（2）与互联网企业建立长期的战略合作关系，通过联合研究开发、转让专利技术等来解决互联网企业创新中的技术问题；（3）为互联网企业提供技术培训、技术支持和市场信息的机构，如建立厂内研究所，实现高校、科研机构与互联网企业的无缝对接，为互联网产业创新提供创新性知识，并加速创新性知识的推广应用。

参考文献

中国网络空间研究院编著《中国互联网发展报告2018》，未出版，2019。

《2017年中国互联网产业发展综述与2018年发展趋势》，《互联网天地》2018年第1期。

艾媒咨询公司：《2016广东省互联网＋现状与发展大数据分析报告》，未出版，2017。

尹丽波：《世界信息技术产业发展报告（2017～2018）》，社会科学文献出版社，2018。

王鹏：《2016～2017年中国互联网产业发展蓝皮书》，人民出版社，2017。

金京：《互联网产业现状与发展前景》，广东经济出版社，2015。

第七章 广东省汽车产业创新发展研究

一 广东省汽车产业发展概况

1. 广东省汽车工业发展概况

在深化践行供给侧结构性改革以创新为驱动力下，广东初步实现了从传统汽车制造基地到汽车品牌输出地的切换，汽车产量实现跨越式增长。2018年广东规模以上汽车制造企业 833 家，完成增加值 1859.70 亿元，同比增长7.4%，增幅高于全省规模以上工业平均水平 1.1 个百分点。2018 年广东汽车产量实现 332.04 万辆（见图 7 - 1），居全国首位，占全国汽车产量比重的11.5%；完成汽车销售量 329.39 万辆，占全国汽车销量比重为 11.7%。其中自主品牌乘用车产量、销量分别为 68.40 万辆和 67.71 万辆，占全省汽车产量、销量比重分别为 21.2% 和 20.6%；新能源汽车产量为 13.27 万辆，同比增长

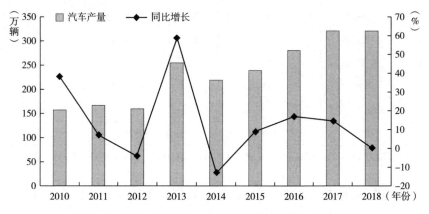

图 7 - 1 2010～2018 年广东省汽车产量及同比增速情况

数据来源：《广东统计年鉴》。

206.1%，占全国汽车产量比重的 10.5%。广东汽车生产产量稳定，自主品牌和新能源汽车增长较快，汽车的消费需进一步促进。

随着国内汽车市场竞争程度的不断加剧，广东车企为抢占和巩固市场份额，不断提高产品质量和产品竞争力，根据 J. D. Power 发布的 2018年中国新车质量品牌排名显示，广东主要汽车品牌新车质量较上年问题数有所上升，但高于国内行业平均水平（见表 7 - 1）。相比国际汽车品牌，2018 年全球汽车质量排行榜无中国汽车品牌上榜，与世界领先车企差距明显。

表 7 - 1　2018 年中国汽车品牌新车质量排名

单位：辆

排名	企业	每百辆车问题车辆数	排名	企业	每百辆车问题车辆数
1	北京现代	87	13	东风日产	104
2	东风悦达起亚	90	13	东风标致	104
3	领克	92	13	广汽本田	104
4	MINI	94	13	广汽三菱	104
5	一汽大重	99	13	上海大众	104
5	雷诺	99	13	WEY	104
7	一汽丰田	100	20	东风风行	105
7	斯柯达	100	20	一汽马自达	105
9	广汽传祺	102	20	长安轿车	105
10	北汽威旺	103	23	江淮	106
10	别克	103	24	长安玲木	107
10	长安马自达	103	24	JEEP	107
13	不风本田	104	行业平均水平		107

资料来源：《J. D. Power 2018 中国车辆可靠性研究（VDS）》，J. D. Power 官网。

《财富》世界 500 强排行榜中汽车企业排名及其变化，是世界汽车企业规模变化的一个缩影，是企业发展情况和地位高低的重要佐证。中国入围的六大车企，其盈利能力均在不断攀升（见表 7 - 2），尤其是广汽集团排名屡创新高，发展势头强劲。从利润方面来看，2017年世界500强整车企业中上汽集团总利润最高，为50.91亿美元，东风集团、北汽集团利润分别为14.00亿美元和15.5亿美元，广汽集团总利润在入围的六大车企中利润最低，为9.89亿美元。部分自主品牌发展迅速，但受制于单车利润相对较低、自主品牌单一等因素的影响，大部分利润来自合资品牌，与世界一流汽车集团相比仍存在差距，自主品牌产销规模需进一步扩大，品牌影响力有待提升。

表7-2　世界500强中国车企营业收入对比

单位：百万美元

2018年排名	2017年排名	2016年排名	汽车企业	2013年	2014年	2015年	2016年	2017年	2018年
36	41	46	上汽集团	76233.6	92024.8	102248.6	106684.4	113860.8	128819
65	68	81	东风汽车	61721.9	74008.2	78978.6	82816.7	86193.5	93294
124	137	160	北汽集团	33374.5	43323.9	50566	54932.9	61129.5	69591
125	125	130	一汽集团	64886	75005.6	80194.5	62852.4	64783.9	69524
202	208	303	广汽集团	24144.8	32775.6	33237.4	34440.3	41560.4	50323
267	364	410	吉利集团	24550.2	25767.5	24986.4	26303.8	31429.5	41172

资料来源：《财富》世界500强企业榜单。

2. 广东省汽车行业发展概况

作为全国重要的汽车生产基地，广东省汇集众多的知名整车厂商，已形成以广州、深圳、佛山为核心，带动珠三角、粤东、粤西、粤北零配件发展的产业布局。随着交通设施的不断改善，不同区域间的产业关联不断强化，广东省汽车产业的产业规模和整体竞争能力稳步提升。

整车制造集群效益显著。广东省汽车制造产业发展势头强劲，以广州市最为突出。经过近二十年的高速发展，汽车产业已发展成为广州市工业第一大支柱产业，位居国内前列，在"广深佛"整车制造的带动下，周边城市的整车制造也得到快速发展。

汽车零部件领域发展迅速，但仍稍显薄弱。为改变广东汽车零部件制造业规模小且不强的局面，广东省积极打造六大汽车零部件产业园，从以广州为核心，扩展到肇庆、江门、梅州、清远等粤东、粤西、粤北地区，推动本土汽车零配件企业与整车企业对接，逐步实现汽车零部件向协调有序、扩能增效发展。目前大部分零部件企业为日资品牌，数量占比接近2/3，随着广汽传祺、比亚迪等自主品牌及欧美整车企业的快速发展，原来以日系整车企业主导的过于封闭的零部件采购体系逐渐改变，越来越多非日系零部件企业集聚广东发展。2018年，汽车零部件及配件制造业产值和增加值分别占汽车制造业的45.7%和50.2%。虽然现有零部件厂商数量较多，但广东汽车零部件产业在全国的地位并不十分突出，汽车零部件产业规模尚未达到汽车行业整车的国际通用标准比例。

汽车后服务市场蓬勃发展。为促使汽车服务业成为广东省汽车产业的特色和新增长点，广州围绕着汽车相关专业服务，重点打造"一心四轴"的产业空间布局（见表7-3），并着力培育"汽车+文化""汽车+金融""汽车+生活"及"汽车+城市"等新业态，加快汽车服务业发展步伐。

表7-3　广州汽车服务业的空间布局情况

汽车服务板块	所在区域	发展重点
核心区块	天河区、越秀区、海珠区和荔湾区	以高端化、信息化为主，以汽车服务业运营为特征，以大型的综合展贸集聚园区为基本模式和主要发展方向
北部广花发展轴 北部广从发展轴	花者区、白云区连接至核心区 从化区、白云区连接至核心区	汽车用品、汽车物流、汽车文化等利用信息化、网络化等先进科技手段形成规模庞大、品类齐全的汽车服务
东部发展轴	黄埔区连接至核心区	整车销售、备件供销、售后服务，汽车用品展贸、汽车及零部件出口、汽车物流配送
南部发展轴	南沙区、番禺区连接至核心区	南沙汽车进出口大通道、汽车及零部件进出口物流园区及其配套服务

资料来源：《广州市汽车产业2025战略规划》。

二　广东省汽车产业创新发展分析

1. 汽车产业创新能力测度指标体系

创新是企业长足发展的生存之术。在过去的几十年中，已有许多研究学者、专业组织、科研机构进行产业创新的相关研究，建立了不同方式的创新评估体系。

由 OECD 发布的《Oslo 手册》现已成为人们开展产业创新活动调查的参考指南，2007 年我国首次进行的全国工业企业创新调查，就借鉴其产业创新测度的理论基础与框架，观测了企业创新基本情况、创新经费投入和创新产出情况、创新活动效果、政策对创新影响、企业家对创新影响等多项内容①。中国科学院创新发展研究中心 2009 年发布《中国创新发展报告 2009》，提出制造业创新能力内涵外延概念，指出制造业创新能力监测指标体系应由创新实力和创新效力两个方面来表征。《中国创新发展报告 2016》提出，产业创新能力的测度指标体系包括创业环境、创新投入、创新组织和创新绩效四个方面。

鉴于汽车行业既具有制造业创新能力普遍性，又具有汽车行业创新能力特殊性，根据数据的可获得性，本章从创新投入、创新组织和创新绩效等方面设计汽车产业创新能力的测度指标体系。具体指标如表 7-4 所示。

其中，各企业总销售收入数据缺失，用主营业务收入替代。

指标说明，创新投入是自主创新能力建设中重要的关键性指标，大量的资金投入是研发活动开展的基础，研发人员的参与强度直接关系创新能力的科技实力，因此采用 R&D 投入强度和 R&D 人员占比表示创新投入情况。创新绩效主要关注创新成果和经济效益两个方面。其中专利拥有量是反映企业创新能力的重要标志，是增强广东汽车产业自主创新能力的重要支撑，也是掌

---

① 国家统计局社会和科技统计司编《2007 年全国工业企业创新调查统计资料》，中国统计出版社，2008。

握发展主动权的关键因素。新产品销售收入是反映企业能否将科技成果转化的重要参考依据，因而采用新产品销售收入占总销售入的比重表示经济效益。

表 7 - 4   广东汽车产业创新能力测度指标体系

一级指标	二级指标	观测指标	单位
创新投入	R&D 强度	R&D 经费投入占度营业务收入比重	%
	R&D 人员占比	R&D 人员占从业人数比重	%
创新组织	创新项目	研发支出占比	%
创新绩效	创新成果	有效发明专利数	件
		专利强度	%
	经济效益	新产品销售收入占总销售入的比重	%

数据来源：所有指标的原始数据来源于 Wind 数据库、广东统计信息网、历年各企业年报。

2. 汽车产业创新能力总体分析

为了客观反映广东省汽车制造业产业创新能力的实际情况以及数据的可获得性，本节分别从 R&D 投入强度、R&D 人员占比、创新项目、创新成果及经济效益等方面侧重分析广东上市汽车公司创新能力核心指标的表现。

创新是广东汽车产业未来发展的核心，而 R&D 投入强度和研发人员参与强度是创新能力建设中的重要指标，是保障自主创新活动开展的基础。在"十二五"期间，广东汽车制造业研究与试验发展 R&D 经费投入以规模以上工业企业投入为主体，汽车制造业 R&D 投入经费总量保持较快增长，但研发投入强度不高。

在广东创新驱动发展战略带动下，政府、科研机构、高校和企业等全面加大 R&D 投入，2017 年全省 R&D 经费投入突破 2343.63 亿元，总量连续两年位居全国首位，并持续加大投入，广东两大整车企业研发投入支出涨幅迅猛（见图 7-2）。其中，作为广东整车龙头企业的广汽集团，2018 年研发投入支出为 48.89 亿元，研发投入总额占营业收入的 6.75%；比亚迪 2018 年研发投入达到 85.36 亿元，研发投入总额占营业收入的 6.56%，研发投入较上年均有所增加，在国内车企中处于较高水平，同比增速明显高于其他 A 股上市汽车公司（见表 7-5）。

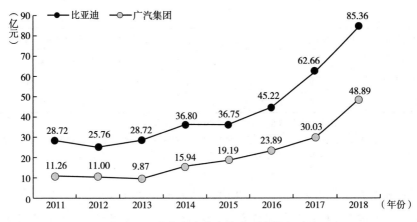

图 7 - 2　广东上市整车企业研发投入对比

表 7 - 5　2018 年上市车企创新投入对比

企业名称	R&D 投入（亿元）	占营收比（%）	R&D 人员（人）	R&D 人员占比（%）
上汽集团	110.62	1.27	24858	10.9
比亚迪	62.66	5.92	27488	13.68
长安汽车	36.31	4.54	7177	18.34
长城汽车	33.64	3.35	17917	26.15
广汽集团	30.03	4.2	4278	14.44
北京汽车	27.88	2.09	—	—
福田汽车	23.87	4.62	3395	11.01
江铃汽车	20.55	6.56	2417	13.94
江淮汽车	19.97	4.06	5155	16.92
宇通客车	14.99	4.51	3112	18
力帆股份	7.59	6.02	758	7.21
海马汽车	6.64	6.86	1615	19.72
金龙汽车	6.25	3.52	1270	8.84
东风汽车	6.11	3.34	708	10.69
众泰汽车	5.87	2.82	1876	11.57
一汽轿车	3.96	1.42	684	9.73
吉利汽车	3.31	0.36	12000*	24

续表

企业名称	R&D 投入（亿元）	占营收比（%）	R&D 人员（人）	R&D 人员占比（%）
中国客车	2.91	3.71	568	11.1
中国重汽	1.99	0.53	360	4.51
安凯客车	1.41	2.59	524	10.8

注："*"表示官方未披露精确值，该数据可能存在轻微偏差。

数据来源：Wind 数据库；《车企研发投入哪家强？工程师最多的竟不是销量冠军》，搜狐网搜狐汽车频道，https://www.sohu.com/a/233540531_122189。

根据普华永道数据整理的汽车行业研发投入来看，广东汽车企业仅比亚迪一家入围"2018 年全球创新 1000 强"和"2018 年全球百强创新机构"榜单；反观中国内地榜单，2018 年中国内地创新企业百强中比亚迪以第一梯级再次入围创新百强。尽管广东汽车制造企业研发投入增幅显著，呈现不断增长的态势，但研发投入的总量尚不足以支撑大规模汽车技术研发，研发投入强度不高，与世界知名车企相比存在明显差距，研发支出仍然有上升空间。

在汽车产业研发人才建设方面，广东汽车制造业 R&D 人员队伍快速扩大，R&D 人员占从业人数比重有所提升。2018 年，广汽集团 R&D 人员已超过 4000 人；比亚迪 R&D 人员达 27488 人，同比增长 13.10%，R&D 人员数量占比为 14.12%，全年 R&D 人员投入总数位于国内上市车企之首（见图 7-3）。

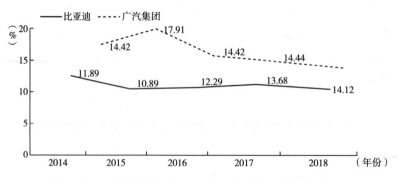

图 7-3 广东上市整车企业 R&D 人员占从业人员比重对比

　　为适应经济发展新常态的迫切需要，广东汽车产业不断加强重点汽车生产企业专利构成和自主品牌及新产品研发活动。据《2017 年中国汽车技术发展报告》公布的数据显示，2016 年汽车行业在华申请专利公开量达 46.39 万件，以专利强度①来衡量，比亚迪、广汽集团在国内车企技术实力排名中分别位居第一位和第二位（见图 7-4）。比亚迪在汽车领域相关专利国内累计公开总量为 22262 件，专利强度指数为 24.9，双双位居榜首，属于综合实力较强的质优量多型；广汽集团的专利总量不高、排位靠后，专利总量仅为 2719 件，但其专利强度指数达到 23.3，属量少质优型。2017 年中国汽车专利数据统计显示，比亚迪以 405 件在中国汽车发明专利授权量前 10 名中的成绩位列第九，在中国新能源汽车专利发明授权和专利公开量排名中分别位列第五和第三位，PCT 申请量 283 件。从发明专利授权量来看，与国内外车企在专利质量上差距明显，发明占比不足，海外专利布局存在较大弱势。

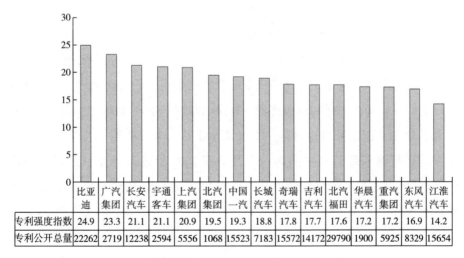

	比亚迪	广汽集团	长安汽车	宇通客车	上汽集团	北汽集团	中国一汽	长城汽车	奇瑞汽车	吉利汽车	北汽福田	华晨汽车	重汽集团	东风汽车	江淮汽车
专利强度指数	24.9	23.3	21.1	21.1	20.9	19.5	19.3	18.8	17.8	17.7	17.6	17.2	17.2	16.9	14.2
专利公开总量	22262	2719	12238	2594	5556	1068	15523	7183	15572	14172	29790	1900	5925	8329	15654

图 7-4　上市车企专利情况对比

---

① 专利强度是国际公认的研发指标之一，其概念由美国 ProQuest Dialog 公司提出，用于反映专利文献的技术复杂性、专利应用广度、权利稳定性等一系列综合指标。专利强度越大，专利价值越高。

虽然专利是行业内公认的衡量企业研发能力的主要指标,而申请专利能否得到实际的技术应用以及获得市场接受程度、技术发展成熟度是企业研发成果转化的重要方面。广东汽车产业通过自主品牌及新产品研发积极提升自身的创新能力和竞争优势。2018 年,广汽集团累计实现专利申请 3716 件,其中发明专利 1183 件,已授权专利 2410 件,其中发明专利 382 件;"GS5 GAC6470 系列中高级 SUV 车型自主研发"项目获得 2015 年度广东省科学技术一等奖,"一种前纵梁的设计方法"获得中国专利优秀奖。广汽研究院作为广汽集团的研发主体,以 91.8 分的得分获得 2015 年国家认定企业技术中心评价"优秀"(90 分及以上)评级,列全国 1100 家认定企业的第十位。旗下传祺品牌连续 6 年在 J. D. Power 中国新车质量报告中蝉联中国品牌第一。为深化产品正向开发,广汽研究院积极推进常规车型和新能源车型项目,开展多项核心系统/部件开发以及智能汽车等技术创新项目研究,持续夯实技术体系优势①。2018 年比亚迪在全球累计申请专利超过 2.2 万项,已获授权专利约 1.4 万项,拥有中央研究院、汽车工程研究院、电力科学研究院、卡车及专用车研究院以及轻型轨道交通研究院五大研究院,并投巨资打造了具有国际最先进水平的 EMC 实验室、NVH 实验室、汽车安全实验室三大汽车性能测试实验室,以及广汽新能源智能生态工厂。在美国、巴西建设海外工厂后,又在匈牙利建造首座新能源电动汽车生产基地,这也是中国新能源品牌在欧洲投资兴建的第一家电动车工厂。整体上看,广东车企自主研发起点普遍较低,自主品牌及新产品研发稳步进行,专利数量有所上升,但低于知名车企的专利数量,特别是在发明专利和实用新型专利方面,与海外一流车企还有巨大差距。但在专利强度方面,广东领军车企保持领先,具有较好的技术应用能力,结合科技和市场的发展挖掘已有自主品牌的潜力,创造新品牌,不断加强自主品牌的产品品质,提高品牌价值,形成一定的竞争优势。

---

① 《把握战略机遇,开启传祺新征程》,人民网汽车频道,http://auto.people.com.cn/n1/2017/1017/c1005 - 29592187.html。

三　广东省汽车产业创新能力总体分析

作为我国重要的汽车制造基地，广东车企正经历着从"制造"到"智造"的转变，从技术跟随到技术自主，已涌现出一批掌握核心关键技术、拥有自主品牌的汽车制造企业。为了尽快完成从制造到创造的切换，提高在全球价值链中的地位，传统汽车与新能源汽车并驾齐驱，广东车企最大限度地发挥着"粤造粤强"的独特优势，由内生创新到产业集群共建，开始发力加速国际化进程，把创新网络延伸到世界优势技术发生地，以实现全球化技术协同发展、抢占全球潜力市场的发展道路。

1. 创新能力培养模式

从 2012 年的 159.66 万辆发展至今，广东汽车产量规模已超过 300 万辆，自主品牌产量规模近 70 万辆，广东汽车制造实现从学习、模仿、跟随到自主创新的蜕变。

模仿创新是广东省汽车产业创新技术走向成熟的必经之路，广东省大部分车企通过合资合作、并购重组的方式构建了基础能力，特别是相对自身技术空白或起步较晚的部分广东车企，靠着引进国外成型的生产线和车型，开启了新兴民族汽车品牌技术创新活动。模仿创新有风险低、投资小的优势，极大节省了在研发与市场开发上的费用，创造了更多相互交流沟通的机会，向整车领域先进国家如日本、美国等学习借鉴，获取丰富的生产管理经验和先进的制造技术，培养了初级阶段的生产能力。

但广东车企的经营状况参差不齐，一些汽车企业长期主要依靠合资品牌获利，如东风、北汽明显过度依靠合资；另一部分车企为了使积累的技术基础转化为自主的创新能力，积极广泛寻求与各关键技术的行业领先者合作、学习，通过一系列面向海外的开放式创新战略获取外部技术资源，弥补自身技术资源的缺陷，加快缩短与国外先进企业的差距，形成了合资与自主品牌同步发力的发展模式。通过利用、融合内外部技术，以广汽集团、比亚迪为代表的广东车企逐步构建了具有自身鲜明特色的生产制造能力和经营管理能力，围绕核心能力的提高组建产业技术创新联盟，着力提升突破性创新能力。与此同时，与外方企业的合作也由单一的横向技术转移逐渐向更具有技术环节纵深性的纵向技术转移转变，弱化以市场为代价获得外方技术的方式，逐步构造、增强核心技术优势。

经过前几年的转型升级，广东汽车开始向自主品牌和新能源汽车两大方向发力，部分车企还表现出国际化经营的趋势，纷纷在国外建立生产基地、海外研发中心，乃至全球销售网络和服务体系，打造产销研全球化的国际企业，以进一步扩展其核心能力。同时，广东车企积极践行供给侧结构性改革，实现了产品与市场的良好衔接。广东汽车制造企业从提高供给质量出发，加快新产品研发与引入，通过对部分产品的改款和技术升级，提供了高品质、适销对路的产品。自主品牌销量虽有所增长，但中低端产品占多数，呈现中高端产品供给不足的特点，而且多数车企的关键零部件主要依赖进口，整体产品竞争力不足。

与整车制造相比，广东零部件产业发展明显落后于整车制造的步伐，创新驱动效应偏低，研发投入还有待加强。参照发达国家的经验，零部件工业投资一般是整车领域投资的两倍，汽车整车产值与零部件产值的比例则是 1：1.7，而广东在这些方面的情况距离发达国家的标准存在差距。2016 年广东汽车零部件规模以上企业实现产值达 1187 亿元，全省的汽配总产值仍处于较低水平。以汽车零部件企业最为密集的广州为例，广州汽车制造业的整零比仅为 1：0.37；在零部件工业投资方面，广州汽车零部件制造业投资额增至 56.78 亿元，但增速明显下降，离发达国家的零部件工业投资还有不小的差距。

目前，广东既有零部件企业绝大部分为合资企业，其业务具有明显指定性。一般合资乘用车核心零部件多由外资零部件企业配套，国内零部件企业以自主品牌配套为主，外资背景的零部件企业则在与自主车企的合作中处于强势地位。在日系整车企业主导下，广东省大部分汽车零部件企业为日资品牌，主要为省内整车企业做较为单一的配套加工制造，研发活动均不在广东本土，仅有部分规模较大的民营企业内部有研发活动，这导致全省零部件产业整体研发投入明显不足，自主开发能力较弱，形成了较为封闭的产业体系。随着比亚迪、广汽乘用车、北汽乘用车等自主品牌整车企业的崛起和欧美整车企业的发展，未来则有望带动广东零部件企业强化研发投入，特别是依托自主品牌整车企业的辐射带动作用，增强广东整车企业与零部件企业协同发展，加强整零合作，构建新型整零合作体系。

自主零部件企业呈现技术研发实力偏弱、规模偏小和缺乏公共创新服务平台等特征，其中，广汽部件作为广东省规模最大的汽车零部件专营企业，与延锋、中信戴卡等国内领先零部件企业相比，竞争能力不足，距离知名车媒《美国汽车新闻》评定的"全球汽车零部件配套供应商百强榜"中的全球化零部件制造企业的标准还存在不小的差距，缺乏研发较强实力的汽车零部件龙头企业。现有汽车零部件方面的研发活动主要分布在华南理工大学、工信部电子第五研究所、广汽研究院、比亚迪总部等科研机构和企业，国家级企业技术中心有 8 家，科研机构的研发活动偏重于基础研究，与市场接轨的研发活动则主要集中在整车企业，随着汽车产业不断涌现新兴领域，汽车电子、新能源汽车等领域的研发创新将不断增多。但在汽车零部件技术研发、检验检测、产业孵化等，公共配套服务上还存在不足，尚不能有效促进整体汽车零部件技术和生产工艺的提升。

2. 创新能力的支撑力

创新网络活动能力强。创新能力弱一直是自主品牌汽车供给侧结构性改革的关键短板[1]。与国际领先车企相比，广东省自主汽车品牌在技术和研发体系上存在明显差距。为了尽快追赶国际领先企业，广东车企不仅引进并消化吸收国外的成熟先进技术，开展生产方面的构造改革，同时还强化自身的研发与技术创新，积极与国内外先进企业、各大高校、科研机构建立合作，共同深入探索新产品技术，实现资源的共享与互补。广东汽车制造业已形成广深佛整车制造，带动珠三角、粤东、粤西、粤北零配件产业加速发展的格

---

① 葛志专：《自主品牌汽车产业供给侧结构性改革探讨》，《广州汽车产业汽车发展报告（2017）》，社会科学文献出版社，2017。

局，创新资源已初步聚集。在研发环节，自主品牌车企研发投入强度远低于大众、丰田等国际知名车企，研发投入的总量不足以支撑大规模汽车及新能源汽车技术研发。在生产环节，全球知名车企中很少有中资企业成为关键环节的主导者，多是整车的供给者。虽有部分自主品牌车企已在全球范围内设立研发中心或研发基地，但在规模化生产中仍有部分核心零件需要依靠外资品牌车企和零部件供应商提供。《广东省人民政府关于加快新能源汽车产业创新发展的意见》的发布，进一步推动整车企业、高等院校、科研院所、关键零部件企业间的合作，在整车制造、关键零部件生产、智能化系统和充换电设施开发等领域组成若干产业技术创新联盟，共同开展关键共性技术研发，共建新型研发机构①，有助于推动产业化发展进程，促成一批拥有关键技术的规模企业，研发出一批具有自主知识产权的产品，持续增强广东汽车产业核心竞争力。

产业创新政策氛围良好，并有普惠性政策加以支持。国家"一带一路"倡议、粤港澳大湾区战略的实施、南沙自由贸易区的开发建设，为广东汽车产业发展带来新机遇。为对接"中国制造2025"，广东积极推进汽车产业向高端、高质、高水平迈进，主动适应国内汽车产业发展趋势，在产业创新上给予足够的政策优惠和公共资源。为落实国家和广东省关于发展战略性新兴产业、加强节能减排的部署，加快培育和发展新能源汽车产业，根据《国务院关于印发节能与新能源汽车产业发展规划（2012—2020年）的通知》（国发〔2012〕22号）、《关于印发广东省国民经济和社会发展第十二个五年规划纲要的通知》（粤府〔2011〕47号）和《关于印发广东省战略性新兴产业发展"十二五"规划的通知》（粤府办〔2012〕15号），制定了《广东省新能源汽车产业发展规划（2013—2020年）》。2016年广东省政府发布的《广东省人民政府办公厅关于加快新能源汽车推广应用的实施意见》指出，到2020年，全省新能源公交车保有量占全部公交车比例超75%，其中纯电动

---

① 《广东省人民政府关于加快新能源汽车产业创新发展的意见》，http://zwgk.gd.gov.cn/006939748/201806/t20180613_769686.html。

公交车占比超65%，基本实现纯电动公交车的规模化、商业化运营。该意见还强调，新能源汽车要实现规模化应用，构建数量适度超前、布局合理、使用便利、标准规范统一的充换电设施服务体系。为促进汽车产业向电动化、智能化方向战略转型，持续增强新能源汽车产业核心竞争力，广东省政府2018年发布《关于加快新能源汽车产业创新发展的意见》，该意见从加快新能源汽车规模化生产、强化研发创新能力建设、加强新能源汽车推广应用、加快新能源汽车充电、加氢基础设施建设、推进产业集聚发展等方面做出详细指引，有利于加速新能源汽车产业的发展。

四 对策与建议

1. 以自主创新发展为驱动力，做强自主汽车品牌

创新驱动是广东省自主品牌汽车产业发展的新趋势。作为广东制造业的标杆，汽车产业在"十三五"规划期间必须坚持自主创新发展。（1）加大研发投入，完善研发体系。要促进汽车企业加大研发投入，通过自主研发、合作开发、委托开发等多种方式增强研发实力，提升整车及关键零部件开发、试制、试验等方面的能力，进一步完善产品技术和产品质量，并在传统汽车与新能源汽车、智能汽车方面提升共性环节的研发能力，攻克关键技术环节，提升广东汽车的竞争力。（2）加大创新资源投入力度，主要是人才和资本的投入。一方面，要补齐人才梯队短板，注重吸引和培养高层次汽车产业人才，加强与高端人才的交流合作，与相关高校、专业院校形成技术人才联合培养和优先就业方式，为研发提供强有力的智力支持，搭建更高层次的自主研发创新平台。另一方面，要发挥金融资本对汽车产业创新的助推作用，加快有潜力汽车企业上市融资，支持有实力汽车企业开展国际融资、并购等。（3）加快新产品开发和新大项目的实施。鼓励汽车企业多开展新产品开发、技术改造等重大项目，同时加强新产品引进和产品规划的落实，丰富产品系列，优化产品结构，逐步提升自主研发能力，为产业转型升级提供保证。（4）发挥自主品牌整车企业辐射带动零部件产业发展的作用。广东自主品牌整车企业已具备带动自主零部件产业发展的基本条件，应围绕广汽乘用车、比亚迪、北汽乘用车等自主整车企业重点发展已有发展基础的本土零部件企业，支持深度合作，带动自主品牌零部件企业共同发展壮大，构建并形成具有国际竞争优势的自主零部件体系。

2. 构建具有国际竞争力的全产业链

广东车企虽成功跻身《财富》世界 500 强企业之列，但产销规模与世界级车企相比还存在明显差距。因此，必须加快构建具有国际竞争力的全产业格局。（1）提升整车产销规模。进一步加深与外方企业的合资合作，加快车型更新和新车型导入，同时推进自主品牌在新能源、关键零部件领域的深度合作，打造日系、欧美系和自主共同和谐发展的整车品牌阵容。（2）全面推进产业协调发展，共同塑造新的产业格局。随着国内汽车产业逐渐成熟，整车企业要向数字化、智能化转型，零部件企业要快速适应汽车产品电动化、轻量化和智能化的发展趋势，丰富完善汽车服务业，形成集汽车金融、汽车租赁、汽车回收、保险、汽车改装、维修保养等一体的汽车服务，共同打造出与信息化、智能化时代相匹配的具有国际竞争力的汽车产业链。

3. 以供给侧结构性改革为导向，强化政府政策支持

广东汽车产业的发展离不开省市级政府的支持和引导，为顺应国家供给侧结构性改革的趋势，基于广东汽车产业发展的瓶颈问题，要发挥政府对汽车产业的引导和支持作用，同步出台有效的保障政策和激励政策，激发广东汽车企业的市场活力及创新能力。产业发展扶持政策是推动汽车产业发展的政策工具，为对接"中国制造 2025"战略部署，广东省发布了相应的实施意见，要求汽车制造业重点发展汽车整车、新能源汽车和专用车，研发无人驾驶汽车等前沿技术，延伸发展汽车尤其是新能源汽车关键零部件生产，形成与整车生产能力相匹配的系统配套能力①。

（1）完善税收保护政策。借鉴其他国家经验，出台地方性税收保护政

---

① 《广东省人民政府关于贯彻落实〈中国制造 2025〉的实施意见》，http：//zwgk. gd. gov. cn/006939748/201509/t20150924_621279. html。

策，对本地品牌的新能源产品补贴给予特别优惠支持。（2）改善营商环境，鼓励和引导多种金融支持。充分发挥广东省制造业和信息化发展的基础优势，最大化地整合本土闲置资源，注入汽车零部件生产企业和新能源汽车配套设施的投资和建设中。（3）以新型产业平台建设和发展为重点，推动形成产业生态体系。鼓励和支持汽车及零部件产业与高校共同组成共享平台，推动开放式知识共享产业技术创新平台的构建，激发更多创新主体的积极性，形成协同共享的产业生态体系，服务于国家战略需求和引领行业发展的基础、共性问题，使现有企业能够在此基础上更好地发挥自身特长，提高竞争能力。（4）在用地指标方面向汽车产业基地和产业园倾斜。鼓励汽车产业企业按照集约集聚发展原则入驻汽车产业基地和产业园区，尤其是向新能源汽车产业重点项目倾斜，优先支持新能源产业项目建设用地指标，坚持节约集约、生态智慧的循环发展原则。（5）进一步改革和完善人才政策。为了保证广东汽车产业发展拥有强大的智力支撑，要注重国内外尖端技术高端人才、紧缺专业技术人才和创新型人才的引进和培养，加大留住人才的力度，通过政府设立专项小组加快行政审批速度，及时出台合适的人才政策，建立与汽车产业发展新趋势相适应的产业人才队伍，重点实施新能源与智能网联汽车领域人才引进、培育及保障工程。

4. 以"一带一路"倡议为契机，推进汽车产业国际化步伐

广东汽车产业要实现价值链上的升级，必须紧抓"一带一路"倡议的发展契机。（1）鼓励与推进广东车企进行海外拓展战略。推动建立"走出去"战略联盟，加强广东汽车相互间的协同合作和资源共享，在关键项目和关键市场"抱团"出海，借助全球合作伙伴资源，发挥海外业务的协同效应，充分利用好国内国际两个市场、两种资源。通过"联合出海"战略打造自主品牌车企在海外市场的整体竞争优势。（2）在海外市场开拓过程中加快由"走出去"到"走进去"的转变。广东自主品牌应深入研究不同国家的政策法规、风俗文化、消费环境、购买能力等，结合消费需求多元化的特点根据目标市场做产品的适应性改进，提高出口的针对性和有效性。同时，将国际化战略和本土化战略有机结合，针对重点市场，通过在当地设立研发中心、投

资建厂，或是与当地政企开展深入合作等途径，实现从单纯的产品输出到技术与资本输出的转变，全面提升"走出去"的综合能力，真正实现"一带一路"共商共建、合作共赢的倡导目标。（3）充分发挥龙头企业主体作用，进一步加强招商引资力度。投资驱动是广东汽车制造业规模进一步扩大的重要方式，要重点加强与国内外知名汽车制造企业的合作，特别是新能源领域；积极引进世界知名零部件厂商和后服务业企业，围绕主导企业搭建配套产业发展，完善和升级汽车产业链。（4）优化汽车产业投资环境。要加快行政审批事项的下放，完善财税政策，改善公共服务，督促相关职能部门积极协调，加强对重点市场相关法律、准入政策、技术法规等信息收集发布，建立汽车行业诚信体系，进一步规范出口秩序，为汽车出口营造良好的商贸环境。同时，鼓励优势企业向外释放产能，拓展发展空间，提高自主品牌的国际竞争力。

5. 以技术创新和推广应用为重点，加速新能源汽车产业发展

新能源和智能网联汽车领域是汽车产业未来发展的重点方向，该领域已进入加速普及期，必须把握行业发展趋势，以技术创新和推广应用为重点，培育产业发展新动力。（1）加强新能源汽车领域的技术攻关。重点依托广汽乘用车、广汽比亚迪、北汽乘用车、东风日产、比亚迪等整车制造企业，建立和优化新能源汽车整车开发流程，着力突破整车设计、动力总成、整车匹配等关键技术以及新能源汽车基础设施关键技术的研发，培育和引进配套新能源汽车零部件企业。同时，鼓励各科研院所和高校开展或深度参与新能源汽车关键技术的研发攻关，特别是前沿技术领域的合作研究。围绕新能源汽车产业发展重点领域建设新能源汽车产业公共创新平台，形成配置完整、功能齐全的共性技术研发平台体系。支持外资企业在粤设立研发机构，鼓励省内新能源汽车企业在境外开展联合研发活动。（2）以新能源汽车产业大项目为依托，打造产业集群，培养领军型复合人才。着力推进已立项的新能源汽车产业大项目，打造2000亿级新能源产业集群，借助大项目落实的需要培养研发与技术应用型人才，引进新能源汽车领域科技领军人才和科研创新团队。（3）支持推广应用示范工程，加大新能源汽车推广应用力度。支持广

州、深圳以外其他具备条件的城市申报国家节能与新能源汽车推广应用试点城市，以更新或新增城市公共服务领域的应用为突破口，鼓励公交车、出租车、城际、机场客运车等公共服务采用新能源汽车，加大政府和公共机构新能源汽车的采购规模，引导和带动私人购买新能源汽车。（4）完善财政补贴等扶持政策，建设完备配套服务设施。应以税收减免、抵退等途径支持新能源汽车产业的发展，鼓励有条件的地市开展私人购买新能源汽车补贴试点工作，加大对补贴资金的监管力度，充分发挥专项资金的引导作用，推动新能源车企对核心技术的研发。支持新能源汽车保险、租赁、金融、物流、售后服务、二手车交易、动力电池梯级利用与回收再利用等配套服务体系的建设。制定充电设施相关地方标准，支持各类企业投资建设充电、充气设施，完善配套基础设施的建设。

6. 大力发展汽车服务业，推进产业链提升工程

随着国内汽车产业的深入发展，汽车服务业将成为广东汽车产业未来发展的新增长点，必须促使服务业做大做强。（1）重视汽车服务业专项规划编制及落实。政府要加强汽车服务业的规划引导，针对汽车销售、汽车租赁与维修、汽车会展、汽车文化等汽车服务业加快编制或修编专项发展规划，做好专项规划的实施工作。特别是出台汽车金融方面的专项政策，以广汽汇理汽车金融等汽车金融服务企业为重点，借助互联网金融带动整车制造、零部件等车企进一步发展。同时，要顺应专车租赁快速发展的新趋势，及时出台相关管理办法引导汽车租赁健康发展。（2）推动汽车服务业集聚发展。出台相关政策规范汽车服务业市场，并依托现有汽车服务业集聚区，加快汽车服务业集聚发展。（3）培育汽车回收利用与再制造产业。2016年国务院发布了《关于修订〈报废汽车回收管理办法〉的决定（征求意见稿）》，目前报废汽车回收利用效益还处于较低水平，并没有完全挖掘出废旧车辆的产品价值，与发达国家相比存在较大差距。要引导广汽零部件等零部件企业学习国外先进拆解、梯次利用及再制造等关键技术，实现再使用、再利用、再制造与回收处置的可持续发展。积极搭建汽车售后服务商与汽车配件商供需合作平台，形成汽车维修、汽车保险、旧件回收、再制造、报废拆解等汽车产品

售后全生命周期信息的互通共享，鼓励再生产品、再制造产品推广平台及示范应用基地的建设，推动汽车零部件再制造产业发展，完善广东汽车全产业链条。

参考文献

杨再高、冯兴亚等：《广州汽车产业发展报告（2017）》，社会科学文献出版社，2017。

杨再高、冯兴亚等：《广州汽车产业发展报告（2016）》，社会科学文献出版社，2016。

陈劲等：《中国创新发展报告（2016）》，社会科学文献出版社，2016。

沈进军：《中国汽车市场年鉴（2017）》，中国商业出版社，2017。

《2017年中国汽车专利统计数据》，http：//www. sohu. com/a/220645001_560178。

《2018年广东汽车制造业发展情况分析：产销量下滑　企业亏损面扩大》，http：//sh. qihoo. com/pc/982e2aeab5af1465b？cota = 4&refer_scene = so_1&sign = 360_e39369d1。

第八章 广东企业创新能力发展评价研究

一 引言

"十三五"时期，科技创新引领全面创新，国家竞争新优势得到战略性重构，这是一个创新与经济紧密结合、工业化与信息化深度融合的协同创新时期。随着经济全球化的进一步深入发展，创新能力驱动经济发展的作用越来越突出，创新能力的高低也为衡量经济发展水平提供了参考。根据科技部发布的《中国区域创新能力报告2016—2017》，广东省的综合科技创新水平指数得分高于全国平均水平，属第一梯队。事实上，广东省通过加快产业转型升级，已有效地提升以深圳为代表的珠三角地区创新能力，正如广东省社会科学院发布的《2017年度广东产业转型升级指数评价研究报告》显示，广东产业转型升级总体水平走在全国前列，深圳产业转型升级指数得分全省最高，广州、珠海分列第二、第三。由此可见，广东省寻求转型升级，创新驱动，以达到经济发展提质增速的最终目的。与此同时，中小企业作为推动经济社会发展的重要市场主体，正面临着技术和市场环境发生的深刻变化，都承受着快速发展、创新不断的竞争压力。在技术变革的挑战和机遇面前，企业的创新能力水平在很大程度上影响其生存和发展，甚至影响着一个地区的经济发展。

广东省目前已经进入创新驱动经济发展的阶段，应进一步强化企业的创新主体地位，发挥大型企业创新骨干作用，激发中小企业作为广东省发展主力的创新活力，并以政策支持广东企业提高创新能力。在这些背景下，如何科学地评价广东省企业的创新能力，并客观地了解广东省的创新水平，就成为一个亟待解决的问题。本章针对广东省企业创新能力的评价，有助于系统地了解广东省实际的创新能力和创新发展动向，对广东省下一步的创新战略布局有至关重要的作用。本章在参考国内创新能力测量的基础上，依托一套由七个维度构建而成的创新指标体系，评价广东省企业的创新能力水平，分析影响广东省企业创新能力的重要因素，总结创新发展过程中的成效、经验与不足，提出进一步提升创新发展的建议。

二　企业创新评价实施方法

（一）采用的创新指数指标体系

本章在参考国内对企业创新能力评价的相关研究后，借鉴《2017年中国企业创新发展报告》所构造的、包含两个一级指标、七个二级指标的创新指数指标体系，在这个指数指标体系的基础上，再结合广东省创新能力实际情况，我们计算得出广东省企业创新势力、创新规模、创新效率三个得分，由此对450家广东省上市公司的创新能力进行评价分析。

一些专业组织、科研机构和学者已在过去建立了不同层面、不同方式的创新评估体系，但它们都在一定程度上存在评价主观性、对非研发和非技术呈现的创新信息覆盖不足、数据可得性不理想、创新指标定义不够明确等问题。目前采用的创新指数指标体系（见图8-1），通过对企业样本（上市公司）的数据进行得分计算，有效保证这套方法评估出来的指数克服以上存在的问题，利用规模型指标反映的公司通过研发资金投入、研发人员投入等形成产出的创新能力，与此相对应的效率型指标的测量则弥补了规模不足的创新型中小企业在规模型指标中的相对劣势，从研发投入和产出的效率考察企业的创新能力，所以说这套企业创新指数指标体系能够符合广东省大型企业、中小型企业并存的实际情况。

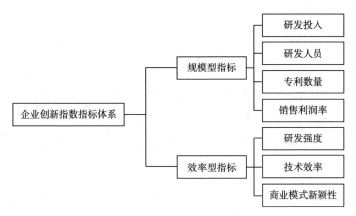

图 8 - 1 创新指数指标体系

（二）指标数据来源与测度

1. 规模型指标

（1）研发投入：指企业在研发上投放的成本，数据主要来自 Wind 数据库的"研发费用"字段，部分缺失的数据从对应企业的年报中借助"研发费用"字段补充。

（2）研发人员：指企业在研发上投放的技术人才数量，数据主要来自 Wind 数据库的"技术人员人数"字段，部分缺失的数据从企业年报中借助"技术人员"字段或"研发人员"字段补充。

（3）专利数量：数据主要来自国家知识产权局的专利检索系统，以上市公司为申请人进行查询，查询公开（公告）日介于 2017 年 1 月 1 日至 2017 年 12 月 31 日之间的专利总量。

（4）销售利润率：是企业利润与销售额之间的比率，能评估企业运营的效益，税后净利润数据和销售额数据主要来源于 Wind 数据库的"净利润"和"营业收入"字段。

2. 效率型指标

（1）研发强度：①研发费用强度 = 研发投入/营业收入；②研发人员强度 = 研发人员/员工总数；③研发强度 = （研发费用强度 + 研发人员强

度）/2。

计算中的研发投入、研发人员、营业收入均在"规模型指标"数据来源时加以说明，而员工总数主要来自 Wind 数据库的"员工总数"字段。

（2）技术效率：用于衡量企业生产经营效率，通过利用 Stata14.0 软件中随机前沿分析（SFA）模块的估算超越对数生产函数模型计算得到，其中 Q_i、K_i、L_i 分别代表增加值、固定资产和员工总数。公式用到的全部字段均来自 Wind 数据库。

$$\ln(Q_i) = \beta_0 + \beta_1 \ln(K_i) + \beta_2 in(L_i) + \beta_3 [in(K_i)]^2 + \beta_4 [\ln(L_i)]^2 +$$
$$\beta_5 \ln(K_i)\ln(L_i) + (v_i - \mu_i)$$

（3）商业模式新颖性：测量焦点企业同行业内其他企业的平均水平差异性，按照如下公式构建多维矢量

$$商业模式新颖性 = 1 - \frac{V_{ij}V_j}{\sqrt{V_{ij}V_{ij}'} \cdot \sqrt{V_jV_j}}$$

式中，V_{ij} 是焦点企业矢量，V_j 是行业平均水平矢量。

（4）回归所需因变量：简称 EVA，用于度量公司业绩，考虑了带来企业利润的所有资金成本。数据主要来自国泰安（CAMAR）数据库。

（三）评估权重生成

首先，对作为自变量的七个二级指标进行无量纲化，把自变量取值范围控制在 0 ~ 1（见表 8 – 1）。然后。以 2017 年的 EVA 为因变量，2016 年经过无量纲化的七个二级指标作为自变量，无量纲化前需要对 2016 年的二级指标做剔除行业均值的处理，而 2016 年的员工总数和企业年龄作为控制变量做 OLS（最小二乘法）回归。得到结果后，按照以下公式计算各自变量对因变量的解释程度，其中 w_i 是各自变量权重。

$$\Delta R_i^2 = R_i^2 - R_{i-1}^2$$
$$w_i = \frac{\Delta R_i^2}{R_8^2 - R_1^2}$$

表 8 - 1　各指标权重

变量名	平均权重
研发费用	0.2374
技术人员人数	0.0615
专利总数	0.0205
销售利润率	0.1530
研发强度	0.0033
商业模式新颖性	0.0243
技术效率	0.5001

（四）得分计算

得分计算涉及三个创新得分，分别是创新势力、创新规模、创新效率。

1. 创新势力

按照以下公式计算这个得分，该得分综合计算七个二级指标，把规模影响和效率影响结合在一起衡量，从总体上反映企业的创新能力。

$$Y_i = \left(\sum_{i=1}^{7} w_i \, x_i \right) \times 10$$

其中，Y_i 是创新势力得分，w_i 是指标权重，x_i 是 2017 无量纲化后的自变量。

2. 创新规模

按照以下公式计算，该得分计算包含四个二级指标，主要围绕规模型一级指标下的创新能力评价展开

$$Y_i = \left(\sum_{i=1}^{4} \frac{w_i}{w_1 + w_2 + w_3 + w_4} \cdot x_i \right) \times 10$$

其中，Y_i 是创新规模得分，w_i 是指标权重，$w_1 + w_2 + w_3 + w_4$ 是规模型指标的全部权重，x_i 是 2017 年无量纲化后自变量 x_1、x_2、x_3、x_4。

3. 创新效率

按照以下公式计算，该得分计算包含三个二级指标，主要围绕效率型指

标下的创新能力评价展开。

$$Y = \left(\sum_{i=5}^{3} \frac{w_i}{w_5 + w_6 + w_7} \cdot x_i \right) \times 10$$

其中，Y_i 是创新效率得分，w_i 是指标权重 $w_5 + w_6 + w_7$ 是效率型指标的全部权重，x_i 是 2017 年无量纲化后自变量 x_5、x_6、x_7。

（五）样本企业情况

本章的样本企业从企业注册地为广东省的上市公司中选取，以数据库和企业年报中可得的企业经营客观数据为依托，分别计算各企业最终的三项创新得分（见图 8 - 2、图 8 - 3）。数据处理过程中以上市公司数据完整性为主要筛选标准，剔除掉部分指标数据缺失的企业，而且剔除掉金融业企业，最终对 450 家 2016 ~ 2017 年数据完整、涵盖广东省 18 个地级市，以及 50 个行业大类的广东省上市公司进行广东省企业创新能力研究。

三 数据分析

（一）广东省创新能力各得分前 50 强企业

（1）深穗珠培育优秀创新企业，三地优秀企业的创新能力和创新规模领跑全省（见表 8 - 2）。

全省范围中，深圳和广州上市公司数量名列第一位和第二位，分别达到 220 家和 69 家。而在广东省上市公司创新能力（见图 8 - 4、图 8 - 5）和创新规模 50 强中，深圳、广州和珠海分占企业数量的前三名，而且这三地的 50 强企业在创新能力和创新规模的表现力力压其余各市，充分体现出广东省的产业规模优势，总体上发挥出广东省企业的创新能力，引领广东省的创新发展。

（2）广东省企业总体创新效率较理想，中小型企业和大型企业均体现创新效率（见表 8 - 2、图 8 - 6）。

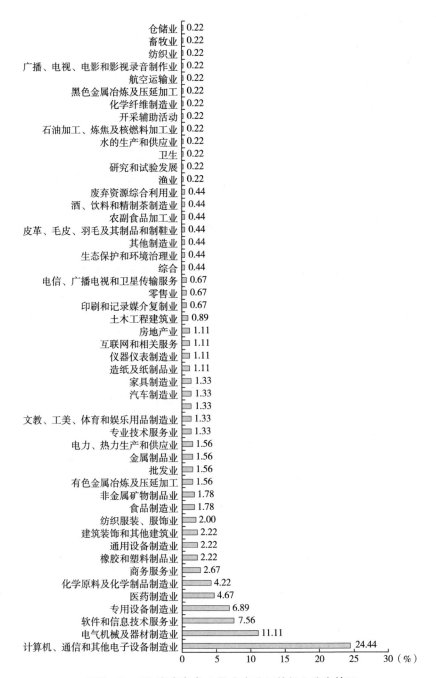

图 8-2　450 家广东省 A 股上市公司的行业分布情况

创新广东

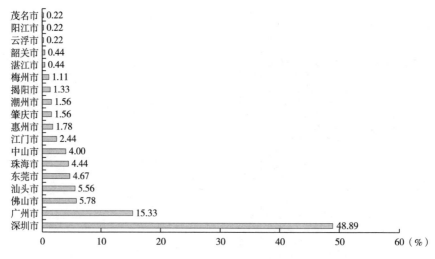

图 8-3　450 家广东省 A 股上市公司的各城市分布情况

表 8-2　广东省创新能力各得分前 50 强企业榜单

得分类别 排名	创新势力	创新规模	创新效率
1	丽珠集团	中兴通讯	深大通
2	分众传媒	美的集团	丽珠集团
3	深大通	比亚迪	中昌数据
4	佳云科技	格力电器	佳云科技
5	中昌数据	TCL 集团	分众传媒
6	骅威文化	广汽集团	普路通
7	普路通	大晟文化	骅威文化
8	方大集团	丽珠集团	方大集团
9	健康元	健康元	健康元
10	中兴通讯	分众传媒	金地集团
11	金地集团	骅威文化	海天味业
12	海天味业	维信诺	汇顶科技
13	汇顶科技	立讯精密	万泽股份
14	万泽股份	赢时胜	爱施德
15	凯撒文化	欧菲科技	凯撒文化
16	大晟文化	信立泰	深康佳 A
17	深康佳 A	方大集团	深圳能源
18	爱施德	星普医科	粤电力 A

146

续表

排名 \ 得分类别	创新势力	创新规模	创新效率
19	华侨城 A	大族激光	华侨城 A
20	深圳能源	健帆生物	宝新能源
21	粤电力 A	中集集团	华铁股份
22	华铁股份	三环集团	宝鹰股份
23	美的集团	金地集团	南山控股
24	宝新能源	汇顶科技	大晟文化
25	南山控股	达志科技	广田集团
26	宝鹰股份	汇川技术	飞马国际
27	格力电器	凯撒文化	韶钢松山
28	广田集团	深天马 A	深圳华强
29	韶钢松山	广电运通	建艺集团
30	禾望电气	汇金科技	神州长城
31	飞马国际	民德电子	禾望电气
32	深圳华强	冰川网络	比音勒芬
33	神州长城	海天味业	赛意信息
34	赛意信息	长园集团	瑞和股份
35	汤臣倍健	神州信息	汤臣倍健
36	信立泰	信维通信	搜于特
37	比音勒芬	海能达	奇信股份
38	建艺集团	万泽股份	康美药业
39	比亚迪	海信科龙	广州发展
40	康美药业	长盈精密	中装建设
41	瑞和股份	华侨城 A	海印股份
42	名家汇	电连技术	信立泰
43	奇信股份	华铁股份	名家汇
44	搜于特	弘亚数控	易事特
45	广汽集团	禾望电气	智慧松德
46	易事特	翰宇药业	塔牌集团
47	海印股份	海格通信	天健集团
48	翰宇药业	中国长城	翰宇药业
49	广州发展	蓝盾股份	世纪星源
50	中装建设	盛讯达	棕榈股份

147

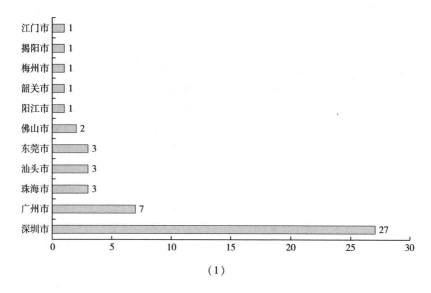

（1）

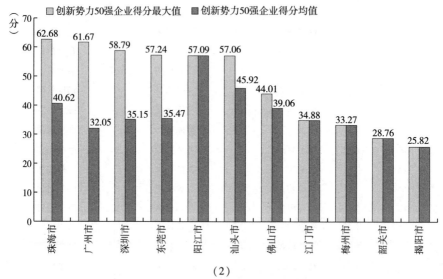

（2）

图 8-4　2017 年广东省上市公司创新能力 50 强

　　整体来看，全省企业创新效率得分均值为 18 分。从创新效率前 50 强企业来看，各市企业创新效率最大值都在 85 分以上，各城市均值也在 30 分以上，这是由于广东省这几年在稳固大型企业为经济发展、创新发展提供持续贡献的同时，也不断加快培育各地区创新型中小企业，各地的创新创业"孵化基地"在积极推动创新进步方面起着重要的作用，所以广东省企业创新效率在各地都较为理想。

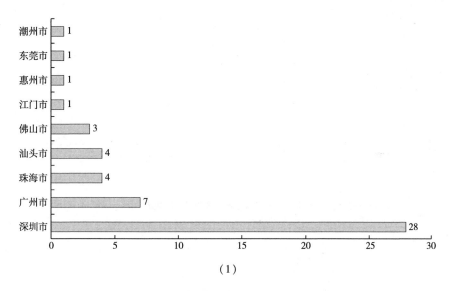

（1）

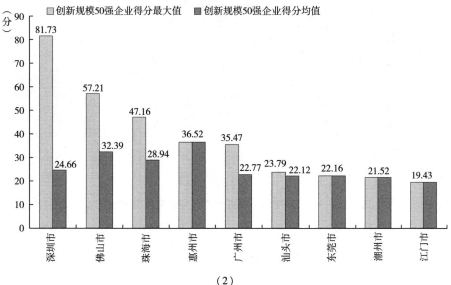

（2）

图 8 - 5　2017 年广东省上市公司创新规模 50 强

创新广东

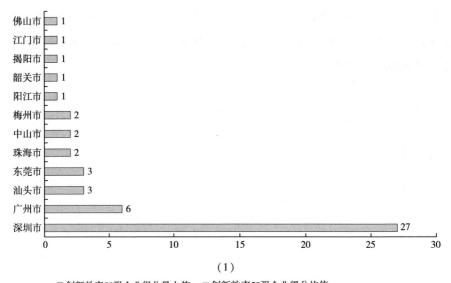

（1）

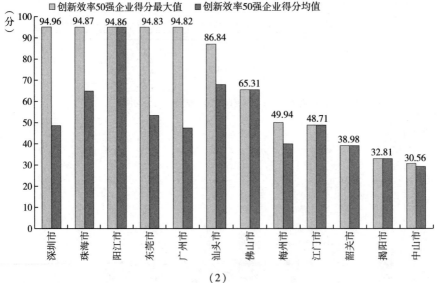

（2）

图 8-6　2017 年广东省上市公司创新效率 50 强

（二）广东创新企业地域特点

（1）区域内大型企业创新能力的带头作用显著，省内地区间创新能力存在差距。

150

　　创新能力衡量企业研发的投入规模和投入产出的效率。广东省是个沿海经济强省，发展制造业历史悠久，而且国际化的信息交流和人才培养都对广东省创新发展有积极的影响，所以主要地级市，如深圳、广州，培育出来的行业龙头企业在创新能力的表现上都比较理想，较好地实现了创新规模和创新效率的平衡，创新能力远超同地区内企业的平均水平。

　　除此之外，广东省内的创新能力差距相对明显，第一，体现在各区域上市公司数量上；第二，体现在各区域上市公司的创新能力平均水平上。粤西、粤北地区上市公司数量远低于珠三角地区，绝大部分粤西、粤北的地级市仅有个位数上市公司，而且企业规模和珠三角地区不可同日而语，仍有相当大的差距，很可能是由于企业规模限制了创新的投入，以及区域内部创新能力发展不均衡、资源分配欠优造成的。所以，创新能力总体上呈现出广东省沿海地区得分相对高、偏内陆地区相对较低的现象（见图 8 - 7）。

　　（2）珠三角地区企业创新规模领先，区域间创新规模梯队明显。

　　珠三角地区是广东省境内经济最发达的地区，其创新发展与其建设自主国家创新示范区也有密切关系。该地区形成的创新城市群和相对发达的产业集群有效激发企业的创新活力，再加上良好的配套设施支持、先进的人才补充、及时的知识交流，这些条件都为企业早期成立、长期发展提供了可能。所以珠三角地区的企业投入研发的财务规模、人才规模大幅领先，且产学研结合的效果相对显著。珠三角地区企业领先的创新规模得分，反映了其为广东创新发展做了有力的支撑。

　　就创新规模来看，广东省内各地企业基本分为三个梯队，排名较前的珠三角城市，如深圳、佛山、珠海、惠州、广州属于第一梯队，企业的创新水平表现相对优异；第二梯队则以汕头、中山、东莞、江门等部分粤东、粤西、粤北城市组成，紧贴第一梯队城市，追求加速的创新发展，对比其他地区的企业略显优势；还有一部分粤东、粤西、粤北城市属于创新规模比较落后的第三梯队，创新能力有待增强，各项创新投入和创新产出指标皆偏低（见图 8 - 8）。

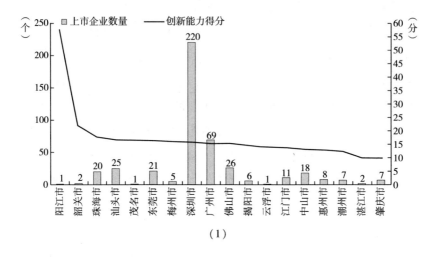

（1）

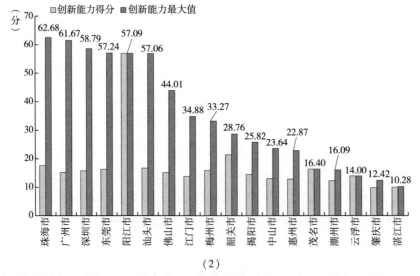

（2）

图 8-7　2017年广东省上市公司所在城市创新能力情况

（3）粤东、粤西企业的创新效率突出。

虽然粤东、粤西的企业远远少于珠三角地区，而且大多在创新能力和创新规模上不具备优势，但创新效率赶超珠三角发达城市，原因有可能是该区域的上市公司主要为传统的畜牧业、制造业、重工业等，行业的创新转型升级方向明确，通过有效的特色化产业转型升级项目，无论是从技术上进行革

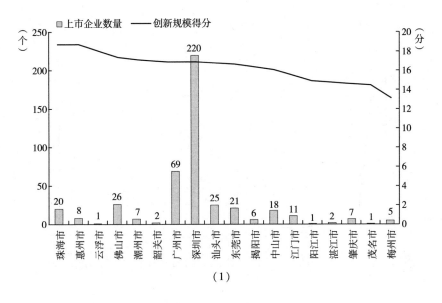

（1）

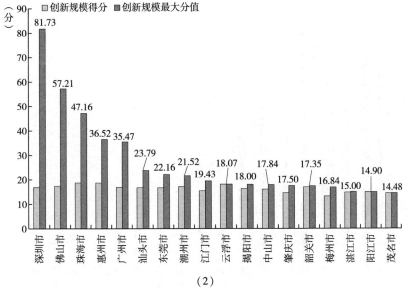

（2）

图 8-8 2017 年广东省上市公司所在城市创新规模排名

新，还是从工序上进行创新，创新投入能较高效地转化为创新成果，显著带动地区产业共建，带动区域经济发展，为企业和该地域创造价值（见图 8-9、图 8-10）。

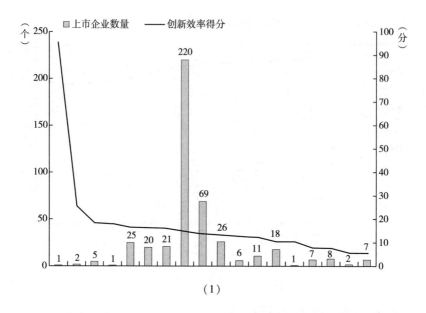

（1）

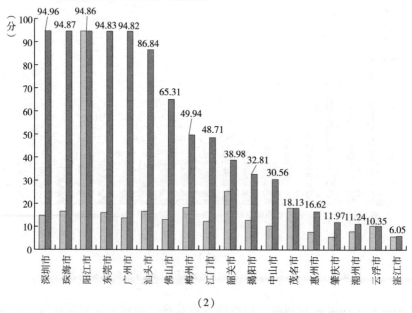

（2）

图 8 - 9　2017 年广东省上市公司所在城市创新效率排名

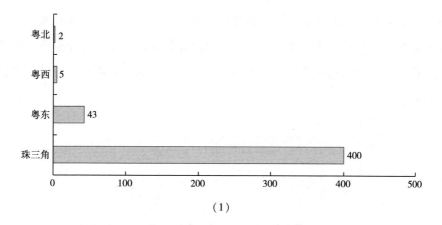

（1）

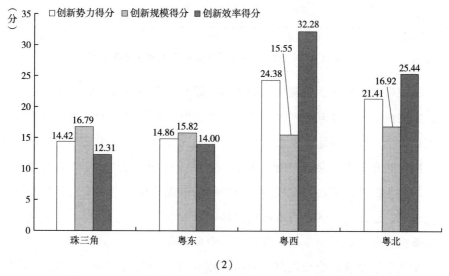

（2）

图 8-10 2017 年广东省上市公司所属行政区域创新能力得分

（三）广东创新企业个体特点

1. 中小板企业和创业板企业是创新主力军

450 家广东省 A 股上市公司中，中小板企业和创业板企业占近80%，分别有 197 家和 155 家。其中，从事计算机、通信和其他电子设备制造业的企业最多，中小板和创业板各有 51 家和 41 家，可见中小企业是广东省创新发展的主力军。广东省作为传统制造业大省，能够为新兴企业提供有利的技术

155

优势，以及较成熟的、配套的基础条件，而较开放的经济政治环境和融资环境对这些中小企业来粤的吸引力度大，也由此体现出广东省在创新驱动经济发展阶段不断加强对符合时代发展潮流的中小企业的包容性和支持性（见图8－11）。

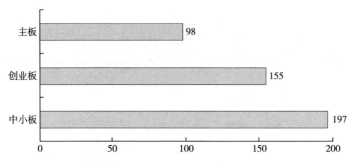

图 8 – 11　450 家广东省 A 股上市公司的板块分布情况

2. 主板企业创新优势突出，总体创新能力高于中小板和创业板企业

主板企业一般具有规模大、营业收入高但成长性较低的特点，故主板的广东创新企业能够保证研发资金投入、研发人员投入，并形成一定的研发规模，因而拥有更多的创新产出，所以它们由研发产生的专利数量也相对较多，即企业拥有的显性知识较多，研发的总体成效在一定程度上能借销售利润率体现，这是研发转化为市场优势和经营效益的表现。所以，主板企业的创新规模得分会高于中小板、创业板的中小企业得分。

虽然中小企业的成长性高，但由于创新投入资源在区域内的分配不均、过于集中，或所在新兴行业难以突破创新难题、创新产出转化困难等原因，降低了中小企业的创新效率。再加上主板企业在创新的时代背景下，也面临巨大的行业竞争压力，所以不断谋求技术创新、产品创新，并通过相对完善的企业管理制度对创新的投入和产出进行监管，促使研发资金用得其所，研发人员各谋其位，成果最后也被系统地应用在成熟的生产上。因此，即使在创新效率方面，主板企业的得分也高于中小板与创业板。

创新势力综合考量了企业的创新规模和创新效率，主板企业在创新规模和创新效率上得分均高，所以在创新势力这一项中得分依然高于其余两个板块。

但从三个板块创新规模和创新效率的最大值来看，可以看到主板创新规模远远领先于其余两个板块，所以主板优秀企业的创新规模优势相较于中小板来说十分突出，但创新效率则呈现出三个板块分值十分相近的特点（见图8－12）。

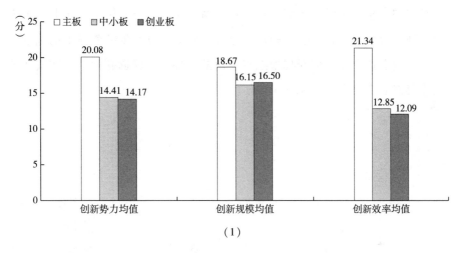

（1）

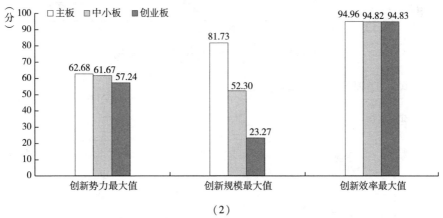

（2）

图8－12　450家广东省A股上市公司的各板块创新能力对比

3. 互联网企业创新效率有效辅助创新势力上升，在主板和创业板表现出色，制造业创新能力相形见绌

互联网企业的创新效率得分优异，在主板和创业板的分值分别高于90

分和 50 分，远远抛离大部分其他行业的创新效率平均值。而且，互联网企业的创新势力得分排在创业板首位，创新效率得分居于主板和创业板第一位。虽然互联网企业的创新规模得分低，但在强劲的高效率创新支持下，创新能力略高于创新规模，可见创新效率对互联网企业的整体创新能力呈现正面的、较高的影响（见图 8 – 13）。

我们把信息技术时代下新热点的互联网企业和传统的制造业企业三个方面的创新得分做比较，发现互联网企业依然显示自身在创新效率上的绝对优势，即使制造业企业在创新规模上有细微的优势，但就创新而言，制造业的创新力仍然表现乏力（见图 8 – 14）。

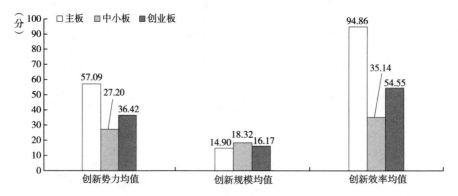

图 8 – 13　互联网行业各板块创新能力表现

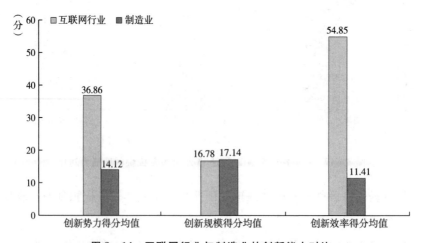

图 8 – 14　互联网行业与制造业的创新能力对比

4. 三个制造业行业创新优势主要体现在主板，汽车制造业在主板和中小板的创新规模优势明显

汽车制造业、电气机械及器材制造业、计算机、通信和其他电子设备制造业三个在广东省上市公司中数量较多的制造业行业，它们的创新优势主要体现在主板的创新规模得分上，列主板创新规模得分前三名，汽车制造业的创新规模得分还是主板和中小板的首位。由此可见，制造业中一些与日常生活联系较紧密且产品含有一定科技含量、所在行业的技术更新周期短、更新速度快的行业，对创新有着迫切的需求，并通过利用自身企业的优势提高创新能力。

5. 大量中小型企业反映出创新规模较优秀、创新效率和创新规模有待提高的现象

450 家广东省上市公司的创新势力平均分仅 15.56 分，创新规模平均分达到 16.82 分，但创新效率平均分只有 14.43 分（见图 8-15）。虽然中小企业受惠于企业规模相对较小赋予的灵活性、高效率特点，为企业创新赢得了一定程度上的创新效率，能及时应对市场多变的创新形式，但即使广东省的中小型企业有创新意识和研发积极性，但研发却在很大程度上受限于所能支配的资源，可体系化的中小企业服务平台相对欠缺，服务的供给和宣传都未完全满足中小企业需求，再加之中小企业的研发投入转化为经营业绩不足、统计 2017 年所得的专利数量情况不理想等问题，都导致创新效率不够优秀，

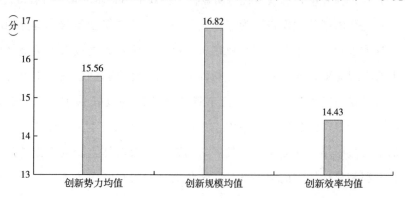

图 8-15　450 家广东省上市公司创新能力各得分均值

给创新能力带来负面影响。而创新规模的优势,则主要来源于广东省内几个大型企业,一部分中型企业由于有较长的发展历史,在创新资本和人员方面形成较大的投入。

四 对策与建议

(一)主要研究结论

(1)广东企业创新能力在各区域差距明显,区域内部创新能力发展存在相对不平衡。

目前,广东企业创新能力呈现出区域发展不平衡的特点。珠三角地区企业创新发展的总体水平,以深圳、广州、珠海、佛山等城市为引领,普遍高于广东省其他三个地区的企业,而且能较好地平衡创新规模和创新效率两个创新测量维度,以提升整体创新能力。而粤东、粤西、粤北地区的创新能力较为相似,总体来说依然存在未能协同创新规模与创新效率发展的问题。虽然部分粤东企业的创新能力有所提升,粤西、粤北地区企业从上市数量和创新能力两个维度来说都不太理想。部分地级市受到经济基础较为薄弱、社会环境支持不足和发展所需的资源短缺等因素限制,在创新能力各指标上的表现远远落后。

(2)广东企业的创新规模优势明显,创新效率和总体创新势力有待提高。

广东企业的创新规模得分为三项得分中最高的,但创新效率得分却明显偏低。具体来看,广东省大型企业在研发投入、研发人员投入等关键规模型指标上的表现突出,而且产出的专利数量可观,是贡献创新规模不可忽视的力量。这也在一定程度上反映了广东省企业之间的规模落差大,资金、人才、政策扶持等资源分配过于集中,存在一方面鼓励中小型企业创新,另一方面局限大量中小企业创新能力发展的问题,导致总体上研发产出转化为企业拥有专利等显性知识的成果不足,转化为企业市场竞争力不够高效,导致创新效率平均水平偏低。

（3）大型企业持续发挥创新规模优势，中小企业成为驱动广东创新能力的主力军。

目前在各行业，特别是传统的汽车制造业等行业，地位较领先的大型企业，其创新龙头作用显著，迫切追求技术创新。它们通过大量研发投入和成熟的研发生产系统，有效发挥创新资源优势。而广东省中小企业数量多，创新效率较理想，是部署创新驱动发展战略的重点，由此体现了中小企业在发挥市场主导作用中的重要地位。

（4）主板企业的总体创新能力暂时高于中小板和创业板企业。

主板企业在创新规模和创新效率两方面都占优势，能弥补中小企业受限于规模情况下降低总体创新能力的影响，持续发挥规模大、创新能力平衡、营业收入高等推动广东创新能力提升和经济发展的优势。

（5）互联网企业等新兴行业企业创新效率优势突出，制造业等传统行业企业重视创新能力提升。

可以看到，互联网企业凭借自身行业特点，在创新效率上的表现突出，并借此对总体创新能力做出巨大的贡献。制造业行业企业，以电气机械及器材制造业、汽车制造业、计算机、通信和其他电子设备制造业三个行业为主要代表，反映出广东传统行业企业对提高创新能力的重视，以及由创新投入—产出转化为市场竞争力的高效。

（二）实践意义

通过对广东企业创新能力的测量和评价分析，有助于客观了解广东省内企业创新发展状况，从创新规模和创新效率两个维度解构创新能力，有针对性地对资源支配能力不同、规模不同、现阶段发展战略不同的企业进行创新政策支持，从广东省企业实际情况着手，促进大型企业、中小型企业共同为广东创新发展助力。

（三）政策建议

（1）发挥深穗珠企业的创新领航和辐射带动作用，发掘粤东、粤西、粤北地区企业的创新发展潜力。

综合地看广东省企业的创新规模能力和创新效率能力，可以看出，深圳、广州、珠海的广东省企业创新能力较强，企业研发投入资金多、人才多，并获得较高销售利润是主要原因；创新基础设施较完善，市场环境较开放发达，社会创业氛围较浓厚也成为这些地区提高企业创新能力的重要因素。另外，还要看到部分珠三角和粤东的企业正加速追赶，而粤西、粤东一些企业创新水平总体不足，却有明显的创新特色优势，创新效率有一定竞争优势。所以，广东省应全面强化和企业创新相关的体制建设，促进企业自主创新政策体系的完善，并继续保持创新规模的领先优势，继续提高创新效率，优化创新环境。面对广东省内企业创新能力区域不均衡的情况，广东省各区域分别把握自身综合创新能力中的优势，例如，珠三角地区继续发挥创新领先作用，在发展创新驱动经济、建设创新示范区之余，辐射并带动省内其他地区；粤东、粤西部分城市可以借鉴珠三角的政策，有差异地发展自身的优势产业，加强引导地区龙头企业，引入特色创新项目，密切紧追领先地区的创新发展状况；粤西、粤北地区则努力补足区域企业的短板，挖掘创新发展潜力。总的来说，广东需协同省内各地企业的创新发展，均衡稳定地提高全广东省内企业的创新水平。

（2）政策优惠引导中小企业提高创新意识，服务平台建设助力中小企业创新发展。

大型企业是创新龙头，但中小企业是创新的主力军，应加大政府对中小企业自主创新能力的支持，出台相关的财税政策以引导、激励中小企业加大研发投入的资金和人才规模，增强中小企业的创新意识，并配合提高政府各部门工作的效率，提高工作的信息化管理水平。与此同时，也应重视建设为中小企业服务的平台和机构，推动中小企业进行资源的整合和成果的转化。综合性的服务平台将有效回应中小企业对于融通资金、招聘和选拔人才、共享基础设施、寻求研发产出向经营业绩转化路径等需求，而且服务平台和机构的建设能够有效发挥市场作用，中小企业能够根据自身发展需求选择合适且具有可信度的服务，这样有助于进一步提升中小企业的创新效率，由此推动广东省企业综合创新能力的提高。

（3）促使产、学、研相互促进，强化对知识产权和专利技术的保护，重视提高创新产出的转化水平。

广东省创新规模虽然得分较高，但创新效率不理想，要发挥广东整体的创新能力、创新规模和创新效率，创新的投入和产出转化要充分配合。这就要求我们注重补齐创新效率这个短板，不管是针对尚有创新效率提升空间的大型企业，还是针对创新效率较为落后的中小企业，都需要重视专业技术知识和信息的挖掘和创造，重视相关知识产权、专利技术的获得、保护和应用，重视各行业企业研发成果向经济效益的转化，以发展广东企业核心竞争力。而且技术效率得分不高，这使得技术在一定程度上成为限制广东省企业创新发展的原因。故此，广东省应加快建设高水平大学和科研院所，加大资金支持力度以促进技术型研发机构、科研院所的发展，重点选拔符合广东省产业转型升级需求、具有明显技术改进和技术创新、享有自主知识产权并能迅速和企业转化应用对接的科研项目。除此之外，鼓励企业和高等院校、科研院所沟通交流，促使产学研各个环节相互支持，相互促进，利用社会各方资源，共同攻关技术难题，切实提高企业乃至行业的技术水平，进而形成行业知识产权、专利技术的储备库，鼓励研究机构之间、企业之间、行业之间的知识共享，通过完善政策以降低知识产权保护成本，降低专利技术转化和共享成本，提高侵犯知识产权的违法犯罪成本。

（4）促进广东省产业结构优化，推动传统产业转型升级，加速高新技术企业的培育和孵化。

广东省企业中，制造业企业占比大，高新技术企业数量全国领先，为了提高广东省企业的创新水平，应进行产业结构优化，推动传统产业转型升级，加速高新技术企业的培育和孵化。传统产业需要用技术改进和技术创新来重新焕发生机，需要用管理体系与管理制度的革新来提高效率，一方面，对大型企业持续经营提供支持；另一方面，鼓励传统产业强化可持续发展思维，使传统产业中的龙头企业不但引领创新经济发展，还支持广东省升级改造和生态文明建设，从而减少高能耗、高污染的产业。另外，要坚持对高新技术产业的培育、孵化和扶持，完善对技术、资金、人才的高度投入以满足计算机、互联网行业等大量企业分布需要的需求，加大对中小型企业的财政政策优惠和补贴力度。根据广东省内各个区域经济发展的现状和目标、特色项目的引进和塑造方向，建立多个专业的创新企业孵化基地，通过汇集不同的资源，给予不同的指引，实现对高新技术行业的中小企业规模化、全流程的培育，还能够通过创新平台或创新项目的开发，吸引高技术、高素质人才，转化创新为创业，做好创新或创业成果的监督。

（5）培育高素质的创新型人才，强化广东省内交流和教育优势。

研发人员的投入也是评价的重要指标之一，创新型人才、技术型人才，有助于研发创造、知识流通和生产实践改进，完善广东省创新项目的人才选拔和培训机制能有效壮大科技人才队伍，强化知识创造和知识获取能力。对于中小型企业来说，创新型人才的人员素质也是关键的影响因素，能促进创新效率的提高，并能适应企业的个性化需求，使企业转创新产出为收益。所以，应当深化广东省区域内的对外经济发达优势，促进交流学习优势和教育优势，利用发明专利申请量、授权量来量化评价创新人才，并制定鼓励创新性、技术性人才创新创业的政策，以此扶植创新企业，开拓高新技术行业。

参考文献

李妍、何健文、刘永子、幸雯：《广东创新指数的构建及评价分析》，《创新监测与评价》2017 年第 2 期。

万陆、刘炜、谷雨：《广东城市创新能力比较研究》，《南方经济》2018 年第 8 期。

李妃养、黄何、陈凯：《广东各地市创新能力评价研究》，《科研管理》2018 年第 3 期。

李妍：《广东区域创新能力分析报告——基于〈中国区域创新能力报告 2015〉》，《广东科技》2017 年第 2 期。

姜文仙：《广东省区域科技创新能力评价研究》，《科技管理研究》2016 年第 8 期。

廖晓东、袁永、陈丽佳、胡海鹏：《珠三角西岸地市科技创新能力监测研究》，《科技与创新》2016 年第 20 期。

张治河、王艳伟、阎亮、徐晓庆：《上市公司创新能力评价研究—来自陕西省 41 家上市公司的数据》，《科研管理》2016 年第 3 期。

高丹丹、马宗国：《我国中小企业自主创新能力评价及提升对策研究——基于中小板上市公司的实证分析》，《科技管理研究》2016 年第 6 期。

嵇纬亚、冯国忠：《因子分析法评价我国医药上市公司创新能力》，《中国药事》2016 年第 7 期。

许晖、张海军：《制造业企业服务创新能力构建机制与演化路径研究》，《科学学研究》2016 年第 2 期。

孟枫平、张莉莉：《农业上市公司技术创新能力与企业价值关系研究》，《科技管理研究》2015 年第 18 期。

周率、张子健：《企业创新对 IPO 市场表现的研究文献综述》，《理论述评》2018 年第 4 期。

徐宁、徐鹏、吴创：《技术创新动态能力建构及其价值创造效应——来自中小上市公司的经验证据》，《科学学与科学技术管理》2014 年第 8 期。

陈朴、蔡兵：《广东工业竞争力提升研究——基于创新能力视角》，《岭南学刊》2015 年第 1 期。

袁永：《基于因子分析法的广东区域创新能力省际比较研究》，《特区经济》2016 年第 1 期。

张长生：《新世纪以来广东区域创新能力演变态势及提升对策》，《广东经济》2015 年第 11 期。

第九章　企业创新发展水平比较研究

——以深圳和杭州为例

一　引言

创新的概念最早由熊彼特 1912 年在其著作《经济发展理论》中提出，并被视为将生产要素的"新组合"引入生产体系的过程。长期以来，中国一直被认为是世界工厂，以低成本和模仿优势在世界上立足，获取竞争优势。近些年来，在科技型企业以及创新型城市的带动下，如今创新 DNA 正在不断地被植入中国企业当中，创新成为中国企业赢得国际竞争力的重要力量。尤其在创新型城市的强大推动力下，中国的创新发展水平逐步进入一个新阶段。

深圳和杭州是创新型城市两个典型的例子，一个是中国改革开放的示范区和创新发展的先行者，正加快建设社会主义现代化先行区；一个是在"大众创业、万众创新"中横空出世的新地标，紧紧抓住"后峰会、前亚运"的重大历史机遇，加快推进城市国际化，两者皆为创新之都、城市发展的尖子生。深圳技术创新达到一定的境界，杭州模式不断进行创新，两者都在新环境独领风骚，走出不一样的成功发展路径。

就目前来看，中国的创新发展水平还是要靠主要的大城市来拉动。作为政治中心的首都北京和金融中心的上海毋庸置疑是中国实力雄厚的大城市，在创新发展水平方面做出巨大的贡献。随着互联网的深入发展，创新之城也在不断涌现，尤其是深圳和杭州两座城市的创新势头不容小觑。在 2017 年G20 峰会之后，"北上杭深"的概念也开始流传，同时"创新之城"这个名号也在深圳与杭州之间来回摇摆。

深圳和杭州同时在发展，两者各具特色，在某些领域存在偏颇，关于杭州与深圳的创新之路何者更胜一筹有待考究。在互联网方面，阿里和腾讯则是时常被拿来比较的对象。杭州背靠强大的互联网公司阿里巴巴建起了强有力的网络系统，互联网铺设的力度非常大，不仅生活随处可见支付宝，而且政府很多政务服务在支付宝上也能一键体验。在深圳，则深受腾讯的影响。在国际化方面，杭州作为省会城市，在政治、文化方面的聚合力独树一帜，亚运会和 G20 峰会都选择在杭州举办，这为其承办国际性会议积累了更加丰富的经验。深圳的国际性企业最多，尤其拥有全世界最完整的科技产业链，这也让大量的国外科技产业在深圳落地生根。

在城市创新能力与未来潜能上，独角兽企业可以作为一个参照。现在深圳有独角兽企业 27 家，全国排名第三，估值 361.9 亿美元，全国排名第四。杭州有独角兽企业 18 家，全国排名第四，估值却是 753.3 亿美元，全国排名第三。而在产业方面，杭州的信息经济、文创产业发达，而深圳的实体经济氛围浓厚，高新技术产业属性高。

有学者对两者进行简单对比发现，深圳企业多以制造业为主，这在很大程度上揭示了其创新主体应为制造业企业，更为追求技术创新，在互联网方面的企业虽有腾讯等突出代表，但其并未追赶上制造业的创新步伐；而杭州在互联网方面尤为突出，创新创业氛围浓厚，侧重对商业模式的创新，在技术创新方面稍有逊色。无论深圳抑或杭州，在制造业或互联网行业创新都有助于该地的企业创新发展水平的提升。

根据先前学者的研究发现，本章选取规模型指标和效率型指标两个一级指标和研发投入、研发人员、专利数量、销售利润率、研发强度、商业模式新颖性和技术效率七个二级指标来对深圳和杭州两个城市的上市企业进行创新发展水平比较，探索两个城市上市公司突破发展瓶颈的有效途径，期望为其他省市企业的创新发展提供参考。

二 创新指标体系选取

本章的指标体系主要参考浙江大学管理学院 2017 年提出的创新指数指标体系，如图 9 - 1 所示。

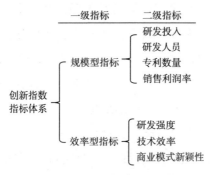

图 9 - 1 创新指数指标体系

说明：本表参考浙江大学管理学院《中国企业创新发展报告 2017》。

资料来源：浙江大学管理学院主编《中国企业创新发展报告 2017》所得。

根据浙江大学管理学院的《中国企业创新发展报告 2017》，本章主要选取了两大维度的一级指标来揭示企业的创新水平，一是规模型指标，二是效率型指标；主要目的是用规模型指标来体现企业对创新的投入及产出情况，用效率型指标来表明企业在创新发展过程中的效率现状，以此来说明企业是否达到效率最大化。同时，本章也选取了七个变量作为二级指标，原因如下：

（1）研发投入：直接反映企业在研发上的财务资源以及支持。

（2）研发人员：可以反映企业隐性知识的数量，作为企业技术研发的核心力量。

（3）专利数量：可理解为企业所拥有的显性知识，为企业直接创新产出。

（4）销售利润率：间接体现出企业的创新势力，以及企业在市场上具有足够的定价能力，其背后反映出其平均销售利润率具有优势。

而对于创新效率，考虑到有些企业缺少雄厚的资金支持，对于研发投入少，但创新活动的产出效率高。因此，创新效率可由以下三个指标来解释：

（1）研发强度：研发投入占企业销售额的比例。

（2）商业模式新颖性：对于很多企业而言，商业模式的创新是具有挑战性的。商业模式是一种描述企业如何在市场中做生意的全面视角，其解决的是企业创造价值、传递价值和获取价值的过程。将其与所在行业平均状态进行对比，可以得知该企业在行业中的新颖程度。

（3）技术效率：一般来说，企业在资源利用上达到最理想情况下应该得到一个最大的潜在产出水平。然而，真实产出水平往往由于资源没有得到充分利用，而低于上述理想状态（即潜在产出）。技术效率是用来衡量一个企业在等量要素投入条件下，其产出距离最大产出的距离；距离越大，则技术效率越低。

三 样本选取及数据处理

（一）样本选取

本文数据均采用公开的二手数据，数据主要从 Wind 金融资讯网和国泰安数据库获取，部分数据从企业年报和国家知识产权局的专利检索系统补充；选取公司注册所在地为深圳和杭州的 A 股上市公司，筛选出 2016 年和 2017 年的数据，且剔除所有 ST* 股、ST 股和退市的企业；根据数据的可获得性和完整性，剔除涉及关键指标字段缺失的企业（如某一个二级指标的数据缺失）和数据异常的企业，最终选取深圳的样本企业 223 家，杭州的样本企业 103 家，共 326 家 A 股上市公司；其中样本企业涉及主板、中小板和创业板三大板块，如图 9 - 2 所示；为使行业分布更清晰，本章采取证监会行业门类进行分类，如图 9 - 3、图 9 - 4 所示。

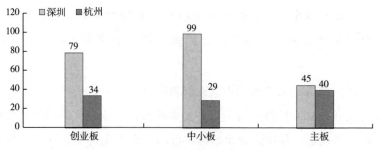

图 9-2 326家A股上市公司板块分布情况

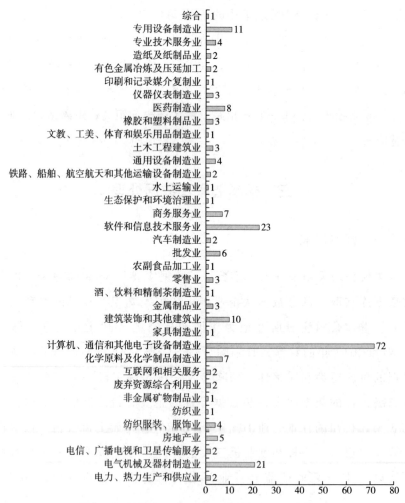

图 9-3 深圳223家A股上市公司行业分布情况

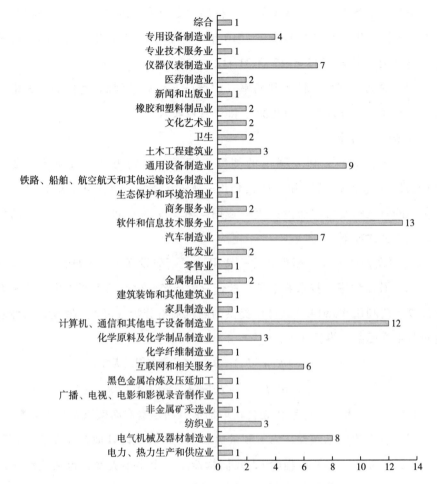

图 9-4 杭州 103 家 A 股上市公司行业分布情况

（二）数据处理

1. 规模型指标

（1）研发投入：来自 Wind 数据库的"研发费用"字段，缺失的数据从对应企业的年报中进行补充。

（2）研发人员：来自 Wind 数据库的"技术人员人数"字段，缺失的数据从对应企业的年报中进行补充。

（3）专利数量：来自国家知识产权局的专利检索系统，以上市公司为申请人，查询公告（公开）日介于2016年1月1日至2016年12月31日以及2017年1月1日至2017年12月31日的专利总量。

（4）销售利润率：销售利润率（ROS）＝税后净利润/销售额，其中对应的数据库字段分别为"净利润"和"营业收入"。

2. 效率型指标

（1）研发强度：研发强度的测度有两类，分别为"研发强度—费用（研发投入/营业收入）"和"研发强度—人员（研发人员/员工总数）"。本章所用的研发强度为"研发强度—费用"和"研发强度—人员"二者的均值，计算公式如下：

研发强度 ＝〔（研发强度—费用）＋（研发强度—人员）〕2

（2）技术效率：技术效率是衡量企业生产经营效率的重要指标。技术效率计算主要利用Stata14.0软件中提供的随机前沿分析（SFA）模块，估计超越对数生产函数，模型如下：

$$\ln(Q_i) = \beta_0 + \beta_1 \ln(K_i) + \beta_2 \ln(L_i) + \beta_3 [\ln(K_i)]^2 +$$
$$\beta_4 [\ln(L_i)]^2 + \beta_5 \ln(K_i)\ln(L_i) + (v_i - \mu_i)$$

其中，Q_i、K_i、L_i分别代表公司增加值、固定资产净额以及员工人数。

（3）商业模式新颖性：为了测量焦点企业同行业内其他企业商业模式平均水平的差异性（即新颖程度），我们构造了一个多维矢量，包括流动资产与收入比、前五大客户占比、前五大供应商占比、营业周期、销售费用率共5个维度。计算公式如下：

$$商业模式新颖性 = 1 - \frac{V_{ij}V_j{'}}{\sqrt{V_{ij}V_{ij}{'}} \times \sqrt{V_jV_j{'}}}$$

其中，V_{ij}为焦点企业的矢量，V_j为行业平均水平的矢量。

增加值的计算方式依据收入法，其计算公式如下：

公司增加值 ＝ 应付职工薪酬 ＋ 应交税费 ＋ 应付利息 ＋ 固定资产折旧 ＋ 资产减值损失 ＋ 公允价值变动收益 ＋ 投资收益 ＋ 汇兑收益 ＋ 营业利润

对于企业增加值为负值的情况，因为对负的企业增加值取对数之后会生成缺失值，为便于更为合理地计算这类企业的创新指数得分，因此，在计算技术效率之前，将这类缺失值统一替换为0。

四　权重生成及得分计算

（一）权重生成

权重计算一般有两种方式：一种是利用德尔菲法让专家对每个指标进行打分，从而确定各个指标的权重，但是这种方法主观性较强，不稳定；另一种则是本章运用的方法，即统计的方法，利用所获得的二手数据更加客观地计算出每个指标的权重，确保测度的客观性。具体做法如下。

1. 选择因变量

EVA即经济增加值是一种评价企业经营者有效使用资本和为股东创造价值的能力，并体现企业最终经营目标经营业绩的考核工具。与其他衡量指标不同的是，EVA考虑了带来企业利润的使用资金成本，真切揭示了企业的经济业绩，帮助企业判断是否当期为股东创造价值。创新的目的就是提升绩效，EVA则是反映绩效的工具，因此选择EVA作为因变量。

2. 自变量及其无量纲化

因为将绩效作为因变量，而各指标对创新的贡献则反映在绩效上，因此选择创新指标中的二级指标作为自变量，即研发投入、研发人员、专利数量、销售利润率、研发强度、技术效率、商业模式新颖性七个变量。

由于自变量的量纲不统一，各个行业之间差别大，这样会使估计的误差很大。因此，为了使各自变量跨行业有可比性，首先对各个变量剔除行业均值，排除行业带来的差异，然后进行无量纲化，将其取值统一在0~10范围内，便于模型的回归。公式如下：

$$Z_i = \frac{x_i - x_{min}}{x_{max} - x_{min}} \times 10$$

其中，X_i表示自变量X的第i个观测的取值，X_{max}和X_{min}分别表示第i个自变量的最大值和最小值, Z_i 表示 X_i 无量纲化后的取值。

3. 回归分析与权重计算

选择 2017 年的 EVA 作为因变量, 选择 2016 年无量纲化后的研发投入、研发人员、专利数量、销售利润率、研发强度、技术效率、商业模式新颖性作为自变量, 控制变量为 2016 年的员工总数和企业年龄, 运用 Stata14.0 软件进行 OLS 回归。第 1 个模型为基础模型, 只放入控制变量。第 2~8 个模型, 每个模型都在前一个模型的基础上新增一个自变量。最后会得到 8 个回归结果。因为回归模型的 R^2 衡量了该模型中自变量和控制变量对因变量的解释程度, 而每新增一个自变量进入回归模型都会导致 R^2 的增大 (或者不变), 因此, 新增一个自变量所导致的回归模型 R^2 的增加值代表了该自变量对因变量的贡献。每个自变量权重计算公式如下:

$$W_i = \frac{\Delta R_i^2}{R_8^2 - R_1^2}$$

其中, W_i 表示第 i 个模型在第 $i-1$ 个模型的基础上新增的自变量的权重; R_8^2 表示第 8 个模型 (包含 2 个控制变量和 7 个自变量的回归模型) 的 R^2, R_1^2 表示第 1 个模型 (仅包含 2 个控制变量) 的 R^2, $R_8^2 - R_1^2$ 表示全部 7 个自变量对因变量的贡献; $\Delta R_i^2 = R_i^2 - R_{i-1}^2$ 表示在第 $i-1$ 个模型的基础上增加一个自变量所导致的 R^2 的增加值。

根据上述方法, 可算出深圳和杭州每个指标的权重, 如表 9-1 所示。

表 9-1   各指标权重

变量名	权重
研发投入	0.2011
研发人员	0.1437
专利数量	0.0419
销售利润率	0.1125
研发强度	0.0949
技术效率	0.3934
商业模式新颖性	0.0124

由表 9-1 可以看出，技术效率权重占比最高，说明技术效率在 7 个二级指标中占据重要的地位，其次是研发投入，权重最小的则是商业模式新颖性。

（二）得分计算

创新指数得分可分为两部分，"创新能力"得分和"创新效率"得分，其中，"创新能力"得分的计算基于规模型和效率型 7 个二级指标，而"创新规模"得分基于规模型指标，"创新效率"得分基于效率型指标，具体做法如下：

1. 创新能力得分

计算公式如下：

$$Yi = \left(\sum_{i=1}^{7} w_i \times x_i \right) \times 10$$

其中，$x_1 \sim x_7$ 分别是无量纲化后的研发投入、研发人员、专利数量、销售利润率、研发强度、商业模式新颖性和技术效率，Wi 表示第 i 个变量的权重，x_{10} 是为了使创新能力得分的取值范围在 $0 \sim 100$。

2. 创新规模得分

计算公式如下：

$$Yi = \left(\sum_{i=1}^{4} \frac{w_i}{w_1 + w_2 + w_3 + w_4} \times x_i \right) \times 10$$

其中，$x_1 \sim x_4$ 分别是无量纲化后的研发投入、研发人员、专利数量以及销售利润率。

3. 创新效率得分

计算公式如下：

$$Yi = \left(\sum_{i=5}^{7} \frac{w_i}{w_5 + w_6 + w_7} \times x_i \right) \times 10$$

其中，$x_5 \sim x_7$ 分别是无量纲化后的研发强度、商业模式新颖性和技术效率。

五　估计结果与实证分析

根据上述方法，本章通过计算得出 2017 年深圳和杭州两个城市各自的创新得分，揭示了两个城市分别在创新势力、创新规模和创新效率上的水平，同时列举了两个城市 2017 年在三个创新得分上排名前 30 的企业，如表 9－2 至表 9－4 所示。以下将通过创新得分的比较来更好地说明两个城市的整体创新发展水平及特点。

表 9－2　2017 年深圳和杭州创新势力得分排名前 30 企业

深圳			杭州		
证券简称	所属证监会行业名称	创新势力	证券简称	所属证监会行业名称	创新势力
中兴	计算机、通信和其他电子设备制造业	87.96	海康威视	计算机、通信和其他电子设备制造业	66.75
比亚迪	汽车制造业	74.45	浙数文化	互联网和相关服务	59.15
金地集团	房地产业	52.75	华铁科技	租赁业	53.35
普路通	商务服务业	48.68	大华股份	计算机、通信和其他电子设备制造业	33.89
华侨城 A	房地产业	44.97	思美传媒	商务服务业	28.19
深大通	商务服务业	39.62	杭钢股份	黑色金属冶炼及压延加工	18.12
深康佳 A	计算机、通信和其他电子设备制造业	31.65	荣盛石化	化学纤维制造业	17.98
爱施德	批发业	29.98	恒生电子	软件和信息技术服务业	17.63
大晟文化	软件和信息技术服务业	26.47	物产中大	批发业	17.28
中集集团	金属制品业	26.44	祥源文化	文化艺术业	15.45
健康元	医药制造业	25.71	长川科技	专用设备制造业	14.90
深圳能源	电力、热力的生产和供应业	24.41	杭州园林	专业技术服务业	13.69
英可瑞	电气机械及器材制造业	19.17	顺网科技	互联网和相关服务	13.33
深中华 A	铁路、船舶、航空航天和其他运输设备制造业	18.71	老板电器	电气机械及器材制造业	11.68
冰川网络	软件和信息技术服务业	18.29	华东医药	零售业	10.81
民德电子	计算机、通信和其他电子设备制造业	16.20	数源科技	综合	10.46

续表

深圳			杭州		
证券简称	所属证监会行业名称	创新势力	证券简称	所属证监会行业名称	创新势力
汇顶科技	计算机、通信和其他电子设备制造业	15.71	亿帆医药	医药制造业	10.23
广田集团	建筑装饰和其他建筑业	15.44	宋城演艺	文化艺术业	9.87
方大集团	金属制品业	15.30	同花顺	软件和信息技术服务业	9.84
全新好	房地产业	14.86	汉鼎宇佑	软件和信息技术服务业	9.44
宝鹰股份	建筑装饰和其他建筑业	13.15	顾家家居	家具制造业	9.35
立讯精密	计算机、通信和其他电子设备制造业	13.12	诚邦股份	土木工程建筑业	9.00
建艺集团	建筑装饰和其他建筑业	12.95	万向钱潮	汽车制造业	8.87
欧菲科技	计算机、通信和其他电子设备制造业	12.23	纵横通信	软件和信息技术服务业	8.60
深赤湾A	水上运输业	12.10	初灵信息	软件和信息技术服务业	8.09
同益股份	批发业	12.08	海兴电力	仪器仪表制造业	8.05
禾望电气	电气机械及器材制造业	12.06	聚光科技	仪器仪表制造业	7.99
大族激光	专用设备制造业	12.04	银江股份	软件和信息技术服务业	7.77
瑞和股份	建筑装饰和其他建筑业	11.18	电魂网络	互联网和相关服务	7.14
文科园林	土木工程建筑业	11.16	正元智慧	软件和信息技术服务业	7.14

表9-3 2017年深圳和杭州创新规模得分排名前30企业

深圳			杭州		
证券简称	所属证监会行业名称	创新规模	证券简称	所属证监会行业名称	创新规模
中兴	计算机、通信和其他电子设备制造业	95.33	海康威视	计算机、通信和其他电子设备制造业	94.23
比亚迪	汽车制造业	50.65	大华股份	计算机、通信和其他电子设备制造业	57.14
欧菲科技	计算机、通信和其他电子设备制造业	14.10	恒生电子	软件和信息技术服务业	31.07
立讯精密	计算机、通信和其他电子设备制造业	13.32	荣盛石化	化学纤维制造业	17.39
深天马A	计算机、通信和其他电子设备制造业	13.22	浙数文化	互联网和相关服务	16.69

深圳			杭州		
证券简称	所属证监会行业名称	创新规模	证券简称	所属证监会行业名称	创新规模
中集集团	金属制品业	12.43	顾家家居	家具制造业	16.46
大族激光	专用设备制造业	11.59	老板电器	电气机械及器材制造业	14.5
海能达	计算机、通信和其他电子设备制造业	10.19	万向钱潮	汽车制造业	12.93
神州信息	软件和信息技术服务业	10.08	同花顺	软件和信息技术服务业	12.63
健康元	医药制造业	9.79	聚光科技	仪器仪表制造业	12.50
长盈精密	计算机、通信和其他电子设备制造业	9.38	士兰微	计算机、通信和其他电子设备制造业	12.24
大晟文化	软件和信息技术服务业	8.88	亿帆医药	医药制造业	11.79
欣旺达	电气机械及器材制造业	8.84	信雅达	软件和信息技术服务业	11.69
汇顶科技	计算机、通信和其他电子设备制造业	8.61	华东医药	零售业	11.20
中国长城	计算机、通信和其他电子设备制造业	8.58	航天通信	批发业	10.97
汇川技术	电气机械及器材制造业	8.37	东南网架	土木工程建筑业	10.48
长园集团	计算机、通信和其他电子设备制造业	8.08	巨星科技	金属制品业	10.38
金地集团	房地产业	7.91	物产中大	批发业	10.22
信立泰	医药制造业	7.65	贝达药业	医药制造业	10.11
赢时胜	软件和信息技术服务业	7.48	联络互动	软件和信息技术服务业	9.67
华润三九	医药制造业	6.98	东方通信	计算机、通信和其他电子设备制造业	9.47
深康佳A	计算机、通信和其他电子设备制造业	6.91	海兴电力	仪器仪表制造业	9.23
科陆电子	仪器仪表制造业	6.89	浙大网新	软件和信息技术服务业	8.36
方大集团	金属制品业	6.72	万马股份	电气机械及器材制造业	8.16
铁汉生态	土木工程建筑业	6.64	杭叉集团	通用设备制造业	8.07
南玻A	非金属矿物制品业	6.62	顺网科技	互联网和相关服务	8.06
共进股份	计算机、通信和其他电子设备制造业	6.58	亚太股份	汽车制造业	7.62
天源迪科	软件和信息技术服务业	6.56	南都电源	电气机械及器材制造业	7.62

续表

深圳			杭州		
证券简称	所属证监会行业名称	创新规模	证券简称	所属证监会行业名称	创新规模
信维通信	计算机、通信和其他电子设备制造业	6.55	中金环境	通用设备制造业	7.39
华侨城 A	房地产业	6.43	传化智联	商务服务业	7.33

表 9 – 4　2017 年深圳和杭州创新效率得分排名前 30 企业

深圳			杭州		
证券简称	所属证监会行业名称	创新效率	证券简称	所属证监会行业名称	创新效率
比亚迪	汽车制造业	93.80	华铁科技	租赁业	98.80
金地集团	房地产业	89.06	浙数文化	互联网和相关服务	98.31
普路通	商务服务业	85.04	思美传媒	商务服务业	51.73
中兴	计算机、通信和其他电子设备制造业	82.14	海康威视	计算机、通信和其他电子设备制造业	46.93
华侨城 A	房地产业	76.18	杭钢股份	黑色金属冶炼及压延加工	28.40
深大通	商务服务业	67.73	祥源文化	文化艺术业	27.04
深康佳 A	计算机、通信和其他电子设备制造业	51.70	物产中大	批发业	24.18
爱施德	批发业	51.23	长川科技	专用设备制造业	23.76
大晟文化	软件和信息技术服务业	40.72	杭州园林	专业技术服务业	23.69
深圳能源	电力、热力的生产和供应业	39.92	荣盛石化	化学纤维制造业	19.42
健康元	医药制造业	38.62	顺网科技	互联网和相关服务	18.51
中集集团	金属制品业	37.81	数源科技	综合	16.87
深中华 A	铁路、船舶、航空航天和其他运输设备制造业	30.90	大华股份	计算机、通信和其他电子设备制造业	15.92
英可瑞	电气机械及器材制造业	30.74	诚邦股份	土木工程建筑业	14.99
冰川网络	软件和信息技术服务业	28.38	汉鼎宇佑	软件和信息技术服务业	14.84
民德电子	计算机、通信和其他电子设备制造业	24.95	宋城演艺	文化艺术业	14.58
全新好	房地产业	23.88	纵横通信	软件和信息技术服务业	13.87
广田集团	建筑装饰和其他建筑业	23.39	初灵信息	软件和信息技术服务业	11.62
方大集团	金属制品业	22.25	华东医药	零售业	11.03

续表

	深圳				杭州		
证券简称	所属证监会行业名称	创新效率		证券简称	所属证监会行业名称	创新效率
汇顶科技	计算机、通信和其他电子设备制造业	21.47		正元智慧	软件和信息技术服务业	10.66
建艺集团	建筑装饰和其他建筑业	19.95		平治信息	互联网和相关服务	10.47
宝鹰股份	建筑装饰和其他建筑业	19.69		先锋电子	仪器仪表制造业	10.18
同益股份	批发业	18.8		老板电器	电气机械及器材制造业	9.84
深赤湾A	水上运输业	17.56		银江股份	软件和信息技术服务业	9.75
禾望电气	电气机械及器材制造业	17.26		亿帆医药	医药制造业	9.44
瑞和股份	建筑装饰和其他建筑业	16.69		元成股份	土木工程建筑业	9.06
国民技术	计算机、通信和其他电子设备制造业	16.68		电魂网络	互联网和相关服务	8.28
飞马国际	商务服务业	16.63		同花顺	软件和信息技术服务业	7.99
文科园林	土木工程建筑业	16.45		福斯特	橡胶和塑料制品业	7.84
南山控股	房地产业	15.15		兴源环境	生态保护和环境治理业	7.78

（一）深圳与杭州创新得分比较

本章利用描述统计分析方法，将深圳和杭州两个城市 2017 年的企业创新得分进行整理统计，以便更清晰地比较两个城市企业之间创新得分的高低以及差异。以下将通过比较深圳和杭州的整体创新水平、行业以及板块间的差异，来揭示深圳企业与杭州企业在不同行业和三大板块之间的创新水平。

（1）创新水平比较：深圳拥有一批先进的创新企业，在平均水平上低于杭州企业。

从图 9-5 可以看出，在创新水平上，与杭州相比，2017 年深圳创新水平均值低于杭州企业的得分，但是两者相差很小。同时，深圳创新水平排名前 30 企业的均值却比杭州的分数高，这说明深圳在创新能力方面有着一批强势的先进企业。对于深圳而言，中兴通讯创新水平居于首位，在创新研发的投入力度很强，在一定程度上拉动了深圳前 30 企业的创新水平，但是由于深圳上市公司数量高出杭州一倍，创新水平参差不齐，导致深圳企业平均

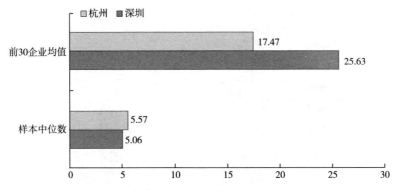

图 9 - 5　2017 年深圳和杭州企业创新水平比较

创新水平低于杭州企业。

（2）创新规模比较：深圳企业总体规模水平遥遥领先，而杭州前 30 企业反超深圳企业。

在创新规模上，深圳企业规模总值领先于杭州企业，这在一定程度上说明深圳企业在创新投入及产出规模方面比杭州企业要高些；而杭州企业在前30 上反超深圳企业，这说明杭州企业前 30 企业在创新规模的投入较多。尤其在创新规模上，深圳企业得分高达 95.33 分，深圳对创新投入规模大，同时也能说明深圳比同类创新型城市的创新能力强；其主要原因是，首先，深圳在全国率先提出以创新驱动发展战略作为城市的主导战略，并先后出台全国首部国家创新型城市总体规划、促进科技创新的地方性法规、自主创新"33 条"、创新驱动发展"1 + 10"文件等，构建了覆盖各领域的创新政策体系。尽管杭州同样加大对创新的投入，但力度远不足深圳。2017 年，深圳全社会研发投入超过 900 亿元，占 GDP 比重提升至 4.13%，且非金融房地产业上市公司全年研发支出达 474.23 亿元，研发强度在全国位于前列（见图 9 - 6）。

（3）创新效率比较：与杭州企业相比，深圳企业更具效率优势。

在创新效率方面，深圳企业全样本均值以及排名前 30 企业均值都比杭州企业高，其中排名前 30 企业均值比杭州高出 15.3 分（见图 9 - 7），在样本量深圳高于杭州一倍的情况下，均值仍比杭州企业高，这说明深圳企业在

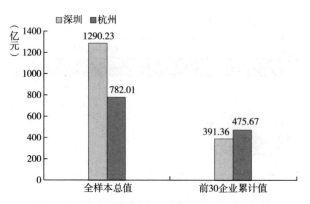

图 9 - 6   2017 年深圳和杭州企业创新规模比较

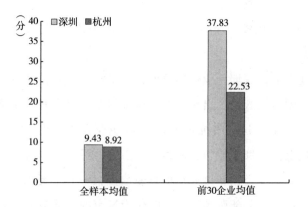

图 9 - 7   2017 年深圳和杭州企业创新效率比较

创新效率上比杭州企业更具优势。根据 2017 年杭州统计局的经济报告，杭州的创新增速是 8%，规模以上工业企业科技活动经费支出总额增长 24.3%，购置技术成果费增长 29.6%，这说明杭州虽然在创新投入方面加大力度，同时也需要提升前 30 企业的效率。

（4）行业比较：杭州"互联网＋企业"后劲十足，深圳以制造业为主，企业实力雄厚。

由图 9 - 8 可以看出，杭州在"互联网＋企业"的创新得分全面占优，2017 年杭州以阿里巴巴、网易为代表的信息经济借力城市互联网的基础设施和发展趋势顺势而上，进行创新升级，并且取得很大的成效。而深圳的制造业成分更浓厚，这决定了制造业是创新主体，在"互联网＋企业"方面的技术创新表现沉稳。

从图9－9可以看出，深圳企业在非互联网行业中，创新势力和创新规模最大值都高于杭州，虽然均值比杭州低，但差异不大，这说明在非互联网方面深圳企业在创新势力和创新规模上处于领先地位。其中，深圳的制造业通

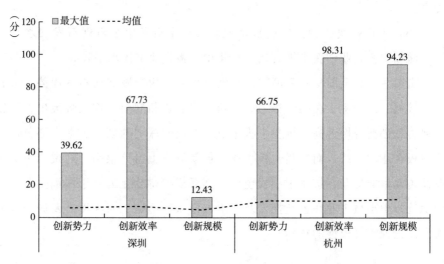

图9－8　2017年深圳和杭州的"互联网＋企业"创新得分比较

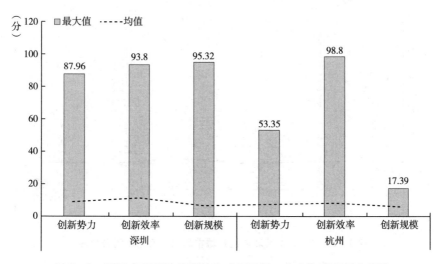

图9－9　2017年深圳和杭州的非"互联网＋企业"创新得分比较

过转型升级，虽然受到互联网等高新技术产业的冲击，但是也得益于这些新兴产业，从而进行改革升级，加大创新投入的力度，提高其在行业间的竞争力。而杭州的工业在创新效率上表现突出，最大值高达98.8，这说明杭州非"互联网＋企业"的创新效率水平较高，但在创新水平和规模上略处于劣势，这说明杭州在创新投入方面比不上深圳，尽管效率高，但整体水平有待提高。

（5）上市板块比较：创业板略处劣势，主板和中小板创新发展水平较高；深圳主板企业创新水平突出，杭州中小板企业主体水平较高。

由图9-10至图9-12可知，在创业板上，两个城市均不占优势，得分相对较低。深圳主板在创新势力、创新效率和创新规模上都表现突出，且创新势力和创新规模远高于杭州主板企业，这说明深圳的创新水平大部分得益于主板企业的支持；而杭州主板企业在创新效率上得分很高，这说明主板企业注重效率的提升，杭州中小板企业在创新规模得分上远高于深圳企业，这说明杭州中小板企业在创新投入及产出方面做得不错，而深圳需要进一步加大研发投入等规模性的指标。

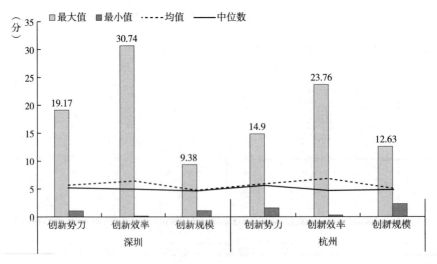

图9-10　2017年深圳和杭州城市的创业板创新得分比较

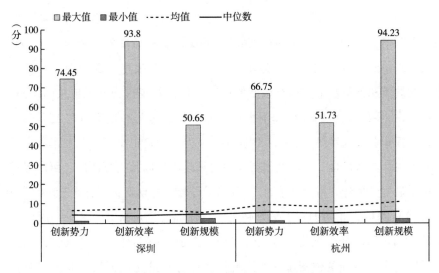

图 9-11 2017 年深圳和杭州的中小板创新得分比较

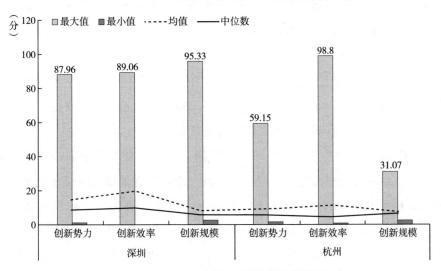

图 9-12 2017 年深圳和杭州的主板创新得分比较

六 对策与建议

（一）结论

（1）城市内部上市公司之间创新发展不均衡，这表现在板块及行业之间的不平衡上。无论是深圳还是杭州,在创新势力、创新效率以及创新规模方面企业间的差距大,企业间创新发展不平衡,既有高端先进企业,也有低端低发展水平的企业,这使得整体水平不高。深圳主板企业创新得分明显占优势,在规模和创新水平上都有很好的体现,且创新规模为三大板块的最高分。总体来说,两个城市的主板和中小板企业在创新势力和创新效率上都表现突出,主板企业资金雄厚,能够对创新投入大力支持;中小板企业在市场上的活跃程度高,灵活性强,可激发创新活动的不断增加以及提高产出。而两者的创业板明显处于劣势,得分几乎在30分以下,与先进创新企业有着明显的差距。

(2)深圳企业间创新水平差距大。从深圳与杭州的对比来看,深圳企业创新平均水平略低于杭州企业,但深圳排名前30企业的均值比杭州企业高,这说明深圳企业间的创新水平差距大,在拥有一批先进创新企业的同时,排名靠后的企业拖了后腿。但由于没有把华为等强大的企业纳入样本中来,在一定程度上减弱了深圳在创新水平上的优势。

(3)杭州前30企业创新规模与创新效率呈反比。结果显示,杭州排名前30企业在规模上反超深圳,但是效率均值低于深圳,说明在加大创新投入、扩大规模的同时,是效率的增速跟不上规模的增速,导致规模与效率没有形成正比的关系,因此影响了整体的创新水平。

(4)深圳以制造业为主的非"互联网+企业"转型升级取得成效,而制造业方面成为杭州的短板,但"互联网+企业"有着很大的提升空间。在行业对比后可以看出,深圳在非"互联网+企业"方面具有较强的创新水平,而杭州整体创新水平较深圳而言略低。目前深圳制造业数量在减少,但质量在提升,是由于人力成本、土地成本、租房成本不断上升,低附加值的传统制造业迫切需要转型升级,使得深圳在制造业方面有较大的改善。而杭州由于互联网行业等信息产业的快速发展,传统制造业跟不上新兴产业发展的步伐,成为杭州创新发展的短板行业。

(二)建议

(1)改善城市间企业创新水平的差距,使得企业间均衡发展。发挥企业主体的作用，鼓励企业创新，尤其是中小企业，激励该类企业通过自身的自主创新提升自身的企业软实力，增加创新实力，从而在市场上占据有利地位。同时，政府也应该大力支持企业的创新发展，完善产业的生态以及配套设施建设，聚焦创新驱动和结构优化，着力推动经济高质量发展，推动其利用政府的优惠政策，协力打造一个创新型的城市。加大政府对创新产业的扶持力度和服务采购力度，促进企业技术创新进步，推动新技术的应用。同时，要深化国有科研机构改革、培育民营科研机构，充分激发科研机构活力，让创新的源泉不断；也要积极与国内外科研机构进行合作，吸收更多领域的知识，更好地激发创新动力。大小企业之间也要相互借鉴学习，企业自身要进行自我提升，积极拓宽融资渠道，加大 R&D 经费投入，懂得利用互联网优势，加快科研成果转化率，使中小企业更好地适应社会的迅速发展，依靠创新存活，拉小企业间的创新差距，使得企业更好地均衡发展。

（2）稳定中小板和主板的地位，努力提升创业板的创新实力。深圳主板市场多以制造业为主，因此深圳的先进制造要形成全链条，要打造装备制造业的生态系统，才能更加稳定地长期发展。而杭州需要对三大板块的企业做更进一步的合理完善，让三大板块的企业不断焕发创新活力，提高市场的创新氛围。杭州当前制造业和服务业驱动力出现失衡，在互联网经济高速发展的情况下，更应通过双驱动力来使得各板块之间的发展更加平衡。而深圳是制造业和服务业双轮驱动，制造业始终占据重要地位，加大创新投入和科技研发，在保证制造业创新重要地位的同时追求稳中发展，促进服务业高质量发展和创新。

（3）推动传统制造业产业转型升级，提高生产效率。无论是深圳抑或杭州，在传统制造业上必须采取有效的措施进行改造，深化改革创新，推动创新平台的建设，促进产业链、创新链、资金链、人才链深度融合，积极配合，努力构建全域创新的新格局，将原有的劳动密集型产业升级为知识密集型产业。G20 峰会后杭州城市形象快速提升，同时，互联网、电子商务等优势产业不断做大做强，创新创业氛围浓厚，阿里巴巴、网易等巨头对一线城市和海外人才的吸附力迅速增强，甚至能吸引到美国科技大企业任职高管

"回流"，人才的吸附在一定程度上推动了产业的转型升级，有益于带动非优势产业的创新发展。深圳则依靠雄厚的产业基础来加大调整整合力度，不断加强创新产业扶持政策，为创新提供强有力、更具针对性的支持。同时，重点关注关键技术创新、大平台构筑和培育壮大科技型中小企业等主体，合理使用创新企业扶持专项资金，规范使用创新资金经费。再者，可以重点突破关键领域，对特定产业的扶持由均衡用力转变为精准发力，在资源配置方面以市场化为主，使得产业发展更加合理化。

（4）推进榜样学习，总结经验和方法。深圳可以借鉴杭州在互联网行业中的创新发展模式，低端企业需要进一步进行商业模式的创新，寻求更好的发展。同时，深圳排名靠后的企业也需要向排名靠前的企业学习创新方面的管理经验，提升自身的创新水平。而杭州可以对自身制造业的改善以及传统行业进行改造，向深圳看齐。城市间可进行友好合作往来，互惠互利，致力于各自创新水平的不断发展，更好地打造一个创新型的社会，助力中国创新发展。对标深圳，杭州应围绕建设现代化、国际化创新型城市，强化、巩固、提升城市创新基因，扎实推进以科技创新为核心的全面创新，加快基础研究、技术开发、成果转化、金融支持的全链条创新。而深圳在互联网信息经济和文创经济方面应多借鉴杭州的成功经验，推动商业模式创新，借助城市互联网土壤和基因进行创新升级，促进制造业发展转型变革。

第十章　华为创新发展案例

追溯历史，从一家规模较小的通信产品代理商发展成为今天排名中国乃至世界前列的通信设备供应商，华为在全球通信产业价值链中的地位不断攀升，演绎了一个从模仿到自主创新、从销售产品到推销方案和服务、从拼价格到树品牌，从非主流到跻身世界主流通信设备提供商的演变过程。

一　企业背景与基本情况

1978 年，华为公司创始人任正非从部队转业，1987 年 9 月在深圳创办了华为技术有限公司，华为以"民间科技企业"的身份，获得深圳市工商局的批准，注册资本 2.1 万元人民币，建立之初只有 14 人。1988 年开始正式营业，经营范围是小型程控交换机、火灾报警器、气浮仪开发生产及有关的工程承包咨询。

起初的两年，华为主要业务为代销香港康力公司的 HAX 交换机，代销风险小且利润稳定，经过几年的艰苦创业，在进入 20 世纪 90 年代之后，华为的财务状况有了明显的好转。华为在 1991 年开始自行开发通信设备，其第一个重要产品是 C&C08 程控交换机。到 1997 年，以华为为代表的中国电信设备制造商，在交换机、接入网、光网络等领域已经形成一股令国际电信巨头们不可小觑的"中国势力"，跨国公司在中国电信设备市场占据的市场份额逐渐被华为等中国企业收复。华为的年销售额也从 1992 年的 1 亿多元人民币攀升至 1997 年的 41 亿元人民币，到 2002 年，则上升至 221 亿元人民币，出口额达到 5.5 亿元人民币。近十多年来，华为一直保持着销售额和净利润快速增长的发展态势（见图 10 - 1）。

图 10 - 1　华为历年销售额与净利润

华为最初是靠模仿跨国公司的产品进入电信设备行业的，但华为一直没有中断过对技术和产品的自主研究开发。目前，华为已进入具有完全知识产权的独立研制阶段。在技术方面，华为长期坚持不少于销售收入 10% 的研发投入，2017 年研发费用支出高达 897 亿元，约占总收入的 14.9%，仅次于亚马逊，与谷歌齐平。华为坚持将研发投入的 10% 用于预研，对新技术、新领域进行持续不断的研究和跟踪。截至 2017 年，华为在全球建立了 16 个研发中心、36 个联合创新中心，累计获得专利授权 74307 件，累计申请中国专利 64091 件，外国专利 48758 件，其中 90% 以上为发明专利，入选 2014 年、2016 年和 2017 年全球百强创新榜。在人力资源方面，华为 18 万名员工中，研发人员有 8 万名，约占全体员工的 45%。

经过多年的努力拓展，华为已经初步成长为一个全球化公司，海外员工本地化比例达 79%。目前，华为在海外设立了 30 多个地区总部、100 多个分支机构。公司的业务涵盖移动、宽带、IP、光网络、电信增值业务和终端等领域，致力于提供全 IP 融合解决方案。根据其历年财务报表显示，2005年以来华为合同销售额平均年增长率 40%，并且海外销售份额逐年提高，在2011 年达到巅峰，实现海外销售收入占比 68%。截至 2017 年，海外销售收入占总销售收入的 49.4%。至此，华为已成为中国企业成功实施跨国经营的典型代表。

二 华为的技术创新战略

1. 华为的技术创新路径

（1）华为技术创新的起步阶段——模仿期。

华为公司技术创新的起步阶段主要是指 1987~1995 年。这一阶段的技术创新方式以模仿为主，产品市场主要集中在农村。改革开放以来，国家逐渐加大了对通信行业的投入力度，因而国内通信业的巨大发展空间逐渐浮出水面。由于国内通信技术缺乏，国家采取技术换市场的策略吸引外资企业，使得国内通信设备制造企业眼睁睁地看着中国通信市场被外国通信设备公司完全攻占。

于是，华为在继续代理香港模拟交换机的同时，毅然闯入数字交换机研发和生产领域，学习和仿制交换机。1990 年推出阳春机型，主要面向中低档宾馆类的小用户。这种设备的一个总机可以连上多个房间的分机，虽然产品的性能并不理想，价格却比进口设备便宜很多，既实惠又方便。华为就此踏上研发创新之路，但时时面临艰难险阻。比如 1991 年，因回款缓慢，华为的现金流出了大问题。总经理任正非曾找到多家银行，希望能贷点资金。这一阶段的华为面临着周转资金匮乏带来的市场开发困境。对于刚刚创办的华为来说，既毫无经验可言，又没有雄厚的资金支持，要想在科技方面迅速突破几乎是不可能的。没有资金，没有科技人员，华为在当时只能采取技术创新的模仿战略，正是通过使用跨国公司的付费技术，华为的技术人员在模仿跟随的过程中，逐步积累了自己的技术创新能力。1995 年，华为的 C&C 08 机在市场上获得重大突破，把国内的竞争对手远远地甩在了后面，而此时华为也开始默默地把雄踞在国内主要城市的跨国公司作为重点赶超目标。

（2）华为技术创新的发展与升级阶段——合作期。

华为公司技术创新的发展与升级阶段主要是指 20 世纪 90 年代中期到 21 世纪初。这一阶段的华为主要以技术合作创新为主要特点，市场开始向城市转移。华为在创业初期以市场份额为主要目标，在总经理任正非敏锐的观察力和判断力指导下，顺应市场的强力拉动，运用"压强原则"来配置资源，使用"人海战术"迅速抢占了农村市场，其利润主要来自市场份额的增长。1995 年，华为的销售额达到 14 亿元人民币，在全国电子百强名单上排名第 26 位，而当时华为最大的国内竞争对手中兴的销售额也只有 2.7 亿元。华为已经远远领先国内通信设备企业，开始将主战场向城市转移，进入一个新的发展阶段。在取得成绩的同时，华为既面临着众多正在成长壮大的国内企业的竞争，又必须接受发达国家拥有数百亿美元资产的跨国通信巨头的排斥。华为面临的市场结构也发生了变化，1996 年，电信部门设备采购权上报到省市一级，并逐渐转向招标方式。同时，运营商选择设备更趋综合性，与跨国公司相比，价格优势已经不是最有力的竞争手段，因为它们的报价也降低了。而且，由小规模公司发展起来的华为技术研发体系很混乱，依靠技术模仿，根本不能适应市场的要求，华为开始向技术创新的合作战略转移。

首先，华为公司在技术创新方面，与高校和科研院所进行广泛合作。华为曾经以奖学金、贷学金和"寒门学子基金"等形式，资助清华大学、中国科技大学、上海交通大学、哈尔滨工业大学等全国 50 多所一流工科学府的优秀学子完成学业。且华为还定期拨出专款在产品的研究开发方面与高等院校、科研院所等建立长久的联系与合作，充分利用它们的信息平台和信息通道，及时把握国内外电子信息领域的前沿技术潮流和产业发展动态。

其次，华为公司与技术实力雄厚的大公司结成战略联盟，共同进行技术创新。华为坚持开放式合作，在技术方面先后与德州仪器、摩托罗拉、英特尔、AGERE、ALTERA、SUN、微软、NEC 等世界一流企业建立了联合实验室。与松下、NEC 成立宇梦公司；与 3COM 成立华为 3COM 公司，建立 3G 开发实验室等，联合业界，带动产业价值链。2002 年，推出 Quidway-Engine80 核心千兆交换路由器、Quidways 全系列智能以太网交换机，成为国内首家获得软件开发管理 CMM 四级国际认证的企业。华为开始从超速的无序发展，走向规范化、规模化的有序发展历程，逐渐与国际接轨。

（3）华为公司技术创新的国际化阶段——自主创新期。

华为公司技术创新的国际化阶段是 21 世纪初到现在。这一阶段华为的技术创新方式以自主创新为主要特征，市场逐步走向国际化。2000 年，中国通信市场竞争格局发生剧变，国内、国际市场的竞争空前激烈。一方面，国际市场萎缩直接威胁中国企业在国际市场的拓展；另一方面，国际通信设备巨头在国外出现需求紧缩的情况下意识到中国市场的巨大潜力，加大了在中国市场上的攻势，给华为等国内企业造成很大的竞争压力。

2001 年，由于国内运营商的分拆，投资开始萎缩，国内最大的竞争对手中兴利用小灵通和 CDMA 直逼华为，华为面临着企业发展历史上的一个重大困境。这时，华为与俄罗斯国家电信部门签署上千万美元的 CTMS 设备合同，这对华为来说是一个重要的国际化拓展机会，也标志着华为在国外市场上取得了巨大突破。此后，国外销售增长迅猛。海外业务的迅速增长是华为走出困境的关键因素之一，华为的海外销售收入自 1999 年以来每年都以110% 的复合增长率高速增长。尤其是 2003 年后，华为销售额的增长主要来自国际市场。

1998 ~ 2004 年，华为频繁地开展国际性合作研发。其间，华为并购美国企业获得光传输类产品、路由器和交换机的核心技术；在美国硅谷设立 10个研发中心；印度研发中心于 2003 年获得 CMM5 级认证。2000 年，在瑞典首都斯德哥尔摩设立研发中心。2001 年，加入国际电信联盟 ITU。2002 年，华为与英飞凌合作研发宽频接入产品；与高通等通信业巨头公司签订专利交叉许可。2003 年，与 3COM 合作成立合资公司，专注于企业数据网络解决方案的研究。2004 年，与西门子合作成立合资公司，开发 TD - SCDMA 解决方案。

2005 ~ 2013 年，华为开展的一系列自主研发成为主导性创新活动。其间，自主开发最前沿通信技术 LTE（4G），获专利数 1.4 万多项，聚合为专利池，领导通信产品技术全球性发展，研发能力获得质的飞跃；还与全球排名前 50 的运营商构建 34 个联合创新中心。2011 年，组建"2012 实验室"

来发展未来通信产品，建立了 5 个研究所，增加恩智浦、SAP、香港科技大学等 11 个技术合作伙伴，加入 QPA 等 2 个国际通信技术联盟；2012 年，华为携手 Rakon（新西兰）合作开发智能终端产品及通信产品制造基础设施。2013 年，华为作为欧盟 5G 项目主要推动者，与全球 20 多所大学开展紧密的联合研究。

以上借助国际化活动提升创新能力的种种努力，使得华为在短短十年间跃升为世界通信领域的技术领先者。华为申请专利数量以 2014 年 3442 件、2015 年 3898 件连续两年居全球企业专利排名榜首。截至 2015 年年底，华为专利授权量累计 30924 件，美国授权专利 5052 件，欧洲各国累计授权专利 11474 件。华为每年投入研发活动的费用占销售收入的 10% ~ 15%（见图 10 - 2），与国际大型高科技企业相当，在全球范围内居于较高水平。

2. 华为以技术创新为导向的国际化路径

早在 1994 年，当自主开发的数字程控交换机刚刚获得一定的市场地位时，华为就预感到未来中国市场竞争的激烈和参与国际市场的战略意义。华为之所以选择 1996 年 "走出去"，还与中央政策的支持有关系。1996 年 6 月 1 日，朱镕基副总理视察华为，明确表示国产交换机打入国际市场，一定提供买方信贷，这对于回款缓慢的电信设备供应商华为来说，有很大的驱动力。

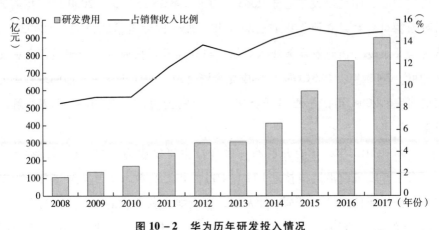

图 10 - 2　华为历年研发投入情况

初期，华为国际化路径基本上延续了它在中国国内市场所采用"农村包围城市"、先易后难的策略。首先瞄准的是毗邻深圳的中国香港，然后沿着新型市场国家（俄罗斯）到发展中国家（亚非拉）再到发达国家（欧美）市场的路线。华为将在中国国内市场业务推销方式与产品拿到国际上尝试。而国际化的第二阶段（2002 年以后），华为主要巩固发展中国家市场，集中力量攻克欧美等发达国家的市场。

（1）中国香港市场。

1996 年，华为与长江实业旗下的和记电讯合作，提供以窄带交换机为核心的"商业网"产品。中国香港是全球电信最发达的地区之一，全球著名的电信公司都看好这一市场，纷纷将最先进的交换机销往该地。而当地的运营商业竞相采取新技术、推出新业务吸引客户。与国际同类产品相比，华为除价格优势外，它可以比较灵活地提供新的电信业务生成环境，从而帮助和记电讯在与香港电信的竞争中取得差异化优势。

在合作中，由于标准制式、客户习惯、网络间各交换机信令配合的差异，和记电讯对产品质量、服务等方面的要求近乎"苛刻"，这也促使华为的产品和服务质量更加接近国际标准。为了加快解决技术难题，华为技术人员在与和记电讯商量后，购买了几个睡袋在机房打地铺，不分昼夜地调试机器。事后，和记电讯称赞华为对问题的反应速度是一流的。

经过中国香港市场的初步尝试，华为的 C&C 08 机打入香港市话网，开通了许多中国内地市场未开通的业务。这是华为大型交换机从国内走向海外市场的第一步，标志着华为开始进军国际电信市场，为进一步打开发展中国家尤其是东南亚市场准备了敲门砖。2000 年之后，华为进入包括泰国、新加坡、马来西亚等东南亚市场，特别是在华人比较聚集的泰国市场，华为连续接到较大的移动智能网订单。

（2）俄罗斯市场。

随后，华为开始考虑周边转型经济国家的市场开拓，重点是市场规模相对较大的独联体市场（主要是俄罗斯，还包括白俄罗斯、乌克兰等）。

在俄罗斯，华为抓住中俄达成战略协作伙伴这一国际关系变化中隐藏的商机，加快与俄罗斯的合作。1996 年，华为开始进入独联体市场。1997 年 4月，在"亚欧分界线"的乌拉尔山西麓的军事重镇乌法市，华为与当地联合建立了名为贝托华为的合资公司。华为把合资企业作为平台，以本地化模式开拓市场。

当时俄罗斯电信行业是朗讯、西门子等大型跨国公司的天下，俄罗斯运营商从内心不信任华为；当时俄罗斯经济处于低谷，市场异常萧条，开拓非常艰难；而且在金融风暴后的俄罗斯市场，资本市场极其混乱，资金链短路，市场开拓的风险也极大。一些大的国际电信设备供应商因为看不到短期收益而退出俄罗斯市场。而华为反其道而行之，实施所谓的"土狼战术"，派出 100 多人的营销队伍，在经过严格培训后，派到俄罗斯进行市场开拓。

在金融风暴后俄罗斯金融市场混乱的情况下，华为采用分期付款的财务安排，全方位满足客户特定服务需求，转让最新的技术，如软件源代码。而华为当时在俄罗斯的产品售价比国际厂商略低，但高于中国国内同类产品的厂商（华为产品的每线价格在 70 ~ 75 美元，而国际运营商在 80 ~ 85 美元）。华为仅凭借微弱的性价比优势，再加上周到诚信的售后服务赢得俄罗斯客商的信任，抓住了俄罗斯电信市场新一轮的采购机会。

华为从俄罗斯国家电信局获得第一张订单只有 12 美元。在华为不断拜访运营商管理层的过程中，经过七年艰辛的"破冰之旅"，华为终于与他们建立了互信，形成了目前主要的客户群。到 2001 年，华为与俄罗斯国家电信部门签署了上千万美元的 GSM 设备供应合同，当年在俄罗斯市场销售额超过 1 亿美元。2002 年年底，华为取得了从圣彼得堡到莫斯科长达 3797 公里的 320G 国家光传输干线的订单。2003 年，华为在俄罗斯及周边独联体市场的销售额超过 3 亿美元，名列独联体市场国际大型设备供应商的前茅，俄罗斯分公司 90% 的员工来自当地。在白俄罗斯，当地运营商利用华为的全套解决方案，顺利实现了世界上第一个 CDMA450 商用网之间的国际漫游。华为历时 3 年，在莫斯科与西伯利亚首府诺沃西比尔斯克之间铺设了 3000 多公里的光纤电缆，这条"长龙"大部分是俄罗斯领先固定线路运营商罗斯电信的全国性骨干网。

（3）亚非拉市场。

在发展中国家的拉美市场，华为的国际化进展不太顺利，华为在 9 个拉美国家设立了 13 个代表处。1997 年，华为在巴西投入 3000 多万美元建立了合资企业，1999 年进入厄瓜多尔市场。在厄瓜多尔的首都基多和瓜亚基尔市各设一个办事处，至今已与厄瓜多尔签署了总价值为 1200 万美元的四个合作项目。2004 年 2 月，华为获得巴西下一代网络（NGN）项目，合同金额超过 700 万美元。

在委内瑞拉，华为从 1999 年 7 月开始拓展该国市场，产品目前除进入委内瑞拉电信公司（CANTV）外，还与当地第二大运营商也是最大的移动运营商（TELCEL）及全球 500 强的委内瑞拉石油公司（PDVSA）在传输方面开展了合作，获得了委方的好评，为下一步扩大合作打下了基础。2004 年 7 月，华为与委内瑞拉电信管理委员会（CONATEL）签署了约 2.5 亿美元的合作意向书，包括光纤 SDH 骨干网络、第五代路由器骨干网、光缆和配套电源等交钥匙工程，该项目已完成方案设计，即将进入实施阶段。2004 年 12 月 24 日，CANTV 宣布选择华为建设委内瑞拉的全国传输骨干网，该项目首期金额近 700 万美元。但总的来说，由于拉美地区金融危机、经济环境的持续恶化，加上拉美国家的电信运营商多是欧洲或美国公司，采购权在欧洲或美国总部而不在拉美当地，直到 2003 年，华为在该地区的销售额还不到 1 亿美元，成为进军海外市场的"瓶颈"之一。

华为海外路线还有一个重要特征，就是沿着中国的外交路线走，尤其在亚非市场的开拓较为典型。作为一家民营企业，华为屡获国家外交上的有力支持。2000 年 11 月，国务院副总理吴邦国访问非洲时亲点任正非随行。目的之一就是了解中国政府能提供哪些协助，帮助华为开拓非洲市场。当时华为进入非洲市场已有 3 年。在非洲，由于历史原因许多国家承担着高额的债务，西方电信设备长期以来在市场上形成垄断，价格畸高。中国政府对这些国家的援助，直接带去了低价格的核心技术产品，在同非洲国家签署的合同中，华为通常价格都比竞争对手低 20% ~30%，整体削减了西方电信设备的价格，促进当地电信产业的进步，这是华为能够打进非洲大门的前提。

创新广东

2003 年 6 月，华为与阿尔及利亚最大的国有电信运营商——阿尔及利亚电信签订合同，华为将承建阿尔及利亚电信的 GSM 网扩容项目，合同金额约为 1300 万美元。2004 年 12 月 15 日，华为独家承建的阿尔及利亚第一个 UMTS 实验网正式建成并投入试用。由于埃及是北非乃至中东最大的通信市场，占领埃及市场至关重要。2003 年 6 月，华为与埃及电信签订合同，为其打造埃及国内最大的固定智能网。2003 年 12 月底，华为与埃塞俄比亚电信公司签署金额超过 2000 万美元的交换产品合同，用以对 ETC 现有的整网交换网络进行改造和网络优化。

在亚洲，中国与周边国家传统友好关系由来已久，华为利用当地华裔在电信运营上占据的优势，积极开拓亚洲市场。譬如与中国有着传统友好关系的泰国，华为每年的销售额达到 1 亿美元。2003 年，华为将大量资金投入研发 3G 技术，先后耗资 40 亿元人民币，投入 3500 名工作人员，随后其开发的 3G 技术在亚洲市场曙光初现。2003 年 12 月 18 日，华为与中国香港第五大电信运营商 SUNDAY 签署价值 9 亿港元的 3G 合同。一周之后，华为独家承建的阿联酋 WCDMA 3G 网络正式投入商用。2003 年 12 月底，华为承建了印度尼西亚 CDMA 2000 网络。华为在亚洲市场开拓的 3G 优势，正如印度尼西亚运营商技术总监所说的："我们选择华为，是因为华为具有先进技术、快速的产品供应能力以及完善的售后服务。"

（4）欧洲市场。

2001 年，华为在发展中国家继续扩展的同时，开始进入欧洲成熟市场，这标志着华为进入全方位国际化阶段。

对于通信领域领先的欧洲市场，华为进入的策略是首先与欧洲本土著名的一级代理商建立良好的合作关系并借此来进入本地市场。例如，从 2001 年开始，以 10G SDH 光网络产品进入德国为起点，通过与当地著名代理商合作，华为产品成功进入德国、法国、西班牙、英国等欧洲发达国家市场。通过这样的"中介手段"，2003 年实现销售额约为 3000 万美元，2004 年达到 5000 万美元的规模。

华为进入欧洲市场比新兴市场更为艰难，原因之一就在于，欧洲电信运营商对于外来设备商的准入门槛很高，对中国高科技品牌的认可度较低，英国电信便是典型。从 2002 年开始，英国电信对华为进行了为期 2 年的认证，华为才进入其"合格供应商短名单"中，从而有资格进入英国电信的招标程序。在经过对华为全方位的认证和考察后，华为才进入英国电信市场。

在欧洲市场的竞争战略中，"价廉"并不是华为占有市场的唯一利器，它更重视产品的性价比、产品质量、技术优势以及售后服务等配套系统。在欧洲市场，华为在某些特色领域的丰富应用经验和特色解决方案也赢得了欧洲客商的一致推崇：从城市的无线市话到偏远地区的普遍服务，从提供宽带移动数据业务到建设企业专网。华为在欧洲当地派驻代表，听取当地运营商个性化的需求，尽快赢得了欧洲用户的信任。

正是基于上述市场竞争优势，2003 年 3 月初，华为与法国 LD - COM 公司签署了 DWDM 国家干线传输网合同，标志着华为拉开了中国高端光网络产品规模进入欧洲等发达国家电信市场的序幕。法国的运营商看重的不仅仅是华为低廉的设备价格，还有华为的专有技术——超级 DWDM 技术。通过这一技术，在超远覆盖中，成本降低 40% ~ 50%，且性能优良。同年 10 月，华为获得欧洲运营商 INQUAM 公司 CDMA 450 "巨单"，这是 CDMA 450 系统在西欧的首次商用，这种商用的多层含义已经超越合同本身。这是华为第一次把 CDMA 触角伸向发达的、GSM 占绝对主导地位的西欧市场。INQUAM 的财务总监指出，"华为的活力与强大的研发实力"是其选择华为的关键之所在。随后，2004 年 12 月 8 日，华为与荷兰移动运营商 Telfort 公司签署了关于 WCDMA 3G 项目的合同。这是华为多年来致力于 3G 投入的回报，也是中国基于 WCDMA 制式设备对 GSM、WCDMA 发源地欧洲的突破。Telfort 的首席执行官表示："经过考察和认证，我们相信，华为先进的技术将给我们的客户提供更好的服务。"荷兰 Telfort WCDMA 项目是华为公司在欧洲赢得的第一个 WCDMA 3G 的合同。

2004 年 3 月 25 日，华为在英国设立欧洲地区总部。这是华为在海外的最大机构之一，也是中国企业在英国的最大投资项目。英国《泰晤士报》的权威评论称，"此举是中国企业走向国际化的一个重要标志"。

（5）进军美国市场。

华为在国际市场上攻伐的最后"城头堡"就是美国市场。进入对手最多和最强的美国市场，标志着华为真正进入群雄逐鹿的国际市场。对于美国电信商而言，华为最大的吸引力在于，中国 13 亿人口的庞大市场蕴藏着巨大的电信需求潜力。因此，美国公司把与华为结为战略联盟作为进入中国巨大市场的第一步。与此同时，华为在美国市场更被看作一个"强大的"竞争者。

1997 年至 1998 年，顺应中美关系改善的契机，华为进入美国市场。1999 年，华为在美国的通信走廊达拉斯开设了一个研究所，专门针对美国市场开发产品。2002 年 6 月 4 日，华为在美国得克萨斯州成立全资子公司 Future Wei，向当地企业销售宽带和数据产品，同时在自身管理方面引入美国 IBM 的研发管理系统。

华为在美国市场的核心竞争体现在性价比上。华为的芯片以前进口需要 200 美元一片，而自己设计、到美国加工生产，只要十多美元。在这种经营模式下，2002 年，华为的数据通信产业产品出口额增长 200%，而重要的美国竞争对手思科在中国市场的整体价格平均降低 15%。正因为此，思科首席执行官钱伯斯在 2002 年就声称，华为是思科在全球范围内的第四代"冤家对头"。感到威胁的思科于 2000 年成立"Beat HUAWEI"团队，对华为的营销策略、产品和人力资本进行详细分析，将华为列为阶段性竞争对手。

最关键的是华为在中国仅以美国硅谷 1/5 的人力资源成本获得高技能的人才，而思科的研发成本比华为高 4~5 倍，因此华为的产品价格比思科产品价格低 30% 左右。这正是思科长期的联盟伙伴电子数据系统公司（EDS）与华为签订协议在美国销售华为设备的原因所在。这也是华为冲击美国这个高端市场的"杀手锏"。而成功进入美国市场标志着华为已经完成了全方位的国际化战略布局。

因此，从 2001 年开始，华为以 10G SDH 光网络产品进入德国为起点，通过与当地著名代理商合作，华为产品已陆续成功进入德国、法国、西班

牙、英国、美国等发达地区和国家。到 2006 年,华为海外市场拓展到 100
多个国家和地区,其中产品进入 70 多个国家,海外销售收入逐年上升。
2006 年,华为的海外合同销售额达到 54.92 亿美元,已经占到其整体销售额
的 65%。2008 年金融危机期间,华为的国际化运营不但没有受金融危机拖
累,反而抓住了危机迫使发达国家运营商严格控制成本所带来的重要机遇,
其国际化经营达到历史最高水平。图 10-3 描绘了华为 1999~2017 年海外
收入占总体收入的比例。可以看出,2008 年以前,华为的国际化一直保持高
速增长,2009 年至 2017 年略有降低,但海外收入一直维持在集团总体销售
收入 50% 以上的水平。从华为 2017 年年报来看,中国区业务收入为 3051 亿
元,欧洲中东非洲区业务收入为 1639 亿元,美洲收入为 393 亿元,亚太地
区收入为 744 亿元,也就是说,华为的海外收入比重在 50% 左右,特别是在
欧洲市场的出色表现,彰显了华为持续提高的国际影响力。

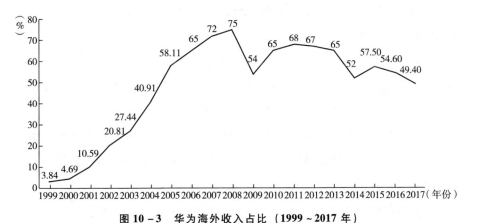

图 10-3 华为海外收入占比(1999~2017 年)

3. 基于研发国际化向全球价值链上游攀升

通信制造业是典型的技术密集型产业,其价值链构成大致可以分为产品
设计与研发、加工制造、营销服务三个方面,属于生产商驱动型价值链。在
这条价值链上,产品的设计与研发是上游环节,这一环节上的企业拥有强大
的技术支撑,制定行业技术标准,拥有自主知识产权;中游企业主要负责产
品的加工制造,处于获利低位,主要分担产品的加工制造;企业以服务和营

销占领获利高位，通过市场细分，结合差异化战略和产品创新赢得更高的市场份额。

华为初涉国际市场，利用低成本的价格优势和营销手段，首先进入技术要求和标准门槛较低的发展中国家，特别是与我国通信市场早期发展相近的亚非拉国家。随着技术研发力度的加大，再针对不同国家建立研发体系和营销网络，突破技术领先的欧洲市场，从价值链低端向高附加值的两端逐步演进。

（1）华为全球研发网络

华为在探索国际市场的同时，用了十多年的时间构建自己的全球研发体系。华为先后在海外和国内设有 16 家研发中心，这些研发中心成立的时间、区位选择的动因和功能都有所不同。华为的区位选择可以分为技术高地和人才富地两种类型。技术高地通常是发达国家的某个地区，在某个技术领域处于世界领先地位，如华为设在美国、瑞典、加拿大的研发中心。人才富地通常是在发展中国家，有丰富的人力资本和优良的研发环境，华为设在印度的研究所是其中的典型。海外研发机构的功能可分为三类：技术转移、技术开发和基础研究。华为 1999 年在印度班加罗尔、2000 年在瑞典斯德哥尔摩成立的研发中心，其作用主要是技术开发；2001 年在美国达拉斯和硅谷成立的研发中心，其主要作用是技术转移；2009 年在瑞典哥德堡、2010 年在加拿大渥太华成立的研发中心则以基础研究为主，这标志着华为海外研发中心已涵盖这三大功能。

在华为的海外研发机构中，印度研发机构具有独特的地位。首先，印度研究所是华为海外最大的研发中心，并承担着华为核心的软件平台产品的开发工作；其次，印度研究所在华为对全球研发体系的管理中发挥着标杆的作用，在印度形成的研发管理模式被运用于其他的研发机构中；最后，印度研究所与其他研发中心不同的一点是，它主要服务于印度市场和中国市场，同时服务于全球市场，而其他的研发中心都是主要服务于全球市场。图 10 - 4 描绘了华为一些典型的海外研发中心承担的研发功能和服务市场定位。

面向全球市场		瑞典斯德哥尔摩、印度班加罗尔	瑞典哥德堡、加拿大渥太华
面向当地市场	美国达拉斯、美国硅谷	德国波恩、德国杜塞尔多夫	
	技术转移	技术开发	基础研究

图 10 - 4　华为海外研发中心的功能与市场定位

华为研发国际化中也有很多与国外企业合作的案例，如 2000 年华为与英特尔公司签订的合作备忘录，涉及开放、合作和技术资源共享三个关键领域。华为还与摩托罗拉、Agere、Altera、微软、NEC 等世界一流企业建立了联合实验室。在开拓美国、欧洲市场时，华为曾采取合资形式与 3COM、西门子进行合作，开发了一系列投入国际市场的产品。2007 年，华为与赛门铁克合作成立合资公司，开发存储和安全产品与解决方案。现在的华为正走在合作开放的道路上。在 2010 年 11 月 29 日 "华为云计算战略" 发布会上，华为表达了将来会更加开放，和合作伙伴共同发展的思想。

（2）全球统一的研发管理体系。

华为一直以来坚持以市场和顾客为导向，它在自主研发上的投入也大部分致力于满足当前客户需求的产品开发。华为认为产品研发不是做发明创造，超前一步是创造利润，超前三步则很难转化成利润，这种策略使华为一直保持持续的进步。然而，华为在发展过程中绝不是一帆风顺的，例如 1994 年的 CT2 项目和 1997 年的 DECT 项目，华为投入大量资源，却由于市场和政策的变化而流产，蒙受了巨大的损失。

产品研发的失败使华为意识到科学管理的重要性，并引入了美国 IBM 的集成产品研发流程。集成产品研发（Integrated Product Development，简称 IPD）是一套产品开发的模式、理念与方法。IPD 强调产品创新一定是基于市场需求和竞争分析的创新，是一套以市场为导向的产品开发方法，可以有效地对产品从项目分析到推向市场的过程进行管理。华为将 IPD 与关注过程管理的 CMM 有机结合，形成了有华为特色的 IPD - CMM 开发流程。IPD - CMM

成为华为全球研发体系管理的重要工具，它是华为所有软件开发人员的统一规范，是华为研发人员共同的语言。统一的开发管理流程和管理工具使得华为在印度研究所、美国研究所、瑞典研究所、俄罗斯研究所可以同步研发，运用科学的管理方法使得华为可以有效管理和协调世界各地的研发机构。

在研发人才的管理方面，华为重视技术人才的引进。在华为进行海外研发的过程中，吸收国外优秀人才，进行技术交流，培养本国人才，一直都是重要的任务，只有在这种交流中不断进步，注入新的思想和血液，企业才能保持一种活力和进步的状态。华为在美国、瑞典、加拿大、俄罗斯等的海外研发中心都发挥着人才引进的作用，它们获取国际先进技术和人才的信息，将之引进华为，从而为华为的产品开放提供支持和服务。

印度研究所是华为海外最大的研发中心，自 1999 年建立，华为派遣了数百名员工去建设印度研究所，到现在，印度研究所中的大部分员工是当地人，中国员工只占很少的一部分，回国的技术人员基本成了业务骨干，而印度研究所也有一部分人到国内工作。这样人员相互交流的方式很好地融合了双方的技术人员，使得研发和交流工作进行得更加顺利。在建设印度研究所时，华为也遇到了企业文化难以融合的问题，面对不同的文化和语言，华为的方法是用科学的管理来规范，在研发的过程中强调流程的重要性，前面提到的 IPD – CMM 就是一种各国技术人员都要遵守的文化和语言。

（3）主导全球价值链：从遵守到制定国际标准与规范。

要成为一个真正的国际化企业，就要掌握国际竞争规范，达到国际标准。华为在国际化经营的过程中，一直致力于达到国际标准，华为服务于全球市场的全球研发体系也一直为达到国际技术水平而努力着。企业进入国际市场有很多风险，如对法律、政策了解不足，缺乏竞争对手的资料，产品不符合国际标准，都会使企业铩羽而归。华为作为高科技企业，知识产权是其重点问题。2003 年，华为在进军北美市场时，思科起诉华为侵犯其知识产权，华为在采用国际做法获得胜利的同时，也意识到了解国际规范的重要性，要想走向国际市场，必须有全面的知识产权管理，遵守国际规范，否则就会给竞争对手机会。

　　CMM 由美国卡内基梅隆大学的软件工程研究所研究制定，起初在美国，随后又在全世界推广实施的一种软件评估标准，主要用于软件开发过程和软件开发能力的评估和改进。华为的印度研究所分别于 2001 年和 2003 年获得 CMM4 级认证、CMM5 级认证。除了印度研究所，2003 年华为北京研究所也取得了 CMM4 级证书。到 2004 年，华为已有上海研究所、深圳中央软件部、南京研究所先后获得了 CMM5 国际认证。

　　遵守国际惯例与规范是华为被动嵌入全球价值链的必要步骤，而达到主导全球价值链的目标则需要参与到国际标准的制定过程中。21 世纪初，在设计研发方面，华为的研发大多还停留在中低端产品的开发和设计上，在高端产品的研发起步较晚，效率不高。这集中表现在专利申请重数量不重质量的情况比较明显，在数量大幅增加的同时，华为专利申请华而不实的情况也日益严重，国内申请比例较高，为 72.7%，专利通过率明显偏低，与同行业领先企业相比具有较大差距。为了扭转这一局面，华为长期坚持开放式的研发创新，每年将不少于 10% 的销售收入投入研发，并将研发经费的 10% 投入新技术预研。自 2004 年推出业界首款分布式基站，2009 年华为的 Single RAN 已成为业界趋势和事实标准，2010 年，华为 Single EPC 开启分组核心网融合演进的潮流，到 2011 年发布 Giga Site 迎接 G 比特时代，持续不断的创新让华为一直引领着移动通信产业发展，在通信产业的每一次变革中都扮演了领先者的角色。在过去的 10 年中，华为在研发方面投入累计 1880 亿元，华为的应用研究已经走在世界的前列，成为世界最大的电信设备供应商，并且不断向终端和云计算等领域进行延伸。2014 年，华为研发投入 395 亿 ~ 405 亿元，申请专利数达到 3442 件，排名世界第一。在技术开发方面取得的一系列成功，使华为取得了大量的技术突破，这将帮助华为在 5G 知识产权领域占据更有优势的地位。

　　4. 基于差异化营销向全球价值链下游突围

　　华为在进入国际市场的竞争战略选择上，走了一条从"低成本战略 + 市场差异化战略"到"创新差异化战略"的道路。跨国经营之初，面对众多技术实力雄厚的国际知名企业时，在未被竞争对手占领的非洲市场和拉美市场，华为采取低成本战略，使产品价格降至竞争对手的 1/2 甚至 1/3，迅速抢占市场，之后华为针对地区差异采取了不同营销策略。在亚非拉地区，虽然文化与国内有一定差异，但市场成熟度较低，对产品技术含量的要求不高，与国内市场有一定相似之处，中国市场的营销经验基本可以被沿用。而欧美市场的成熟度高，市场竞争激烈且规范，主流运营商们对价格相对不敏感，与之相比更关注供应商的技术水平、产品质量以及长期的发展战略，对企业的品牌声誉要求较高。针对发展中国家和发达国家不同的市场特征及客户需求，华为采取了差异化的市场战略。

在亚非拉地区基本采取直接营销的方式，华为将产品通过投标等方式销售到该地区。从 2000 年开始，华为的营销团队对 13 个非洲国家进行考察，认识到当地通信产品的短缺以及主要竞争对手产品价格相对于本地购买力的高昂。2003 年，华为与埃塞俄比亚电信公司签署金额 2000 万美元的交换产品合同，对其现有的整网交换网络进行改造和网络优化。在 9 家供应商共同参与投标的情况下，华为提供了最完善的解决方案，不仅优化客户网络、解决网络现存的问题，而且考虑了客户未来网络升级和发展的需要。优质的产品和服务为华为赢得了长期合作的机会。

在欧美市场，华为则采取与当地企业和代理商进行合作的迂回策略进入市场。早在 1997 年华为就与俄罗斯贝托康采恩、俄罗斯电信公司建立了合资公司贝托华为，以本地化模式开拓市场。2003 年，华为又与西门子成立华为西门子公司；与欧洲著名半导体公司英飞凌科技公司合作开发低成本的 WCDMA 手机开发平台，为华为开拓发达国家市场赢得了宝贵的渠道；与 NEC、松下合资成立宇梦公司，使华为快速实现了数据通信产品在日本的销售；与 3COM 建立合资公司让华为成功打开了美国市场；借助与西门子公司的合作，华为成功打开了欧洲市场。

随着国际化经验的累积，为了争取高端市场的份额，华为开始针对技术较为成熟的欧美市场采取创新差异化战略。2005 年以后，华为与沃达丰、英国电信、意大利电信、西班牙电信等电信运营商组建联合创新中心，其目的并非建立利益分享机制，而在于共同设计、研发新产品，掌握技术的发展趋势和本地需求，内容涉及移动网络、无线通信、光网络等方面。通过多年来与欧美电信运营商建立战略联盟，一方面，帮助华为更好地了解客户需求；另一方面，帮助华为绕过部分技术壁垒，实现研发实力跳跃性增长。此外，华为还在全球范围广设研发中心，网罗国际技术人才，以本地需求为导向研发产品。华为在瑞典斯德哥尔摩、美国达拉斯及硅谷、印度班加罗尔、俄罗斯莫斯科，以及中国的深圳、上海、北京和武汉等地设立了研发机构，通过跨文化团队合作，实施全球异步研发战略。通过与电信运营商建立联合创新实验室以及设立遍及全球的研发中心，使得华为逐步实现从"以薄利换取市场"到"以技术与服务赢得市场"的演变。

总的来说，华为走的是从营销到研发的道路。在进入国际市场的初期华为与国际知名的通信设备生产商相比并不具备技术上的优势，因此，首先选择发展中国家，利用市场营销手段和低成本优势打开市场，再逐步跟踪国际先进技术，加大研发力度，拓展技术较为领先的发达国家市场，即从价值链的下游环节不断向上游环节演进。

在营销与服务水平方面，华为则较为成熟，多年来在国内市场和海外市场积累的进攻性的市场营销是华为在技术、资金实力均不占优势的情况下与对手争夺市场的重要手段。华为海外开拓从认知度低到逐步赢得客户信任，营销重点由高层路线向普通客户关系转变。截至 2014 年年底，华为在全球各地设立了 45 个培训中心，为来自 149 个国家的运营商提供能力发展服务，极大地提高了华为的知名度和在业界的地位。从最初利用国内有丰富经验的营销队伍直接与发展中国家运营商磋商，到逐步打开局面，建立针对各级用户的培训中心，华为已建立了自上而下、从高层到普通群众的全面营销体系。

三　案例分析总结

总体而言，华为成功实现了从通信设备产业全球价值链低端向全球创新价值链高端环节的华丽蜕变。从创新成长的内部功能视角分析，华为走的是提升营销服务到引领研发创新的道路。在进入国际市场的初期，华为与国际知名的通信设备生产商相比并不具备技术上的优势，因此，首先选择发展中国家，利用市场营销手段和低成本优势打开市场，再以销售利润推动研发投入，逐步跟踪国际先进技术，加大研发力度，拓展技术较为领先的发达国家市场，以技术创新强化营销服务。营销与研发之间形成互动螺旋式上升的良性循环通道，从而使华为逐步从价值链的下游环节不断向上游环节演进。

华为的创新体系更是一个海纳百川的开放性系统。华为在世界通信技术最具竞争力的区位创建研发中心，吸收来自全球的前沿科技知识，为其将这些知识内化为自身的创新能力提供了原动力；华为在欧洲与运营商广泛建立联合创新中心，为华为创造出适应发达国家市场需求的新技术和新产品提供了最有价值的信息；华为与国内外知名高校和科研机构的长期合作，为其深化在通信技术领域的基础科学力量、从而在原始创新层面有重大突破，提供了取之不尽用之不竭的知识源泉。

华为不仅是广东科技企业学习的标杆，其创新成长模式更成为中国科技企业拓展国际化、攀升全球创新链高端的典范。由此可见，科技创新的主体是企业，而民营企业又是其中的重要力量。政府在提供政策性资源过程中，要加强对民营企业创新能力培育的关注。除此以外，政府还应积极推进产业共性技术创新平台建设，协调产学研合作，支持高校和社会机构对相关专业人才的培育，加大相关产业园区基础设施建设投入，引导以技术创新为导向的金融支持和担保服务，打造以全球通信科技创新中心为目标的多元参与、协同共治的通信产业创新体系。

第十一章 德豪润达创新发展案例

一 德豪润达的发展现状

(一)企业简介

广东德豪润达电气股份有限公司（简称德豪润达）1996 年 5 月创立于珠海，2004 年 6 月在深交所上市，主要产品涵盖小家电、LED 系列产品。

德豪润达经营范围包括开发、生产家用电器、电机、电子、轻工产品、电动器具、自动按摩设备、健身器械、烤炉、厨房用具、发光二极管、发射接收管、数码管、半导体 LED 照明、半导体 LED 装饰灯、太阳能 LED 照明、LED 显示屏系列、现代办公用品、通信设备及其零配件（不含移动通信设备及需主管部门审批方可生产的设备）；开发、生产上述产品相关的控制器及软件，设计制造与上述产品相关的模具；上述产品技术咨询服务；销售公司生产的产品并进行售后服务；LED 芯片的进出口贸易。

2017 年 12 月，德豪润达入选中国电子家电出口百强企业榜单——"2017 年中国十大厨房家电出口企业""2017 年中国十大咖啡壶（茶壶）出口企业""2017 年中国十大烤面包器出口企业"三项大奖，彰显了公司在小家电行业中的地位，同时也为公司外贸发展增加了新的动能。2018 年 8 月 9 日，广东省企业联合会、广东省企业家协会发布 2018 年广东企业 500 强榜单，广东德豪润达电气股份有限公司位列行业第四，排名总榜单第 263 位。

目前，德豪润达旗下拥有两家上市公司（德豪润达 ETi〈深股〉、雷士照明 NVC〈港股〉），全资及控股企业共计 50 余家，员工 1 万余人，建成珠海、中山、芜湖、扬州、蚌埠、大连等研发与制造基地，拥有庞大的国内、

国外销售网络，专利持有量达到 500 余项，是中国优秀民营科技企业和国家
火炬计划重点高新技术企业，在技术、渠道、品牌及规模等方面具有显著的
行业竞争优势。

（二）治理结构

德豪润达采用事业部制运营结构，已经形成以经营业务单元（各事业
部）为中心，以职能管理单元（各职能部门）和投资地业务管理协调单元
（平台公司）为支持的组织营运体系。德豪润达治理结构如图 11 - 1 所示。

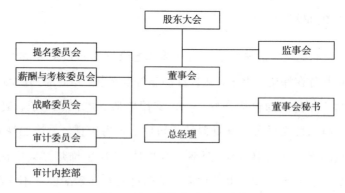

图 11 - 1　德豪润达治理结构

资料来源：http：//www.electech.com.cn/sitecn/zljgt/index.html。

（三）创新文化

创新是一个企业成长的支柱，德豪润达以质量为根本，创新为灵魂，企
业使命、愿景、目标、核心价值观与经营方针中蕴含着丰富的创新元素，形
成了良好的创新文化。

企业使命：德豪润达以致力于提升人类精致健康的生活品质为企业使命。

企业愿景：（1）全球小家电和 LED 照明领域最优秀的整体解决方案提
供商（核心业务）；（2）全球一流的技术创新者和受人尊敬的全球化企业
（全球地位）。

战略目标：（1）成为全球领先的小家电和半导体照明制造商和服务提供

商；（2）五年内成为全球五大晶圆/芯片制造商之一；（3）三年内成为全球顶尖的五大 LED 封装器件供应商之一；（4）五年内成为全球顶尖的五大 LED 应用供应商之一。

企业核心价值观：员工为本、客户至上、团队协作、业绩导向、自我超越。

企业经营方针：品牌运营，掌握渠道，创新驱动，质量求胜，速度领先，精控成本。

（四）产品创新

德豪润达是国内为数不多的集小家电、LED 照明和新能源于一身的电气企业。在接近 20 年的发展历程中，德豪润达本着三者并重的原则，自主研发出多项国际新技术，不断突破传统标准，取得了卓越的成绩。德豪润达坚持创新驱动，大力推进产品创新，已经形成 ELECTECH、锐拓、ACA、雷士照明、雷士·德豪五大品牌。

1. ELECTECH

德豪润达是由小家电起家的公司。ELECTECH 小家电是德豪润达早期成立的部门，主要生产咖啡机、面包机、电烤箱等多种智能家电产品，产品主要销往亚太地区。在小家电市场驰骋了 15 年，ELECTECH 小家电已成为全球小家电市场中具备较强规模和技术创新能力的公司之一。

虽然德豪润达全力进军 LED 产业，但小家电依然是德豪润达的重要品牌，德豪润达会继续加大对 ELECTECH 的支持，使 ELECTECH 成为亚太地区著名的小家电品牌。

2. 锐拓

深圳市锐拓显示技术有限公司成立于 1997 年。从最初的生产 LED 模组、器件，发展到 2000 年开始研发制造 LED 全彩显示屏，直至 2009 年进军 LED 照明，锐拓专注于服务一系列的专业化市场——广告与品牌、体育场馆、大型活动与娱乐、LED 照明与装饰，为之提供形态各异的 LED 应用产品解决方案。德豪润达于 2009 年全资收购锐拓显示。2011 年销售目标为 6 亿元，现有员工 900 人、厂房 16000 平方米。

德豪润达 2009 年全资收购深圳锐拓显示，锐拓显示成为 LED 显示屏行业第一家上市企业，目前拥有全资及控股企业 10 余家，2010 年销售额超过 40 亿元人民币，员工总数超 11000 人，主要业务包括 LED 芯片、LED 外延片、LED 照明、LED 显示屏、LED 封装、LED 设备以及厨房小家电的制造和服务。德豪润达连续多年被评为"广东省百强民营企业""广东省高新技术企业""珠海市十强民营企业"等。

3. ACA

1934 年，全球家电品牌鼻祖——北美电器（Appliance Co. of America，ACA），诞生于美国。ACA 一直倾力于"专业智能化家用电器"的研发和制造。"绿色健康、人性品质、智能环保"已使 ACA 成为领衔全球家电研发与制造之翘楚品牌！

鉴于中国已成为"全球工业制造基地"的趋势，ACA 作为一个创新和领导品牌充满活力：2000 年，ACA 在中国珠海投资建成全球大型的生产制造基地；2001 年，ACA 在珠海建立技术高级别的"全球家电技术研发中心"。

如今，ACA 已成为一家全球性的以研发、制造、销售商用和家用电器产品为主的集团公司。

4. 雷士照明

雷士照明是中国具备竞争优势的照明产品供应商，香港联交所主板上市企业。据中国照明电器协会统计，雷士照明是国内照明品牌主要供应商，也是中国规模较大的节能灯、T4/T5 支架、电子镇流器制造商。在中国，雷士在广东、重庆、浙江、上海等地均拥有制造基地，在全国拥有 36 家运营中心和 3000 多家品牌专卖店，组成完善的客户服务网络。雷士在 40 多个国家和地区设立了经营机构。雷士照明被众多著名工程和品牌所选择，包括 2012 年伦敦奥运会、2008 年北京奥运会、2010 年上海世博会、2010 年广州亚运会、2010 年南非世界杯、武广高铁等，并签约成为亚奥理事会照明及服务合作伙伴、2013 年第六届东亚运动会照明及服务独家供应商、2014 年泰国第四届亚洲沙滩运动会照明产品及服务独家供应商。

5. 雷士·德豪

雷士与德豪润达联合品牌，主营 LED 产品中的 LED T8 灯管系列、LED 球泡灯、LED 蜡烛灯、LED 硬灯条、LED 高/低压软灯条。

二 德豪润达创新发展模式

（1）集聚创新资源，成功研发全球第一台光波烤箱、第一台自动恒温电控室外烤炉及中国第一台机器人吸尘器。

1996～2008 年，德豪润达主营业务为家用小电器系列产品的研究、开发、制造和销售，公司具有完整的产供销体系，独立开展业务，不存在受制于公司控股股东及其他关联方的情况。1999 年，公司成为全球最大的面包机工厂，占全球市场 50% 以上的份额。2004 年 7 月，收购 ACA，10 月，公司被认定为国家火炬计划重点高新技术企业。2005 年，德豪润达根据内外部环境的变化，进行战略调整，确立了新的企业愿景——全球最具竞争力的智能型家用品供应商。为了整合制造资源，公司将珠海地区四家小家电制造工厂合并成为珠海制造中心，形成珠海制造中心、中山威斯达和深圳实用电器三大生产基地的布局。德豪润达继续集聚创新资源，加强研发投入力度，2005 年发明全球第一台光波烤箱并投放美国市场；发明中国第一台机器人吸尘器，技术性能超过美国同类产品；发明全球第一台自动恒温电控室外烤炉。2007 年 ACA 销售额首次突破亿元大关，较上年增长 100%，电烤箱、面包机的市场占有率在全国排名第一。ACA 先后推出"83 计划"和"烤压行动"，成功完成网络布局的目标，电烤箱、压力电饭煲成为 ACA 的主要增长点。

（2）设立中央研究院，成功研发第一款倒装芯片产品"北极光"，技术创新能力跃居行业前列。

全球 LED 产业分工中，上游的芯片、外延片技术主要掌握在日本的日亚化学、丰田合成，美国的 CREE 等少数企业手中，日美企业通过申请的大量专利构建了较高的技术壁垒。中游的电极制作、芯片测试等领域中，韩国、中国台湾等传统电子强国（地区）具有较大的规模及技术优势。而中国大陆企业主要集中在下游封装、应用等技术门槛较低的领域，且企业规模小，尚未形成具有规模的领先企业。

2008年全球金融危机以后，德豪润达管理层对公司未来发展战略进行了调整，在2008年年报中便提出进入LED行业的战略目标。广东健隆达、恩平健隆分别成立于2001年9月和1994年12月，主要从事LED封装、LED显示屏及相关产品的经营，已有多年的LED行业经营经验，并形成一定的行业知名度和客户群体。2009年4月，德豪润达控股子公司台山市健隆光电科技有限公司（2009年6月23日更名为广东健隆光电科技有限公司）分别与广东健隆达、恩平健隆电路板厂有限公司签署了《资产收购协议》，以10650.93万元的价格收购广东健隆达、恩平健隆与LED业务相关的全部固定资产。德豪润达正式进军LED行业。为了进一步拓展公司的LED行业布局，2009年7月，收购深圳市锐拓显示技术有限公司100%股权；2009年10月，成立芜湖德豪润达光电科技有限公司，开始建设芜湖LED光电产业基地；2009年12月，成立扬州德豪润达光电有限公司，开始建设扬州LED光电产业基地；2010年4月，成立大连德豪光电科技有限公司，开始建设大连LED光电产业基地；2011年5月，成立蚌埠德豪光电科技有限公司，开始建设蚌埠LED光电产业基地。2009~2012年，通过国内并购和产业基地建设，德豪润达实现了LED产业链布局。

德豪润达自开展LED业务以来，在充分发挥公司小家电产品营销协同优势的同时，积极整合被收购企业的销售渠道，进一步建设和完善LED业务销售网络。截至2012年年底，公司LED照明事业部已在国内设立21个办事处，销售网络覆盖全国一线城市及部分二线城市，公司积极谋求通过股份收购方式成为雷士照明单一第一大股东，与雷士照明在全球市场进行LED照明产品推广的深度合作。此外，在LED产品海外市场拓展方面，公司已分别与伊莱克斯、惠尔浦达成协议，取得AEG、WHIRLPOOL品牌在海外相关国家的使用权，并在美国、日本、中国香港、中国台湾、泰国等国家和地区设立了销售子公司。

2009年，德豪润达成立中央研究院，并分别设立芯片、封装及照明研究所，形成了以中央研究院为核心，芯片、封装及照明研究所互相协作的 LED 研发体系。截至 2012 年年末，德豪润达共有 600 余名研发技术人员，公司及控股子公司在 LED 业务方面已先后取得数十项专利技术，形成以中央研究院为核心，芯片、封装及照明研究所互相协作的 LED 研发体系，技术创新能力位居行业前列。2010~2012 年，德豪润达研发投入从 43558661.70 元增长至 158431532.55 元，研发占营业收入比例从 1.68% 增长至 5.75%，详细情况如表 11-1 所示。

表 11-1　2010~2012 年德豪润达研发支出

单位：元

项目	2012 年度	2011 年度	2010 年度	增减变化（%）
管理费用—研究开发费	69998435.61	39084002.11	43558661.70	79.10
开发支出	88433096.94	0.00	0.00	100.00
合计	158431532.55	39084002.11	43558661.70	305.36
营业收入	2757637805.04	3065480708.70	2595293794.93	-10.04
开发支出占营业收入比例	5.75	1.27	1.68	4.48

注：报告期内，随着公司 LED 外延片、芯片项目的逐步投产，公司加大了核心技术、核心工艺的研发及新产品开发的投入力度，研发支出比上年增长 305.36%。

数据来源：广东德豪润达电气股份有限公司 2012 年年度报告。

中央研究院的成立进一步提升了德豪润达的技术创新能力，公司在多个领域取得了重大成就。

首先，2012 年 LED 芯片事业部实现了集团第一款倒装芯片产品"北极光"的设计开发工作，所有测量结果达到预先设定的技术参数，该芯片在 1A 的电流驱动下可实现 300 流明，在 700MA 电流驱动下可达 230 流明，该产品于 2013 年第二季度实现量产。

其次，2012 年德豪润达完成"银河"系列正装芯片的研发工作，该系列芯片封装后白光最高光效可超过 185LM/W，已达世界先进水平，可覆盖 LED 照明及背光源的所有应用领域，于 2013 年第二季度开始量产。

再次，德豪润达 LED 显示事业部在高精度系列产品研发中取得突破，完成 P3、P2.5、P2.0、P1.8、P1.5 五个高精度的产品开发。

最后，在 LED 器件领域，德豪润达成功开发出"北斗"系列模组，应用范围包括路灯、隧道灯、吊灯、庭院灯等，为未来模组产品规模化大生产打下了良好基础。LED 照明事业部顺利完成高亮度光源产品 T8 玻璃灯管、球泡灯的开发，这两款产品光效指标可达 140LM/W ~ 150LM/W，高于目前世界先进水平。

德豪润达在"北极光"倒装芯片、"银河"系列正装芯片、高精度系列产品研发、"北斗"系列模组等领域的重大突破，加上其独特的 D.Q.C〔即准时交付（Delivery）、高品质（Quality）、有竞争力的成本（Cost）〕管理模式，给公司带来了丰厚的业绩回报。2012 年德豪润达 LED 芯片事业部 MOCVD 量产能力达 45 台，产能顺利得以释放，产品产能和良率逐步提升；LED 器件月产能达到 100KK，储备了能够有效消化上游芯片的能力；LED 显示事业部全年共完成 9 万多平方米的显示屏生产。2012 年，德豪润达 LED 各核心业务均实现销售，初步形成集团销售全面发力的局面，LED 行业营业收入为 1007439910.11 元，LED 行业营业收入比上年同期增长 10.38%，主营业务构成情况如表 11 - 2 所示。2012 年，德豪润达 LED 照明业务共签约渠道经销商 117 家，开发新客户 147 家，有 32 款产品进入国家发改委及广东省标杆中标产品名录。

表 11 - 2　德豪润达 2012 年主营业务构成情况

单位：元

	营业收入	营业成本	毛利率（%）	营业收入比上年同期增减（%）	营业成本比上年同期增减（%）	毛利率比上年同期增减（%）
分行业						
小家电行业	1724965675.03	1407711961.39	18.39	-18.70	-21.05	2.43
LED 行业	1007439910.11	666612337.63	33.83	10.38	18.56	-4.57
分产品						
厨房家电	1661183582.44	1361334935.94	18.05	-10.88	-14.07	3.05
家居及个人护理	20884745.34	17719978.50	15.15	-79.40	-81.65	10.43

	营业收入	营业成本	毛利率（%）	营业收入比上年同期增减（%）	营业成本比上年同期增减（%）	毛利率比上年同期增减（%）
分产品						
其他	42897347.25	28657046.95	33.20	-72.58	-71.98	-1.43
LED 芯片	235307947.47	170694221.30	27.46	1492.95	877.59	45.66
LED 封装	113477989.43	104090542.50	8.27	-9.77	-9.18	-0.60
LED 应用	658653973.21	391827573.83	40.51	-14.70	-8.92	-3.78
分地区						
国内	1021734132.56	637966023.06	37.56	4.89	16.76	-6.35
国外	1710671452.58	1436358275.96	16.04	-16.97	-20.16	3.36

数据来源：广东德豪润达电气股份有限公司 2012 年年度报告。

3. 开展产业链各环节的成本创新，释放创新空间，在终端市场实现结构性成本领先

截至 2012 年，德豪润达已经形成芜湖、大连、扬州、蚌埠、珠海、深圳、中山七大产业基地。德豪润达成为国内拥有外延、芯片、封装光引擎、照明终端产品制造和全产业链销售布局的少数几家企业之一。2009～2012年，德豪润达初步形成规模优势和较为完整的 LED 产业链，全产业链垂直整合减少单一产业链环节的采购成本，在终端市场获得结构性成本领先；同时发挥产业链协同效应，为统一的终端成本目标展开产业链各环节的成本创新，获得比上下游标准品采购更大的创新空间；此外，德豪润达能够准确把握终端市场信息，降低产业链过度采购带来的库存风险。这些优势都是单一产业链环节上的企业很难具备的结构性优势。

4. 通过并购实现技术溢出，向全球价值链中高端攀升

2013 年至今，德豪润达通过与国内外企业建立战略合作，收购相关企业，汇聚创新要素，实现技术溢出，从全球价值链的低端向中高端迈进。

2013 年 1 月，德豪润达与美国惠尔浦公司进行战略合作，取得惠尔浦品牌使用权。2013 年 3 月，德豪润达持有雷士照明 20.05％ 的股权，成为雷士

照明控股有限公司单一第一大股东。2013 年 5 月，正式推出雷士德豪联合 LED 光源品牌 NVCETi。2013 年 6 月，德豪润达发布以"北极光"为代号的世界级 LED 倒装芯片，实现技术上的重大突破，"北极光"系列芯片荣获"中国 LED 首创奖"金奖。2014 年 4 月，德豪润达 LED 芯片产品首次实现销售额过亿。2014 年 6 月，德豪润达发布以"天狼星"命名的新一代 LED 蓝光倒装芯片及以"北极星"命名的 CSP（Chip Scale Package，即芯片级封装）LED 白光倒装芯片产品。2015 年 2 月，德豪润达发布大功率陶瓷封装 NLW 3232 产品路线图，标志着公司在大功率灯珠性能和质量上均赶上世界一流企业，向全球价值链中高端迈进。2015 年 7 月，德豪润达荣获 2015 年广东企业 500 强，其中整体排名第 189 名，在 LED 企业中排名第一。2015 年 10 月，德豪润达自主设计并生产的 4 尺可连接吊装支架灯被美国家居建材用品零售巨头家得宝公司供应商大会授予"年度十强创新产品"。2015 年 11 月，荣获全球最大家具建材零售商美国家得宝公司"2015 年全球战略供应商奖"，成为获此殊荣的 3 家供应商之一。2015 年 11 月，公司 CSP 直下式背光应用方案开始量产，成为 CSP 直下式背光领域国内首家自主研发成功企业与行业标杆。

2013～2015 年，德豪润达持续加大研发投入，2015 年研发人员数量为 829 人，研发人员占全体员工的比重为 7.71%，研发投入金额 295534462.93 元，研发投入占营业收入比例为 6.56%，资本化研发投入金额 201240108.93 元，资本化研发投入占研发投入的比例为 68.09%。2013～2015 年，德豪润达通过与美国惠尔浦公司进行战略合作，控股雷士照明等，实现技术溢出，相继研发出"北极光"芯片、"天狼星"芯片和"北极星"芯片，发布大功率陶瓷封装 NLW 3232 产品路线图，在部分领域实现国内价值链向全球价值链的跃迁。

2016 年 11 月底，德豪润达 6 款产品成功通过 2016 年广东省高新技术产品认定，包括广东德豪润达电气股份有限公司"一种可兼容可控硅调光又能调色的 LED 驱动电源"、"一种具有蓝牙智能调光功能的 LED 驱动电源"、LED 路灯"ERS2 - D2100 - 2"3 款产品，及广东德豪雷士照明有限公司

LED 球泡灯"光芒 9W"、双端 LED 管灯"光芒 15W"、LED 路灯"ERS2 - D2100 - 2"3 款产品。2018 年 4 月，ETi 大功率高光效陶瓷 LED 助力飞乐音响照亮虹桥机场，该改造工程突破了超高功率 LED 光源一直存在的配光、散热、自重过大等难点，代表国内领先的 LED 照明技术，同时也是国内首个超高功率 LED 小角度单模组投光灯的应用案例。

2017 年，德豪润达紧跟市场及行业发展趋势，以市场需求为导向，部署了一系列新产品研发工作。倒装芯片实现了中小尺寸倒装芯片向成本更低、性能更优良的新型产品结构的切换；正装芯片领域成功开发显示屏应用 RGB COB 产品；照明方面，完成全塑 T5 支架灯改良升级，通过采用自动化生产，实现了成本下降、性能和外观更优。

公司从全球范围（美国、韩国、中国台湾等地区）引进行业内优秀的技术专家；同时通过与国内高校开展产学研合作，不断增强、壮大公司的研发团队及研发能力。经过多年的发展，公司形成了小家电以工业设计中心为主导，LED 以中央研究院为核心，芯片、封装及照明研究所互相协作的两大研发体系。2016 年、2017 年德豪润达研发支出分别为 257512649.90 元和 253146740.22，如表 11 - 3 所示。截至 2017 年年末，公司已获得专利 550 项，其中发明专利 55 项。

表 11 - 3　2016 ~ 2017 年德豪润达研发支出情况

	2017 年	2016 年	变动比例（%）
研发人员数量（人）	810	801	1.12
研发人员占比（%）	7.52	7.52	0.00
研发投入金额（元）	253146740.22	257512649.90	- 1.70
研发投入占营业收入比例（%）	6.02	6.36	- 0.34
研发投入资本化的金额（元）	132954636.56	179401743.97	- 25.89
资本化研发投入占研发投入的比例（%）	52.52	69.67	- 17.15

数据来源：广东德豪润达电气股份有限公司 2017 年年度报告。

2018 年 3 月 26 日，德豪润达发布重大资产重组停牌进展公告。公告显示，这次重大资产重组的标的资产为雷士照明控股有限公司控股的在中国境内的制造业务及相关企业，具体包括但不限于惠州雷士光电科技有限公司。2018年6月29日，德豪润达发布公告筹划对雷士照明控制的在中国境内的制造业务及相关企业的并购事项，构成重大资产重组。根据公告，本次资产重组的标的是雷士照明控股下的核心资产雷士光电。德豪润达全资子公司德豪润达国际（香港）有限公司持有雷士照明24.30%的股权，为其单一第一大股东，根据《深圳证券交易所股票上市规则》的规定，本次交易构成关联交易。通过此次重组，德豪润达与雷士照明将实现产业一体化，以超过百亿元的年营收规模位居行业第一。

德豪润达通过并购雷士照明，对自有的通用照明产品制造业务与雷士光电通用照明产品制造业务进行有效整合，实现协同效应。此外，在本次交易前雷士光电即从德豪润达采购LED照明产品所使用的芯片，本次交易完成后，上述采购仍将持续，并将发挥同一控制下的上下游协同效应。德豪润达通过战略合作与并购形成自主研发、高校科研合作、生产制造环节密切协作的研发及生产体系，成为国内LED行业唯一真正打通生产及销售关键环节的企业，拥有包括LED芯片、LED封装、LED应用产品（照明和显示）、照明品牌及渠道在内的LED全产业链布局。德豪润达完整的产业布局优势为公司向全球价值链的中高端攀升奠定了坚实基础。

三　案例分析总结

德豪润达是一家以质量为根本、创新为灵魂、蕴含丰富的创新元素的高科技公司。德豪润达始终坚持创新驱动，成功地实现了从LED产业全球价值链低端向全球创新链中高端环节的华丽蜕变。

1. 集聚创新资源，加快推进新产品开发力度，以新产品引领市场消费

LED行业属于国家重点发展的战略新兴产业之一，受国家产业政策的推动及LED产品日益普及带来巨大需求的影响，现有LED企业纷纷扩产，同时不断有新的行业参与者进入，行业竞争依然呈现加剧的局面。

快速集聚创新资源，实现技术创新是德豪润达实现创新引领的关键。德

豪润达凭借快速集聚创新资源的能力于 2005 年成功发明全球第一台光波烤箱、中国第一台机器人吸尘器、全球第一台自动恒温电控室外烤炉。针对 LED 行业竞争加剧的风险，德豪润达充分集聚创新资源，加强研发投入，加快推进新产品开发力度，以新产品引领市场消费。其次，德豪润达在保证产品品质的前提下，加强成本管控与产品创新，开展产业链各环节的成本创新，释放创新空间，在终端市场实现结构性成本领先，增强产品的综合竞争力。最后，德豪润达利用全产业链、技术、雷士的渠道优势，同时不断优化营销体系和提高营销能力，进一步提升产品的市场占有率。

2. 设立中央研究院，打造全产业链互相协同的研发体系

目前 LED 产业处于高速发展阶段，LED 装备、技术、生产工艺均在不断更新升级。如果公司未来对研发投入不足，技术发展跟不上市场需求，将对公司生产经营造成不利影响。

为了应对 LED 行业的技术风险，德豪润达已于 2009 年成立中央研究院，并引进多名韩国、中国台湾和中国大陆 LED 高端技术人才，组建了优秀的技术研发团队；并从德国、美国、日本、韩国等国家引进先进技术和生产设备，构建了先进的研发平台。目前，德豪润达已经形成以中央研究院为核心，芯片、封装及照明研究所互相协作的 LED 研发体系。中央研究院的设立使德豪润达形成了全产业链互相协同的研发体系，大大提高了德豪润达的协同创新力与自主创新能力，同时极大地提高了德豪润达应对知识产权诉讼的能力。

3. 通过并购实现技术溢出，实现国内价值链向全球价值链的攀升

2004 年德豪润达收购 ACA。2009 年德豪润达收购广东健隆达、恩平健隆与 LED 业务相关的全部固定资产，2009 年德豪润达收购深圳市锐拓显示技术有限公司。2012 年德豪润达通过股份收购方式成为雷士照明单一第一大股东，与雷士照明在全球市场进行 LED 照明产品推广的深度合作。2013 年，德豪润达与美国惠尔浦公司进行战略合作。2018 年，德豪润达发布公告筹划对雷士照明控制的在中国境内的制造业务及相关企业的并购事项，构成重大资产重组。德豪润达通过一系列的战略合作与并购实现了创新要素的快速集

聚与技术溢出，2013 年成功研发以"北极光"为代号的世界级 LED 倒装芯片"北极光"芯片，2014 年成功研发以"天狼星"命名的新一代 LED 蓝光倒装芯片及以"北极星"命名的 CSP LED 白光倒装芯片，2015 年发布大功率陶瓷封装 NLW 3232 产品路线图，2015 年 2835 封装一瓦系列双电压产品（9V1W、6V1W）通过权威认证机构美国倍科实验室（BACL）6000 小时测试，达到美国"能源之星"IESNA LM – 80 标准要求。基于以上技术创新和产品创新，德豪润达一些产品在性能和质量上赶上世界一流企业，实现国内价值链向全球价值链的跃迁。

第十二章　金山软件创新发展案例

一　公司介绍与发展历程

珠海金山软件有限公司（简称金山软件），最初于 1988 年在深圳成立。自 1989 年发布金山 I 型汉卡和第一款办公软件产品 WPS 1.0 投放市场以来，金山软件目前已经成为中国最知名的软件企业之一，同时也是中国领先的应用软件产品和互联网服务供应商。如今的金山软件研发总部在珠海，营销总部在北京，公司在珠海、北京、成都、大连四地分设研发中心，在日本、越南、马来西亚等地设有子公司。2007 年 10 月，金山软件成功在中国香港上市，融资 6 亿多港元。现金山软件公司旗下有猎豹移动、金山办公、西山居、金山云四家子公司，其产品线覆盖桌面办公、信息安全、实用工具、游戏娱乐和行业应用等诸多领域，自主研发了适用于个人用户和企业级用户的 WPS Office、金山词霸、金山毒霸、剑侠情缘系列、封神榜等系列众多知名产品。同时，金山旗下拥有国内知名的大型英语学习社区——爱词霸网，以及在线游戏交流社区——逍遥网。金山一直不断地为客户带来创新性的技术和产品，树立了中国软件产业最杰出的品牌，且逐步迈向国际市场，在世界软件行业中快速发展。

追溯金山软件公司近年来的发展历程，基本上可以简单地看成一个软件企业产品线的丰富过程，从成立初期单一的文字处理软件发展到目前的多元化产品线。纵观金山软件的整个发展历程，每次决定开发新的产品线，例如决定涉足通用软件、企业业务、网络游戏等领域，以及成立金山软件日本分公司向海外进军，都是金山软件在不同时期的发展关键。

金山软件乃至整个本土软件企业一直都处在和国外软件竞争的环境中，金山软件在 2005 年初成立日本分公司，9 月正式推出日文版的金山毒霸，这也是金山软件走向国际化、正面参与国际化竞争的一个重要标志。

金山软件并不满足于在国内成为软件业强者，其目标是以先进卓越的软件开发技术，征服国外市场。早在 2005 年，金山软件就提出国际化战略布局。软件行业受盗版影响，国内市场可拓展性相对要小，国际化成为金山与跨国企业竞争的必然之路。目前，金山旗下的游戏业务已遍及越南、马来西亚、泰国、新加坡、中国台湾等国家和地区，其中"剑侠情缘"系列、"封神榜"系列等蕴含中华文化底蕴的游戏在亚太地区已具备一定的品牌影响力。软件业务则以日本为核心，经过多年的推广初显成效。业内分析人士认为，软件及游戏两大业务，是金山软件国际化进军的双保险，两大业务在拓展国际市场、开展跨境合作等方面相互借鉴，将产生良好的促进作用。而杀毒软件"金山毒霸"2006 年在日本取得的成功也给金山更多的信心。从那以后，金山软件在立足中国市场的同时，重点加强对日、韩、中国台湾以及东南亚市场的拓展，进而进军欧美市场，并通过与联想等知名大公司合作，成为中国通用软件行业中真正的国际化软件企业。

2009 年以来，在中央国家机关软件正版化工作中，作为国产自主研发的金山 WPS Office 产品，已获得外交部、国家新闻出版广电总局、工信部、科技部、文化部、国土资源部等政府单位采购，从 2010 年 11 月到 2012 年 5 月，金山 WPS 软件占政府办公软件采购比例的 40% 以上。在 2018 年中国互联网百强广东企业榜单中，金山软件成功进入榜单，位列全国第 14 名，广东省位列第三。

二　金山软件创新成功的关键因素

金山软件在 20 多年的成长历程中，始终专注于技术的创新，被多家权威传媒评选为中国软件市场上最有影响力的品牌。在公司 2000 多名员工中，从事技术研发工作的超过总体的 60%。公司还建立了隶属总裁办公室的法务部，统管知识产权工作。在人员配备上，由公司副总裁统一领导，在各研发部门设联络员，保证工作的有效、有序进行。至今，金山软件已经申请发明专利 250 多项、国际专利 9 项，专利覆盖率在所有产品中达到 100%。金山软件也被评为广东省知识产权示范企业，公司专利被列入广东省专利实施计划，并获得广东省专利奖。

金山软件现阶段的中长期知识产权战略规划是技术立业，以技术实力为依托，自主研发核心产品，掌握全部核心技术，拥有全部自主知识产权。同时，以防御为主，利用专利、商标、著作权等为企业的长远发展保驾护航，巩固已有的国内市场、积极开拓国际市场。

技术立业一直是金山软件最重要的发展战略。20 多年来，金山软件不断积聚全国最优秀的软件人才，通过深厚的技术实力，先进的管理方式创造出100 多个软件精品，使金山软件在激烈的环境中始终不断创造出新的核心竞争力，保持领先地位。2002 年，在金山珠海研发基地，CMM 认证机构英国路透集团主任评估师 Warwick Adler 先生认为，金山公司是一家技术实力非常强大的软件公司，并正式宣布金山软件通过了 CMM 2 级标准认证。

在我国信息化产业链中，软件业的发展是"软肋"，产品和技术相对都比较落后，如何发展我们的技术水准和产业水平，金山以自身的做法为中国的软件企业提供了一些启示。

2003 年年初，当众多的软件企业还在热衷于产品策略和市场策略的时候，金山公司已把战略目光投向技术研发和技术管理的层面。并在这一年成立研发总部，再次加快对研发的投入。研发总部通过矩阵式管理对各个事业部研发部门的立项、项目进展、项目质量进行全程监控和质量管理。同时，研发总部以突破关键技术、孵化新业务为主要任务，加大对 Linux 和 Open source 等关键技术的研究，跟踪软件产业的新技术和新动向。

1. 紧紧把握最新的技术动向

（1）技术立业——把握软件技术发展潮流的脉搏。

从 2003 年起，金山软件在 3 年内连续投资 2 亿元进行技术创新，组建金山北京研究院，集中力量在主流应用技术领域实现突破。金山董事长雷军提到，"2 亿元的投资，是金山技术立业的实际行动，钱要用在刀刃上，事情要做出效率来"。金山的行动表明，拥有一流的办公排版、杀毒引擎、数码影音等技术并不是最终的发展目标，金山已经把目光投向保持可持续发展的技术优势积累。金山软件一直与国际知名技术型公司和科研学术机构展开多层次技术和产品级合作，同时建立研究生流动站，进行深入课题研究。条件成熟时，配合政府、行业及企业的需要，充分投入资源，进行国家级乃至世界级的基础性、共性技术研究，共同发展中国软件产业。

金山始终以提高把握新技术的能力、贴近软件技术发展潮流作为技术立业的根本。而 21 世纪软件技术的未来，旧有的架构经受着剧烈的冲击，停留在桌面级的、局域网级的、信息零散型的应用开发已不适应市场的需求，而基于 Internet /Intranet 网络时代的需求特征的网络化、Web 化、信息流高度统一的技术将引领应用软件发展的方向和潮流。金山软件坚持与世界先进软件技术潮流同步发展，展开了三大技术的系统预研和重点突破。突破融合 XML 技术和 Open Source 跨平台应用的 WPS Office 产品技术，加大 Linux 等关键技术的研究。WPS 从 1989 年诞生至今，历经 7 个 DOS 下的版本，以及 WPS for Windows Ver 1.0、WPS2000、WPS Office 等各个版本。金山公司还集中近百名研发人员开发新版本，代号为 WPS V6。WPS V6 采用了若干项新技术，包括数据层使用语言描述，跨平台技术，同时支持 Windows 和 Linux 两大操作系统，同时还将充分研究包括 Open Office 在内的开放源代码产品，提高 WPS 的功能性、兼容性和易用性。新一代 WPS 的开发，采用了自主研发与基于 Open Source 产品相结合的技术路线。Open Source 产品集中了全球开发人员的智慧，为 WPS 新版本的开发提供了创新的思路和参考，注入了新的活力。同时，在此研发过程中，金山公司通过加入国际开源机构，将大力推动开源在中国的发展。

（2）跟踪以 Wi-Fi 为主的世界领先无线技术。

从有线向无线迈进，使我们的信息空间更加自由，这是充满吸引力的技术追求。金山公司自 1998 年开始从事嵌入式平台的软件移植和开发后，五年来已经成功地实现了金山系列软件特别是金山词霸工具软件在 Linux、

PALM、Symbian、Win CE、Ho PenOS、J2ME 等嵌入式平台的移植，并与相关世界知名手机厂商在其平台上进行了移动翻译、教育学习、手机游戏等项目的联合开发。

从 2001 年开始，金山开始关注 Smart Phone 软件开发领域，并在中国第一款采用 Pocket PC 操作系统的 PDA 手机产品中成功捆绑了金山词霸。目前，金山公司已经在 J2ME 和 Br 郎等新兴的无线设备软件开发平台投入近30 人的研发力量，成功开发了包括词典翻译、无线工具及近 10 款的游戏产品。随着互联网络进入无线时代，金山公司目前在无线杀毒、无线网关防毒领域取得突破性进展，已经成功地与世界知名企业达成无线同盟。随着Wi-Fi 技术的进一步发展，金山产品将全面支持 Wi-Fi 技术，并将继续深入研究开发新一代 Wi-Fi 产品。

（3）J2EE 中间件技术，建设新一代企业级应用软件。

随着对 JAVA2 平台企业版（JEE）的发布，JAVA 被广泛接纳为开发企业级服务器端解决方案的首选平台之一。金山公司于 2001 年进入企业信息化应用软件开发领域，根据用户使用要求和技术特点，确定了采用 JEE 技术规范作为金山公司在此领域的基本开发平台，并由北京研究院相关项目组承担此课题的技术研究和产品开发。

金山公司北京研究院通过两年的基础性研究，掌握了 J2EE 中间件和业务逻辑开发技术。金山公司确定以应用为主的开发策略之后，迅速开展了以业务逻辑开发为主、广泛采用标准架构和第三方中间件的形式进行产品开发，以期为用户提供基于 JEE 平台的企业应用软件产品和服务，此类产品成为金山公司面向企业应用市场提供产品及服务的主要组成部分。

在此方向的研究，金山公司重点考虑以下内容：为用户提供新的企业信息化产品，这些产品是完全基于 Web 的 B/S 产品，是完全面向 Internet 及 Intranet 的应用。通过更加合理的中间件选型部署和优化，使金山公司基于J2EE 的产品更加易用，更加适应中小企业的应用。提供更加丰富的业务逻辑，使更广泛的用户对基于 J2EE 的产品认同，加快企业信息化步伐。完善网络应用的安全性，为企业提供更加安全的网络软件。

技术创新和应用是软件公司竞争力的核心和根本。"跨平台、标准化、易用性、整合性"四大特点体现金山的总体技术优势；在汉语文字处理引擎技术、电子表格引擎、网络分布式应用技术、嵌入式技术、3D游戏引擎技术等诸多关键技术的突破，体现了金山技术的独特和卓越。在此基础上，金山投入了大量的精力从事研究未来产品的技术原型的研发，以人员加专利的技术储备资源作为支持企业持续发展的动力。

2. 建立基于 QMR 的技术研发管理模式

研发管理的科学化，建立规范的研发流程管理是金山技术立业的核心内容之一。金山认为，在科学管理的条件下构建工业化软件研发流程，摆脱"小作坊"式生产是缩短中国软件企业同世界先进软件企业差距、具备真正适应国际化竞争实力的先决条件，也是以品质优良、技术含量高的软件产品服务用户的可靠保障。

2002 年，金山通过世界权威的 CMM 2 级认证，建立了标准的软件开发流程和质量体系，同年也通过 ISO9001 质量体系认证，建立起科学规范的供应链质量、生产、商务管理体系。自那时起，金山就以 CMM 为基础，借鉴国外先进软件公司的经验，结合自身特点，创造性地总结出一套先进的研发管理方法——QMR 模型：质量驱动（Quality‑driven）、里程碑式的进度控制（Milestone‑oriented）、矩阵管理（Rectangular‑management）。

QMR 管理模型以质量驱动为核心，强调测试的重要性，质量监控能力是软件研发水平最直观的窗口，一个成熟的软件公司的研发管理总是围绕质量来推动研发工程质量的。金山从把控质量的视角出发，建立了以测试管理为中心的质量驱动机制，强化质量理念。2003 年，金山公司研发与测试人员的比例达到 2：1，建立高性能测试实验室、易用性测试实验室，以一流的质量管理团队严控质量关。

QMR 管理模型注重进度管理，通过建立立项评审制度，实施两级进度控制，建立进度偏离度、进度完成度、缺陷增长率 3 个进度衡量指标，控制好从立项到结项的各个环节，做好进度控制和监控，目标是提升技术研发上对整体进度和质量的综合把控能力。

QMR 管理模型中的矩阵式管理指的是以软件开发项目为导向，将各职能部门人员临时组建项目团队，由项目经理负责管理和决策，共同完成软件开发任务的组织结构。产品种类繁多、业务种类繁琐、部门规模扩大是软件开发企业的基本发展趋势。然而对于软件企业研发部来说，一款软件的开发往往就是一个项目。对某一项目的研发过程往往需要策划师、程序员、美工等各部门合作，同时还需要财务部门、市场部门等的配合，并且耗时较长。如果采用一般企业的直线职能制组织结构来管理公司的话，一个部门无法完成软件开发过程中所需要的各种技术，而且各个职能部门很难具有全局观念，容易忽视组织任务的整体性，仅仅考虑与自身息息相关的工作，比如，策划部门只负责市场需求挖掘，而不考虑美工和程序部门的技术可行性；美工部门只从自身喜好出发设计产品，而不管策划部门的需求；等等。只有具有一个广阔的眼界，才有可能将本位主义剔除在外，否则极难将各部门之间的关系处理得井井有条。同时各部门之间的信息若不能及时交流和共享，将会导致组织系统无法快速适应外部环境的改变。基于此种状况，柔性的管理方式运用在复杂的企业运营中，才能够切实有效地保证各项业务处于监督之中，而此前根据产品或者服务进行单一管理的方式已不能够达到预期效果。对于矩阵制结构而言，可在项目过程中将所需要的部门人员临时组建成一个项目团队，解决职能制结构的弊端。因此，一般的直线职能制组织不能够有效地促进软件企业的管理，适当地采用矩阵制组织结构能够提高软件企业的管理水平。

总体来说，金山的技术研发管理模式是以需求信息平台为基础，在科学确定需求的前提下，建立以 QMR 为核心的管理模型。这使研发与市场高度结合，强调研发的品质、进度和资源共享，突显研发管理的制度化、规范化、可量化和公开化，保障金山在多产品、多业务的策略上健康平稳地发展，提升金山的技术研发品质。

3. 建立面向客户需求的技术研发理念

满足用户的需求是产品发展源泉，由于研发工作的相对封闭性，很多研发工作都只强调研发的技术环节，而忽略市场对产品的要求。金山针对这一现实，大力强调"研发从市场出发、技术为需求服务"的理念，强调在制订研发框架之前，针对市场做出完整、深入的需求收集和需求分析，保持研发方向的有的放矢。

金山需求管理的先进性还体现在需求分析不局限于一般需求的分析，还关注用户的未来需求走向，建立需求发展模型，从而为保证产品研发的连续性、领先性提供了数据依据。

4. 重视创新人才激励

技术人才是软件企业创造精神的源泉，优秀的软件企业可以锻造大批的优秀技术人才，优秀技术人才也是优秀企业的支柱和脊梁。金山的发展历程，凝结着大量优秀程序员的心血，金山也为他们创造了一展才华的舞台。15 年来，金山形成了属于自己的"程序员文化"，在技术立业的旗帜下，金山的人才激励和人才组织日趋完备。软件工程师评级制度充分体现了"重视技术、重视人才、积淀技术、培养人才"的金山理念，也充分发挥了"吸引人才、留住人才、提升人才"的职能要求，使其成为金山技术性人力资源文化建设的核心。

金山建立了以软件工程师评级为核心的技术型人力资源建设体系，采用绝对坐标用于不同岗位之间的平衡，相对坐标侧重于岗位内员工的纵深发展。评级包括申请、评审、申诉三个体系，申请体系以评级申请人为主导；评审体系由技术总监组成，按照矩阵式的《金山软件工程师评级标准》，采取英语、实战、答辩相结合的考核方法，从编程能力、专业能力、经验积累、工作能力、学习能力、管理能力六个维度的不同子项进行逐一评审，申诉体系独立于评审子体系，直接隶属公司总裁室，这保障了整个评级过程的公平、公开、公正。

金山的软件工程师评级制度不但从管理的角度规范研发人员的职能体系，而且从人格关怀的角度规划员工职业生涯，使研发工作迈入科学化管理的轨道，成为公司对研发人员制定激励政策和薪酬体系的依据和基石。

5. 变革公司内部体制

2011 年 10 月，张宏江临危受命为金山软件首席执行官。根据当时金山软件发展存在的问题，他对企业的事业部进行较大的改变：一方面，将公司核心业务全面向移动端转移；另一方面，充分放权，推进管理层收购，将具体事项的决策权下放至子公司负责人，力图使金山重回创业状态。

当时金山主要的三大业务是游戏开发、WPS 和毒霸，三个业务的相关性并不大，每个业务所处的发展阶段也不同，覆盖的用户群体也不一样。于是集团决定将旗下业务拆分成子公司，并借此机会完成管理层收购。将公司拆分成比较小的独立的业务，就是四个独立的子公司，彼此都以自己的形态找出最好的方式拥抱互联网。另外，金山将零散的非核心业务进行"关停并转"，以便使核心业务更聚焦，产品更极致。其中，市场占有率一度超过50% 的金山词霸，并未进入独立子公司行列，而是在 2014 年 3 月并入 WPS，主要原因是词霸跟其他业务比起来规模有差距。

从此，金山全面将决策权下放至子公司，除了大战略决策需要和集团商量外，其他的事情可以自主决定。在这种创业氛围下，一度陷入困境的安全业务成为发展得最快的业务。2014 年 5 月，更名为"猎豹移动"的安全业务独立拆分上市，上市后发展迅猛。很快，金山软件将猎豹经验复制到其他子公司，使其他子公司也能跑得更快。于是就有了金山办公、西山居、金山云等子公司的快速发展。

在对企业内容的考核机制上，金山软件也做出了巨大的改变。金山以前很关心销售、利润率，非常重视收入 KPI。原来有很多的产品都是重资产和重投入，那么转移到移动互联网，就需要在单点上突破，而且要快。移动互联网带来的小团队模式，对公司有一些新的要求。在互联网时代，对产品的开发要求非常快，需要小团队去运作，需要快速迭代，快速地去改善和变化。

6. 快速发展云业务

互联网产业发展到 2014 年，云业务成为公司发展的方向。2014 年 12 月，金山软件宣布，金山未来三年的战略重点将会是旗下的金山云，承诺在 3 ~ 5 年向云业务投入 10 亿美元。

在转型过程中，金山把云作为重要的突破口。这主要有两方面的原因：

一方面，从大趋势来看，云是 IT 基础设施，就像人们日常所需的水电煤一样不可或缺，云也是互联网发展的基础。另一方面，从金山的优势来看，非常适合做云。金山拥有深厚的技术积累，金山快盘为金山积累了深厚的云存储技术。此外，金山具有很强的软件工程能力，而云计算恰恰需要云服务商提供安全、可靠的服务。在游戏领域，金山云已经成为国内最大的独立游戏云平台。2014 年推出的游戏云，目前已服务于《全民奇迹》《花千骨》《西游伏魔 3D》等多款月流水过亿的产品；排名手游收入榜单前 50 名的游戏中，有 60% 使用金山云；排名前 100 名的手游发行公司中，有 80% 与金山云开展了合作。金山云成功引入英雄游戏、畅游、完美世界、天下互动、游族网络等新的核心用户。通过为游戏发行商和研发商提供一站式云服务，金山云已经成为游戏云领域的绝对领导者。

为聚集更多产业合作伙伴，金山云着力打造游戏产业生态，推出国内唯一的一站式游戏测评平台，积极建设开发者社区，提供外包合作和跨行业合作，同时为开发者提供广告投放、大数据分析等多项服务。除了成为游戏行业的领导者之外，金山云在多个行业云市场取得领先地位。（1）发挥在公有云和私有云领域的技术优势，成为国内首家提供混合云解决方案的云服务企业；（2）金山云已经成为国内最大的商业云存储服务商，每天新增数据量达 400T，总存储规模超过 150PB，海量分布式存储技术已达世界领先水平；（3）成为国内先进的医疗云平台，在 2015 年第二季度，金山云达成与北大医信和金蝶的战略合作，探索在企业市场和健康医疗方面的合作机会；（4）打造国内最稳定的视频云平台之一，为今日头条、《人民日报》等国内最大的新兴媒体和传统媒体提供优质的视频云解决方案。中国公有云市场规模正在快速成长。

7. 实施跨国经营战略

WPS Office 在政府采购中接连中标；词霸系列的市场霸主地位在华人群体已是人尽皆知；毒霸在两年来的市场拼杀中已跻身前列；拥有自主知识产权的网络游戏——剑侠情缘技术水准大大超过中国大陆和中国台湾企业，达到欧美同类产品世界顶级制作公司的技术水平，产品上市后在市场上取得骄人业绩……总之，金山软件的各条产品线在国际国内市场业绩突出，捷报频传，这有赖于金山在不同市场巧妙实施的当地化营销战略。以下以进入日本市场为例，探析金山软件基于当地市场导向实施差异化营销策略，不断向价值链高端攀升。

金山在日本市场的快速成长堪称国内软件企业国际化营销的典范。日本成熟的市场经济和独特的人文文化，使日本市场在全世界市场中不仅独具一格，并且占有重要地位。因为日本是以中产阶级为消费主体的市场，消费较为理性，是"世界上最挑剔的市场"。尽管日本人已经习惯从中国进口衬衣、鞋子这类劳动密集型产品，但当中国的高科技软件产品开始进入日本，其对中国软件产品的品质抱有较强的戒备和谨慎心态。这使金山的市场推广经受最严酷的考验，为今后到其他国际市场发展打下基础。此外，作为中国软件公司的金山去日本发展，不会再有国内政策的保护和金山20年品牌积累的光环，而是到一个陌生的、纯粹竞争的市场上去搏杀。金山不仅要学会国际竞争法则，还要学习适应当地的社会、文化环境，这对正在一步一步试探性地走国际化道路的金山来说，具有非常重要的参考意义。据《北京商报》报道："日本是全世界第二大经济体。这里拥有世界上最挑剔的客户群；拥有世界上最认真的工程师群体；拥有世界上最独特的企业经营文化。调查显示，83.7%的世界500强企业认为日本市场是世界上最难进入的市场。"在用户异常挑剔的日本，要想赢得用户，只有靠产品，别无他法，这是对金山软件产品的最严格考验。

中国IT企业的国际化道路虽然并无固定模式，但金山软件在日本的成功仍然有规律可循。在雷军看来，金山国际化的"日本模式"有三个关键点：一是采用互联网模式进行推广，降低成本，也方便用户；二是实施"先用后买"的发行方式，以高性价比的产品打动日本用户；三是日本金山由金山控股、日本合伙人参股，实施当地化管理模式。

（1）互联网"体验营销"。

日本金山所有的工作都在东京的办公室完成，不需要上门服务，也不去街道上做，大部分付费也在网上实现。不发套装，不铺店面，金山在日本是

100%的互联网运营模式。在日本金山，除了人力成本和市场推广，几乎砍掉了其他所有的成本。而产品推广完全依靠互联网来进行，日本金山的合伙人拥有大量的网站类合作伙伴。因此，当用户轻易就能到网上下载金山毒霸和WPS的时候，互联网营销的第一步就完成了。

第二步是服务互联网化。作为日本金山少数几个部门之一的技术部，除了负责产品更新之外，更多的是负责网站建设和相关产品问题的回复。每天，日本金山都要回复大量用户咨询邮件。据《中国商业评论》报道，对于用户的邮件，日本金山技术部的员工要在一个小时内回复。同时，对于用户在日本金山的网站论坛提出的疑问，金山技术员工会在两个小时之内回复，这样其他的用户也能在论坛上看到关于一些疑问的解答，这种快速的回复机制迅速赢得了用户的好感。日本技术部还有一个重要的工作就是和珠海研发中心保持沟通，将在日本收集到的病毒样本与珠海的同事"共享"。

第三步是收费渠道的网络化。日本的软件付费渠道一般有以下方式：信用卡付款、银行汇款、邮局汇款、Web Money、便利店等。日本有两种非常流行的付款方式：一种是虚拟货币Web Money，类似于国内的Q币，但认同度要高得多；另一种是便利店付费，在日本很多24小时便利店里都有付费自助终端，消费者在互联网上购买了软件产品后会得到一个订单号，然后在便利店的付费设备上输入订单号，确认后打印出带条形码的付款单并到收银台付款即可。这两种付费方式都极大地方便了用户，也降低了金山建立付费渠道的成本。

日本金山几乎整合了所有能用得上的网络资源，从产品下载、销售到服务等环节，都实现了网络化。而这一方式，除了日本市场推广成本的考虑之外，也是对整个互联网营销精髓的深刻领会。互联网的实质就是口碑，对于新进入的外国企业，产品通过互联网用户的口口相传扩大影响才更能符合发展方向。

对金山而言，在日本这个全新的市场上，金山没有国内渠道建设的历史包袱，可以大胆尝试。雷军说："我们遇到的所有对手都是传统软件公司，只有日本金山是纯粹的互联网公司，金山国际化与互联网化是同步的。"

（2）先用后买。

金山和日本市场的第一次接触是在 1998 年，雷军把金山 WPS 带入日本，发现根本打不进日本市场。"日本客户实际上是全世界最挑剔的客户群。日本不是价格敏感型市场，而是质量敏感型的。我们的产品根本不具备国际竞争力。"雷军感慨道。这让金山认识到国际化的第一步不是市场国际化，而是产品品质是否达到了国际化水准。

7 年之后，"金山毒霸"和 WPS 登陆日本，这一次金山的产品品质过关了，这两个产品已经在国内市场得到用户的认可。免费下载、先用后买加上低价策略，这是日本金山针对日本市场状况制定的推广策略。"先用后买"策略，并不是 2005 年金山到日本后推出的创举。在 2002 年"金山毒霸2003"发布之前，金山就在网络上对新版本的软件做过长达 18 个月的全民公测——这一借鉴网络游戏界的做法实际上就是免费让利，同时最大限度地收集用户意见。在 2004 年金山正式提出整体互联网转型之后，WPS、"金山毒霸""金山词霸"几大传统软件都走上了互联网营销之路。

"金山毒霸"在日本采用"先试后买"的策略，借助互联网下载快速拉动了新用户使用量。从 2005 年 8 月到 2006 年 9 月，"金山毒霸"免费测试一年，累计有 200 万用户下载，到收费时，仍在使用的用户为 40 万。金山坚持认为，产品品质的好坏不需要过多宣传，用户的感受是最好的测评。不好用的软件就是免费，也没有用户会要。

在价格策略方面，作为一个知名度不高的新入品牌，"高性价比"是最好的"杀手锏"。要想进入已经被诺顿、趋势、卡巴斯基等国际巨头牢牢把持的市场，对金山而言并不是一件容易的事。或许，日本金山的策略在外界看来可能只是低价，而实际上是迅速打破已有格局的捷径。"金山毒霸"最低定价为 980 日元，也就是一顿午餐的价格；金山 Office 2007 的定价为 4980日元，是微软 MS Office 售价的 1/10。

在产品方面，日本金山也在进行更多基于互联网的软件赢利模式的探索，其中包括把软件作为广告发布渠道，"我们可以把产品网站变成社区，然后在用户界面上加广告，在文件更新的提醒中加广告，在产品中加入搜索功能直接销售关键词广告"，日本金山社长广泽说。一切商业模式的探索都是在产品基础之上进行的，只有产品品质获得用户认可，才有商业想象空间。否则，即使免费软件也会面临无人捧场的结局。

（3）运作本地化。

本土化问题是日本金山必须面对的最重要的问题之一。从人才本地化、产品本地化、服务本地化到资本本地化，日本金山更像是一个独立的日本本土公司。在本土战略上，日本金山的商业模式是完全自主和灵活的，不强求与中国金山的一致性。

国际化过程中的人才选择是最重要的。为解决本土化问题，金山的选择是与日本本土团队共建日本金山。日本金山两位董事沈海寅和翁永飙分别在1988年和1998年来到日本，既了解中国文化，也了解日本文化。他们也是日本IT界的"老手"，沈海寅在当地业界小有名气，他和合伙人翁永飙曾创立日本最大的地址栏关键词搜索公司JWord公司。社长广泽一郎是地道的日本人，其他总务部、市场部、技术部的员工当中大部分也是日本当地人，金山总部只派去一个技术人员负责与珠海研发团队的沟通与协调。本地员工更了解本地市场，在与媒体打交道、进行广告投放的过程中也更容易与合作伙伴进行沟通。

在产品本地化方面，并非简单地将界面语言日文化那么简单，而是有很多细节需要注意。曾在日本工作一年多的孙国军说："中国用户很少会看用户手册，所以，即使在里面出现错误也很少有人能看得出来，但是日本用户却会很认真地看用户手册，如果文字中间出现一点点错误也能检查出来。"对于杀毒软件最重要的病毒库，除了共享中国金山的病毒库之外，金山在日本又增加了一个病毒库来专门收集日本当地的病毒样本，从而保证对本地病毒的处理速度。

在资本本地化方面，金山母公司只提供启动资金，以后的资本盈余以"自循环"和吸引投资为主。由于在日本运营费用和人力成本高昂，金山不可能拿着国内的赢利去和竞争对手血拼。"比如购买Google关键词广告，中国只要0.3元，但日本却多几百倍……如果按照正常情况，我们在日本数千万元的公司注册资本很快就会花光。"雷军说。在这种情况下，除了采用互联网营销降低运营成本之外，日本金山还实施了资本层面的"以战养战"策略，即吸引当地的投资来运作当地业务。2007 年 2 月，成立仅一年半的日本金山公司获得日本当地最大风险投资集团——集富（JAFCO）集团的大额投资，投资后的日本金山市值达到 25 亿日元，和两年前投资的 3 亿日元相比，这一市值已经增长了 8 倍。诸多互联网跨国公司在国内的发展不尽如人意，eBay、Google、雅虎在美国风光无限，在中国却磕磕绊绊，这和本地化的推进程度不无关系。金山在日本成功实施的本地化策略，使金山获得了快速反应的能力，为日本这块试验田结出硕果奠定了基础。

三　案例分析总结

作为中国软件业强者之一的金山软件公司从零起步，坚持技术立业为根本，最终成就了一家年营业收入 51.81 亿元、净利润约为 32.02 亿元的国内大企业。其技术创新战略的成功要素体现在：紧紧把握最新的技术动向；建立基于 QMR 的技术研发管理模式；建立面向客户需求的技术研发理念；重视创新人才激励；变革公司内部机制；快速发展云业务；实施跨国经营战略；等等。

参考文献

吴炜：《金山软件：在风口下涅槃重生》，《中关村》2015 年第 10 期。

赵宇新：《信仰的力量在"变"与"不变"中前行——专访金山软件 CEO 张宏江》，《互联网周刊》2015 年第 5 期。

李雪：《金山软件：梦想依旧》，《西部论丛》2008 年第 5 期。

姜博文：《基于 EVA 的上市互联网企业价值评估研究——以金山软件为例》，兰州财经大学硕士学位论文，2018。

第十三章 广汽集团创新发展案例

一 集团介绍

广州汽车集团股份有限公司（简称广汽集团或广汽）成立于 1997 年，2005 年进行股份制改造，并于 2006 年开始进行自主品牌研发，2008 年建设自主品牌工厂。2013 年，广汽集团首次实现汽车销量超 100 万辆，同比增长超过 40%，首次跻身《财富》世界 500 强行列。2017 年汽车销量已达到 200.1 万辆，其中自主品牌传祺实现由 2011 年的 1.7 万辆增长至 2017 年的 50.86 万辆，同比增长 37%，远高于行业平均增速，创造了中国汽车业的"传祺速度"。广汽集团连续六年入围《财富》世界 500 强榜单，2017 年排名第 238 名，较 2016 年上升 65 位；2018 年排名提高 36 个名次。根据 J. D. Power 亚太公司发布的 2018 年中国新车质量（IQS）研究报告显示，广汽集团旗下整车品牌新车质量优于行业均值，其中自主品牌广汽传祺超越众多合资品牌名列第九。在国家认定企业技术中心 2016 年评价中，以广汽研究院为核心的广汽集团获得全国各行业 1100 多家国家级企业技术中心前 1% 的优秀评价，排名第十，比 2015 年上升 2 位。这标志着广汽集团的整体研发实力在不断提升，达到国内先进水平。广汽集团的研发投入情况如图 13 - 1 所示。

广汽集团汽车生产企业主要包括广汽本田、广汽丰田、广汽乘用车、广汽菲克和广汽三菱五大整车企业，以及广汽丰田发动机公司、广汽本田发动机工厂、广汽乘用车发动机工厂、广汽菲克发动机工厂、上海日野发动机公司和广汽零部件集团及其投资的 30 余家下属企业构成的零部件企业。广汽

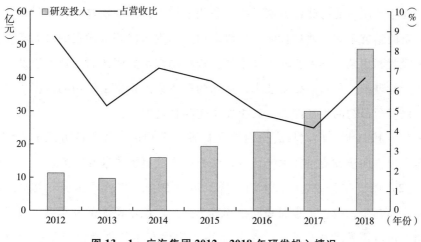

图 13 - 1　广汽集团 2012～2018 年研发投入情况

集团从 1997 年成立到 2018 年的 20 多年里，经过多个五年规划的建设，通过实施组建合资合作和新的独立企业、兼并重组其他企业、对现有企业进行能力提升及技术改造，推动企业转型升级发展，走出了一条独具广汽特色的转型升级发展道路。正如广汽研究院院长王秋景所说，广汽集团已经从模仿、学习国外先进制造技术，走向了自主创新和研发的道路，即从"跟随式创新"到"引领式创新"。

二　创新发展阶段分析

1. 初级阶段的引进与合资

由于汽车行业的特点，相对自身技术空白的车企而言，通过合资合作、并购重组等方式利用国外成型的技术为基础进行技术发展已成为企业节约新产品研发费用、缩短研发时间、绕过行业壁垒、迅速进入市场的优选途径。

1999～2005 年，广汽集团选择合资合作作为事业发展的切入点和起点，以广汽本田、广汽丰田两个合资企业为产业支柱和主要利润来源，公司的产品和技术均来源于合作方，对国外成熟技术的引进和大量的模仿是这个时期技术学习的主要内容。

在生产制造能力建设方面,广汽集团最初仅是单纯地进行整车重组,作为外资的组装车间,通过长期向广汽本田、广汽丰田等为代表的日系车企的技术吸收和积累,学习获取了日本等合资跨国汽车集团的制造技术以及丰富的生产管理经验和品质控制技术,从而为广汽集团积累了最初的汽车生产知识,培养了最初的生产能力。其主要引进与合资如下:

(1) 1985 年,广汽与法国别儒(标致)公司以合资经营方式成立广州标致,中方向法方交付技术转让费,法方向广汽提供技术及设备。

(2) 1998 年,成立广汽本田,广汽占股 50%。广汽本田成立初期以中高端产品起步,引进了雅阁和奥德赛等车型。广汽本田大部分车型的发动机均由东风本田发动机厂生产,变速箱由本田汽车零部件制造有限公司(独资)配套生产。

(3) 2000 年 8 月,通过对广州市原有汽车零部件企业实施资产重组,创立了广汽部件,并与电装、普林斯通、斯坦雷、丰田纺织等国际知名零部件企业合资合作,组建零部件生产企业。

(4) 2004 年,成立广汽丰田,广汽占股 50%,实现了整车业务的合资合作。广汽丰田成立之初引进了日方全球最先进的生产设备和工艺,以及凯美瑞和汉兰达等中高端产品。汽车的关键部件或配件均从日本丰田公司进口,在中国大陆完成组装。

(5) 2004 年,广汽与日本丰田汽车公司、丰田汽车(中国)投资有限公司共同投资成立广汽丰田发动机有限公司。公司采用日野技术标准和管理模式,专业生产"日野"品牌的 P11 和 J 系列车用、工程用柴油机及相关产品。

初期阶段,广汽集团着力深化合资合作,实现规模化、专业化发展。靠着国外成型的生产线和车型,学中干成为广汽技术创新活动的起点。经历广州标致项目的失败和相关零部件配套产业的沦陷,广汽集团总结经验教训,展开广汽本田、广汽丰田等多个合作项目,引进当时与世界同步的先进产品和技术,通过技术人员的流动,将合资品牌的隐性技术知识引入并消化吸收,这构成了广汽进行固件复制和适应性改进的基础,为集团的资本积累和生产能力的构建奠定了基础。

2. 中级阶段合资自主模式

第一步的模仿学习为广汽确立了生产汽车的基本技术和生产能力，但面对外方技术牵制，以合资方式获取技术的广汽集团尽管可以在此过程中得到生产产品组织过程的知识和物化到产品中的知识，但隐性知识及外部技术联系渠道却无法获取，要提高对尖端知识的掌握就必须进行自主研发。2006年，广汽集团直接投资成立广汽研究院，由其全面负责整个集团新产品、新技术的总体发展规划及重大研发项目的实施。成立初期的广汽研究院仅有三四十名研发人员，经多批国内外人才招募，到2008年广汽研究院的研发人员接近300人，其中硕士研究生以上学历人员占比超过30%，2010年研发人员达到近千人，形成了一支结构合理、富有创造性的研发人才梯队。2010年6月，广汽研究院化龙基地开工建设，总投入38亿元，组建了汽车造型、动力总成、新能源汽车、整车耐久、性能、碰撞、NVH振动噪声、结构强度、电子电器、零部件、材料、VR虚拟现实、天光评审、HIL硬件在环等15个各类实验室，以及含焊装、涂装、总装、机加工在内的试制车间、试车调校跑道和研发软硬件设施装备，从而形成了比较先进和完整的研发设施与能力，为广汽集团由广汽制造迈向广汽创造增添了助力。主要事件如下。

（1）2007年4月，广汽集团在美国底特律举行"花城之夜，底特律华人汽车工业人士春日联谊会"，招募了一批海外汽车研发高端精英人才，组成研发团队的核心骨干。

（2）2007年6月，广汽与菲亚特克莱斯勒控股有限公司共同合资成立杭州依维柯汽车传动技术有限公司，主要开发、制造、销售变速箱和相关的零部件，为广汽集团做配套服务。

（3）2007年7月，经国家发改委核准，由广汽集团、日野自动车株式会社各出资50%在从化成立广汽日野汽车有限公司，投资生产重卡产品，以丰富和完善广汽集团商用车板块的产品线。

（4）2007年11月，国家发改委正式核准并同意广汽集团与日本日野汽车合资成立广汽日野汽车有限公司,弥补广汽集团重卡产品的空缺。

(5)2008年7月,独资设立广汽乘用车,占地面积118万平方米,2010年9月首期项目竣工,建成年产十万辆整车、十万台发动机的世界工厂。

(6)2009年,广汽研究院引进了阿尔法·罗密欧166四门轿车平台,开始第一款车型的开发。GA5采用意大利的团队设计车身,沿用了阿尔法·罗密欧的底盘,并在调校上做出适当调整。同时,广汽集团派遣多名技术人员到国外学习积累经验,为第二款车型传祺GS5的研发打下了基础。

(7)2009年,广汽集团跨区域重组,收购长丰汽车29%的股份,标志着广汽集团继与本田、丰田合作成立乘用车生产企业之后,在国内实施的乘用车企业重组战略正式拉开序幕。

(8)2009年4月,广汽传祺自主品牌轿车底盘关键零部件铝镁合金后副车架的压铸技术开发项目立项,成功研发出了铝镁合金后副车架产品及成套生产技术,打破了国外的技术垄断,实现了国内首次高端高强韧保安零件的压铸生产和国内汽车零部件的轻量化。

(9)2010年,广汽获得"国家认定企业技术中心"的殊荣,同年9月,首款广汽传祺牌中高级轿车及系列发动机正式量产下线,传祺轿车也成为第十六届广州亚运会的官方指定用车,这标志着广汽集团在技术创新、科研实力与成果等方面达到了国内同行业的先进水平。

(10)2010年7月,广汽集团与菲亚特克莱斯勒汽车集团成立广汽菲亚特克莱斯勒汽车有限公司,双方以50∶50的股比共同投资建设,总投资约170亿元。

(11)2010年9月,以全球标杆工厂为标准建成的广汽传祺工厂拥有四大工艺车间,各车间均选用国际先进水平的设备,自动化水平具备国际水准。

通过继续扩大和加强与世界一流车企的合作,广汽逐步形成了特色鲜明的自主发展模式。广汽坚持正向自主研发,在借鉴同行先进的开发流程基础上,提出了跨平台模块化架构(G-CPMA)的开发技术,大幅度提升家族各车型实现技术与零部件模块的共享程度,以达到"多快好省(成本效益高、车型谱系丰富、开发上市快、质量易保证)"的目的。G－CPMA 主要涉及底盘、车身、动力总成、电子电器、新能源等领域,从产品规划、开发和生产方式的视角,为多种不同产品的实现找到优化的技术路线(技术方案/工程解决方案),通过对整车、各系统、各功能模块及其关键和共性技术的正向研发,系统化地形成跨各车型级别/种类可复用的成套领域知识、技术与流程,以及通用共享的标准化零部件模块矩阵及相应工艺,实现了汽车关键共性技术的突破。"基于跨平台模块化架构的汽车正向开发技术研究与应用"项目成果荣获 2014 年中国汽车工业科学技术奖一等奖;基于 G－CPMA 开发生产的广汽传祺品牌各车型均获得 C－NCAP 五星级安全评价。同时,广汽以丰田汽车精益生产方式、本田汽车精艺管理为母体,结合自身特点,打造出广汽生产方式(GAC Production System,GPS)。GPS 以满足顾客需求为导向,以"准时化生产"和"止、呼、待"应对机制为核心原则,从产品开发到组织生产、物流销售等一系列环节都围绕着顾客的需求展开,生产方式的改善使公司制造成本降低 35%。

　　合资自主开发模式使广汽集团具备制造技术的开发能力,同时也使得生产线技术水平和制造工艺水平达到业内领先水平,建成具有世界级水平的整车制造工厂和富有特色的自主研发生产体系,这种国际合作为广汽快速积累了核心技术。值得注意的是,此阶段的合资合作与早期的合作不同,是独立自主基础上的平等合作,合作中广汽集团以培育自主品牌为基础,由合资造车转变为合作开发,形成创新各合资主体之间的多元合作模式,产生了一大批技术创新成果和专利技术。例如,传祺汽车最早采用的是意大利进口的发动机,后来在广汽研究院二次开发重新调校后,自主研发出 2.0L 直列四缸自然吸气直喷汽油机。广汽研究院还向合资企业反向输出,向广汽三菱和广汽菲亚特克莱斯勒两家公司分别输送了祺智 PHEV 和悦界 PHEV 两款车,协助广汽丰田开发纯电动车产品 GT03,未来还将进一步导入更多车型给合资企业,实现双方利益最大化。为了优化整车—零部件产业结构,广汽还不断增强对关键、核心零部件的掌控,着手自主品牌关键零部件的相关研究工作,如 VTML、DCVVT、1.8/1.6/1.3T 发动机的开发,以及 1.5ATK、G－

MC（广汽机电耦合器）、XCU（行车电脑平台）等多款核心零部件的开发，实现整车项目的量产配套。

3.高级阶段国际化视野

自主研发和合资自主研发同步发展，完善产业链条是这一阶段发展的重点。广汽集团不断引进和学习世界先进水平的生产装备、制造工艺与管理标准，先后落成广汽本田第二、第三工厂，年生产能力达 60 万辆；广汽乘用车第一工厂 20 万辆的扩建项目及年产 15 万辆的第二工厂一期项目；广汽菲亚特克莱斯勒（菲克）广州分厂年产能规划 16 万辆；广汽丰田第一、第二生产线年生产能力 38 万辆，推动产能向上发展。广汽集团初步构建了"两个中心、四个平台"的自主体系，形成以广汽研究院为技术研发中心，以广汽乘用车为生产制造中心，共享研发、采购、品牌销售与服务渠道、人才等资源平台；构建 A/H 投融资平台，形成资本运营和产融结合的能力。

同时，公司注重对前沿动向的捕捉，兼顾对世界各地优秀研发基地信息的收集，形成了具有独特优势的研发基地及研发中心。广本研发公司、广汽丰田研究开发本部、广汽三菱研究开发中心、广汽菲克技术中心、五羊本田研发中心以及广汽零部件技术中心的持续创新，为公司提升自主研发能力、优化产品结构提供了强大的支持。截至 2015 年年底，广汽集团累计有效专利申请量达 1802 项，其中发明专利占比超 30%，高于同期汽车行业 20.6% 的平均水平。在整合国际前瞻技术，聚集国际顶尖人才，实现内外部技术信息交流和共享的同时，随着合资企业本地化研发能力不断提高，也为实现自主品牌创新带来新进展。广汽传祺在深耕国内汽车市场的同时，一直布局海外市场的研发，2013 年开始，传祺品牌逐渐得到国际市场的欢迎和青睐。

此外，广汽集团也在加大新能源汽车领域研发生产及市场推广，推动新能源事业向纵深发展，以完善产业链布局。2014 年，广汽集团携手比亚迪，依托双方汽车技术开始大力发展新能源客车，布局全系列纯电动公交客车和纯电动旅游客车，现拥有全部知识产权、技术领先的 K 系列纯电动公交客车、C 系列纯电动公路客车、纯电动双层巴士，未来还将研发生产 T 系列纯电动物流车等车型。广汽比亚迪纯电动大巴 K9、K8S 双层电动大巴目前已在广州、北京等地区运营，据广东省机电设备招标有限公司发布的《2017年 1497 台纯电动城市客车招标项目》中标信息显示，广汽比亚迪此次共中标 21 亿元纯电动大巴订单，这些大巴将被应用在广州及周边地区的城市交通上。

（1）2011 年 6 月，为完善产业链结构，成立众诚保险股份有限公司。

（2）2012 年，广汽菲克引进并实施"世界级制造"（WCM）管理体系。

（3）2012 年 10 月，广汽三菱的建成为广汽集团与长丰集团历时三年的跨区域重组画上圆满句号，广汽三菱全面继承原广汽长丰生产工厂、销售渠道、采购体系等全产业链优质资源，并对原有生产线进行全面升级改造，导入领先生产品质体系。

（4）2013 年，成立广汽资本，进行产融结合。

（5）2014 年 8 月，与比亚迪汽车公司共同出资设立广州广汽比亚迪新能源客车有限公司（简称广汽比亚迪），项目规划总投资 30 亿元，总用地1000 亩，单班能年生产各类新能源客车和商务中巴达 5000 辆，可实现 60 亿元的产值。

（6）2014 年，广汽传祺 GS5 为《变形金刚 4》剧组指定用车，成中国自主品牌携手好莱坞的"大片第一车"，并且成为国内军用公务指定用车。

（7）2015 年 4 月，广汽传祺 GS4 在国内上市，虽正值国内车市转冷时期，但该车型的销量呈逆势上涨趋势，一举成为国内汽车市场最火爆的明星车型之一，创造了国内车市热销增速的传说。

（8）2015 年 10 月，广汽本田研发基地建成启用，该基地具备商品企划、造型、设计、整车试作、实车测试、零部件开发等整车开发能力，并导入车辆测试所需的先进设备以及功能齐全的试车跑道。

4. 全面推进国际化进程

广汽集团为大力发展自主品牌，积极构建全球化组织体系，不仅构筑了全矩阵产品体系，推动产能发展和品牌向上，同时加速推进国际化进程，构建全球研发和营销服务网络。在持续深化供给侧结构性改革中，广汽集团走出了一条"定位高端、品质优先、创新驱动"的发展路径，实现了各项事业的高质量发展。

"十三五"规划开局之年，广汽集团在2016年全年实现汽车产销分别达到165.96万辆和165.01万辆，同比分别增长30.28%和26.96%，增速位居国内六大汽车集团之首，其中自主品牌车型销量同比增长90.66%。2017年，广汽集团在《财富》世界500强排行榜中位居第238位，比上年排名上升65位，全年超额完成年度目标，产销首次突破200万辆，同比增长21.27%，增速相当于行业平均水平的7倍，其中广汽传祺凭借较高的性价比，2017年全年累计销量50.86万辆，同比增长37%。受宏观经济形势影响，2018年经济下行压力加大，广汽集团依然实现了销量、营收、利润的全面正增长，在众多国内汽车集团中位于前列，其中销量增幅高于行业约10%。

作为广汽集团自主品牌事业的核心和引擎，广汽研究院力争打造成"国内领先、国际先进"汽车研发机构，具备与国际同类机构同台竞技的能力。为进一步提升整车生产能力，各投资企业通过技术改造和新增产能建设等重大项目的实施，不断建成和释放产能。广汽丰田第三生产线的实现投产，在全面继承广汽丰田第一、第二生产线"构造改革"的创新精髓外，还传承了丰田体系内"零缺陷"、确保"匠品"的生产理念，形成了"三线齐驱"的生产制造模式，使集团产品线及产品结构进一步丰富和优化，自主品牌、日系、欧美系三足鼎立格局更健康稳固。在市场表现方面，广汽本田SUV冠道、广汽讴歌CDX、广汽菲克Jeep自由侠、广汽三菱SUV欧蓝德、首款C级轿车传祺GA8及七座高端SUV传祺GS8等新车型上市，全年明星车型GS4销量超过30万辆，屡创热销"祺迹"。

经过多年的创新实践，广汽集团已形成具备研发、人才、配套三方面的全球化体系。在研发上，广汽研究院目前已形成一整套跨学科领域的先进研发流程与体系，具备同时主导3个车型和多款发动机、变速箱等核心部件的自主开发能力，涉及整车集成、动力总成、底盘、车身等十余个技术领域。同时，广汽研究院还积极构建研发合作网点全球化。广汽集团正在构建底特律（美国）、都灵（意大利）研究分中心，还将联合国际知名公司在欧美等发达国家和地区建立技术合作网点，通过技术合作和资本控制在全球范围内完善研发和销售网络。在人才建设上，广汽集团注重引进海归和外国人才，现已建立起一支3000余人的研发人才队伍，由来自海外的高端汽车技术专家团队领军，各专业领域均有国际顶级专家担当开发任务，并先后成立了海外高层次人才创新创业基地、博士后工作站和院士工作站。广汽研究院充分利用外部创新资源，与中国科学院等知名科研院所、高校、企业展开合作开发，利用双方资源和技术优势探究前沿技术，为企业转型升级输送更多高精尖人才，还积极搭建全球研发网络，整合全球领先的技术及配套供应商，通过深度同盟合作，形成具有"国际视野、高品质、低成本"的业内领先全球供应链体系。

广汽集团现已形成立足华南，辐射华北、华中、华东和环渤海地区的产业布局，形成了以产品研发为龙头，以整车制造为中心，覆盖上游汽车与零部件的研发和下游的汽车服务与金融投资的产业链，是目前国内产业链最为完整、产业布局最为优化的汽车集团之一。通过实施完整产业链发展战略，产业链各环节投资企业资源共享、产业链上下游的协同效应正逐步发挥作用，新的利润增长点正日益呈现，集团综合竞争力不断增强。在快速发展的几年间，广汽集团自主知识产权规模不断扩大，由2016年新增有效专利申请490件（其中发明专利157件），到2018年累计实现专利申请3716件，其中发明专利1183件；已授权专利2410件，其中发明专利382件。在自主创新和自主研发实力的推动下，广汽集团获得多项行业、省市科技奖项，包括传祺GA8获得中国工业设计红星奖金奖、传祺GS8项目获得"省长杯"工业设计大赛最高荣誉钻石奖、"乘用车底盘性能开发关键技术研究及应用"项目获得广东省机械工业科学技术奖特等奖等。自主技术在专利授权上虽起步较晚，但在专利布局上，广汽集团高度重视专利质量和布局的策略及方法，提出并应用"专利挖掘方法模型""专利布局方法模型"搭建研发知识体系的初步框架。在 J. D. Power 亚太公司发布的2018年中国新车质量研究（IQS）报告中，广汽传祺连续六年位列自主品牌第一，成为中国品牌不断突破向上的品质典范。

（1）2016 年 4 月，广汽集团历时 5 年耗资十多亿元打造的 C 级平台首款车型——高端行政商务座驾传祺 GA8 轿车投放市场，标志着广汽集团将全面开启全新中国汽车品牌高端化时代。

（2）2016 年 12 月底，广汽研究院总投资达 106 亿元，拥有整车、动力总成、新能源等十余个先进实验室和含焊接、涂装、总装、机加工在内的试制工厂，以及汽车调校专用试验跑道，具备整车整机及关键部件研发、试制、试验能力。自主品牌车型销量同比增长 90.66%。汽车产、销、存比例创近年最优水平。

（3）2017 年 4 月，广汽三菱推出了首款由广汽集团研发导入的产品——插电式混合动力 SUV 祺智。该车搭载世界先进的二代 1.5L 阿特金森循环发动机。G – MC 电耦合系统与 1.5L 阿特金森循环发动机一起组成了混合系统。

（4）2017 年 10 月，在美国硅谷建立首个海外研发中心，充分利用国内外资源开展研发工作，在平台技术、发动机、变速器动力系统领域掌握关键技术，持续夯实技术体系优势。

（5）2017 年 11 月 16 日，广汽集团携腾讯举行战略合作发布会，首发智能电动概念车 iSPACE。

（6）2017 年 11 月 17 日，广汽集团携旗下六大品牌广汽乘用车、广汽本田、广汽丰田、广汽菲克、广汽三菱、广汽讴歌参展广州车展。

（7）2017 年 12 月，广汽菲克世界级制造学院（WCMA）在湖南长沙落成，是菲克集团全球第三家、亚太区首家 WCM 学院，将为广汽培养下一代本土汽车人才、打造成真正的世界级制造企业奠定基础。

（8）2018 年 4 月，由广汽本田汽车研究开发有限公司开发的理念（EVERUS）品牌首款纯电动概念车在北京车展亮相。

（9）2018 年 6 月，广汽大学、广汽党校揭牌暨广汽集团与华南理工大学战略合作签约，双方采用"1 + N"的合作模式，即在"战略合作框架协议"的原则和前提下，展开广汽奖学金、广汽管理、汽车专业人才培养，以及新材料、新技术、新能源、人工智能等全方位、多领域的产学研合作项目。

（10）2018年11月，广汽集团携旗下广汽乘用车、广汽本田、广汽丰田、广汽菲克、广汽三菱、广汽新能源及广汽讴歌七大整车品牌亮相第16届广州国际车展。广汽传祺作为广汽集团重点发展的自主品牌，以"从心突破，祺创新高"为参展主题，带来"致、净、创、心"四大核心技术，携传祺GM6、全新传祺GS5、"2+X"小空间概念车以及全系车型重磅登场，全面展现了中国汽车品牌高端智造与科技创新实力。

在国际化进程的不断加速下，广汽集团始终围绕"内部协同创新、外部开放合作"的发展原则，坚持开放、务实、以用户为中心的创新实践，力争"十三五"期末实现成为先进的汽车集团的目标；做强做实"研发、整车、零部件、商贸服务和金融服务"五大板块；全力发展自主品牌，实现自主品牌跨越式发展，完成产品升级，深化品牌价值；实现在电动化、国际化、网联化方面的重大突破；推动我国汽车产业向全球价值链的高端发展。

广汽集团发展历程及关键事件，如图13-2所示。

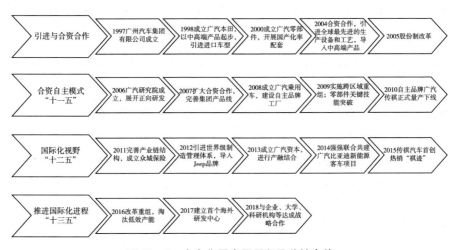

图13-2　广汽集团发展历程及关键事件

三 自主品牌的集成创新

自主品牌广汽传祺作为"中国智造"的代表性品牌，在八年的创造与创新中为广汽集团的发展带来了持续的动力。过去几年，在广汽集团强大的体系支撑下，广汽传祺开创了"定位高端、品质优先、创新驱动"的发展道路，形成世界级造车体系，实现销量的连续复合式增长，完成了从轿车、SUV 到 MPV 的全面高端化布局①，依托精细化的产品矩阵和新能源平台部署，不断向世界"传祺"迈进。

广汽传祺的快速发展离不开集成创新的作用。集成创新是通过创造性的融合和集成各种创新要素，依托技术、组织、制度、管理、文化的综合性创新形成优势互补的有机整体，使创新系统的整体功能发生质的跃变，形成独特的创新能力和竞争优势。

从 2011 年的 1.7 万辆到 2018 年的 54.67 万辆，广汽传祺一直保持着优质高速的增长。2017 年，广汽传祺作为首个进入北美车展主展馆的中国品牌，全球首发了插电式混合动力跨界概念车 EnSpirit、硬派 5 座 SUV 传祺 GS7、纯电动新能源 SUV 传祺 GE3 三款全新车型，以及中产精英座驾传祺 GA8，随即又于 2018 年上半年针对北美市场研发生产出全新新能源概念车 Enverge，至今已陆续推出传祺 GA4、GA5、GA6、GA8、GS4、GS5 Super、GS8、GS7、GS3 及 GM8 等传统车型，以及 GA5 PHEV、GA3S PHEV、GS4 PHEV、GE3、EnSpirit、Enverge 等新能源车型，实现了"传统动力 + 新能源"汽车的完整布局。

信息爆炸、产品精确细分和人们消费能力的增强，这极大地提高了人们的审美和对个性化的要求。为了满足消费者对车型的不同需求，广汽传祺在加速新技术研发的同时，也在积极响应需求变化，努力加速新产品的布局，

---

① 《广汽传祺创新四大技术积极转型为移动出行价值赋能》，齐鲁晚报网山东车市频道，http：//auto. qlwb. com. cn/2018/1119/1367820. shtml。

打造全新的个性改装定制产品，通过高端智造与科技创新的有机结合，全面提升品牌价值和综合竞争力，以丰富的多样化产品，满足消费者移动出行的个性化需要，构建人与自然和谐相处的汽车生态。

在产品开发上，广汽传祺已建成以广汽研究院为核心，以广汽传祺技术中心、全球优势供应商及研发机构为支撑的广汽全球研发网，为传祺塑造了核心竞争力。汽车工程研究院概念与造型设计部（简称 GAC Design）①，作为广汽各自主品牌的设计枢纽，100% 独立自主，通过多年的实践积累，形成了较好的全流程、多任务整车工业设计的能力。GAC Design 在正向整车制造开发设计时，十分重视对用户造型需求、用户价值观和生活形态的挖掘，强调"相对创新"的设计理念，追求在"绝对品质"的基础上开发出尊重用户心意、重视市场规律的"不平庸"产品，并围绕概念设计和产品化设计两大板块，共设置 14 个专业方向，确保正向整车造型设计的高效运作。

在制造技术方面，广汽传祺工厂采用的是以精细高效而著称的"广汽生产方式"。冲压、焊装、涂装、总装四大工艺车间环环相扣，形成各具亮点的柔性、智能化生产。广汽传祺自品牌创立以来一直坚守"传祺品质"，从汽车设计、生产流程、销售流通到售后服务采取全方位细节管控，形成了一整套全生命周期的质量管理体系，开创了以"止呼待、PDCA"为核心，以"标准化、体系化、平台化"为基础，以"质量基本理念、过程质量保证、持续改善"的广汽质量管理模式，全方位提升产品品质，保障质量体系实现跨年度、跨平台、跨车型的品质一致性。

在组织管理方面，广汽传祺工厂倾向采用矩阵式的管理方式，即在多项目并行进行下匹配相应的技术负责人和设计师到各整车开发项目组中，其设计人员不仅受项目组领导，又从属于相应的专业领域，服从该专业组的统一管理。这种矩阵组织有助于组织内部不同资源的高效整合，不仅高效地推动了多项目并行开展实施的需要，也让部门内部专业领域知识在项目中得以有

---

① 广汽研究院概念与造型设计中心被工业和信息化部正式认定为国家级工业设计中心。

组织地应用、精进和传承。

在人才驱动与创新文化方面，广汽传祺的研发团队包括来自各行业、各专业领域的国内外优秀人才，实施跨文化的分工协作以及中西设计理念的结合是塑造创新文化的基础。十年间，广汽传祺持续坚持正向研发，坚持智能制造，形成了独特的发展动力，引领了中国品牌向高端突破，并不断加深加强与企业、科研机构的学习合作。为迎接汽车行业智能网联新能源大潮，以广汽集团为主体构建了汽车及跨领域间的自主强强联盟，先后与华为、腾讯、蔚来、中国移动、科大讯飞、思科中国、滴滴出行等公司签署战略合作协议，在不断提升的创新能力助推下，这些合作成果将率先应用在广汽传祺的产品上，推进合资企业导入广汽自主品牌新能源车型，推动合资企业新能源产品规划，以完善合资企业的新能源产品布局，稳步加快广汽传祺的全球化发展策略。站在这个承前启后的台阶上，广汽传祺总结自身的经营哲学、品牌的底蕴和信念，将"追寻伟大"作为广汽传祺的全新品牌口号，引领全体传祺人继续自强不息、逐梦前行。

广汽传祺积极深化"一带一路"沿线国家汽车外经贸合作，已完成中东、东南亚、东欧等五大板块、18个国家的落子布局，还将先后登陆沙特阿拉伯和菲律宾市场。在实现海外销量持续提升的同时，广汽传祺也在积极推进全球研发及人才国际化战略，包括筹建北美研发中心，在美国、底特律、波士顿举办海外人才招聘联谊会，并计划与海外知名的高等院校加强合作，为广汽传祺打造成国际化品牌增添新动能。

作为广汽集团自主创新的核心载体，广汽传祺通过技术创新、产品创新、管理创新和发展理念的创新实现全领域的均衡发展，全面引领品牌发展，聚集了产业转型升级的核心势能。

四 案例分析总结

广汽集团坚持合资合作不动摇，由最初单纯的合资到自主研发和合资自主研发同步发展，开创了一套自主品牌研发和生产体系的"广汽模式"。通过引进、消化、吸收和再创新，广汽集团积累了以本田、丰田等为代表的国际先进的制造技术和管理经验，逐渐打造出世界级水平的生产体系。尤其是在研发方面，广汽集团不断整合全球优势资源，形成跨平台、模块化架构的正向开发体系，已具备集成创新优势，并为实现自主创新成果的产业化，构建了强大的知识产权体系。目前公司具有完整的产业链和结构优化的产业布局，产品线及其结构更加优化，总体产品布局已覆盖国内主流细分市场，拥有乘用车（轿车及 SUV、MPV）、商用车（卡车、工程车、客车、皮卡）、摩托车等全系列产品，并根据市场及消费者的需求变化，积极推进产品迭代，始终保持客户忠诚度和广泛认可的品牌美誉度，市场竞争能力不断增强。

参考文献

杨再高、冯兴亚等：《广州汽车产业发展报告（2017）》，社会科学文献出版社，2017。

杨再高、冯兴亚等：《广州汽车产业发展报告（2016）》，社会科学文献出版社，2016。

张帆、陈宓：《屯锋聚势，励精图治——广汽自主品牌汽车工业设计的集成创新之路》，《设计艺术研究》2016 年第 3 期。

《广汽传祺制造"四大工艺"大揭密》，腾讯网汽车频道，http：//auto.qq.com/a/201702 09/024158.htm。

《深入打造全球顶级供应链，广汽传祺构筑中国"质"造新格局》，搜狐网汽车频道，http：//www.sohu.com/a/229604779_122031。

图书在版编目（CIP）数据

创新广东 / 李青，曾楚宏，董俊武编著 . -- 北京：
社会科学文献出版社，2020.4
ISBN 978 - 7 - 5201 - 5082 - 8

Ⅰ.①创… Ⅱ.①李… ②曾… ③董… Ⅲ.①区域经
济发展 - 研究 - 广东 Ⅳ.①F127.65

中国版本图书馆 CIP 数据核字（2019）第 129280 号

创新广东

编　　著／李　青　曾楚宏　董俊武

出 版 人／谢寿光
责任编辑／王玉敏
文稿编辑／赵怀英

出　　版／社会科学文献出版社·联合出版中心（010）59367153
　　　　　　地址：北京市北三环中路甲 29 号院华龙大厦　邮编：100029
　　　　　　网址：www. ssap. com. cn
发　　行／市场营销中心（010）59367081　59367083
印　　装／三河市龙林印务有限公司

规　　格／开　本：787mm × 1092mm　1/16
　　　　　　印　张：16.5　字　数：254 千字
版　　次／2020 年 4 月第 1 版　2020 年 4 月第 1 次印刷
书　　号／ISBN 978 - 7 - 5201 - 5082 - 8
定　　价／99.00 元